U0729427

小学语文习作教学的三重境界

简中兰　著

北京工业大学 出版社

图书在版编目（CIP）数据

小学语文习作教学的三重境界 / 简中兰著. -- 北京：
北京工业大学出版社，2024.10(2024.11 重印). -- ISBN
978-7-5639-8692-7

Ⅰ. G623.243

中国国家版本馆 CIP 数据核字第 2024NF6700 号

小学语文习作教学的三重境界
XIAOXUE YUWEN XIZUO JIAOXUE DE SANCHONG JINGJIE

著　　者： 简中兰

策划编辑： 孙　勃

责任编辑： 孙　勃

封面设计： 红杉林文化

出版发行： 北京工业大学出版社

　　　　　　（北京市朝阳区平乐园 100 号　邮编：100124）

　　　　　　010-67391722（传真）bgdcbs@sina.com

经销单位： 全国各地新华书店

承印单位： 北京虎彩文化传播有限公司

开　　本： 710 毫米 ×1000 毫米　1/16

印　　张： 17.25

字　　数： 280 千字

版　　次： 2024 年 10 月第 1 版

印　　次： 2024 年 11 月第 2 次印刷

标准书号： ISBN 978-7-5639-8692-7

定　　价： 78.00 元

序　言

　　自 1991 年起，笔者步入小学语文教育的行列，迄今已有 30 余载。一路走来，笔者对习作教学情有独钟，也目睹了习作教学给教育工作者带来的困惑。作为一名教育人，笔者的责任与使命，不只在于做好自己的教学工作，也应将目光放在当下一线教师身上，他们或许需要他人的实践经验引发自身的反思与再实践；还应关注那些未来的教师——师范院校的学生，他们需要储备一些理论与实践层面的经验，形成初步的认知与思考；也不能忽视家长，应体谅他们在家庭教育过程中进行习作辅导时的迷茫；更应把目光聚焦到学生的身上，站在他们的立场，用他们可以接受的方式展开习作训练，传递习作策略，使学生获得习作技能，真正提升语文素养。综上所述，本书中的教育理论、教学设计与习作案例的适宜人群应是一线教师、师范院校的学生、小学生家长以及小学生。

　　什么是习作呢？笔者认为习作是心语的流淌。学生将自己的生活经历及时记录下来，可以给金色的童年留下"备份"。教师与家长要做的是助力这种"备份"。学生借助习作训练，不仅能提升文字水平，也能获得成长。正是在一次次习作训练的过程中，学生的各种思维能力得到锻造、淬炼，思维品质得以提升。

　　习作教学在小学语文教育中的价值不可估量，但目前的小学生习作教学仍然存在不足。习作教学不应是单一的"点"的指导，而应是循序发展的过程。然而，"见子打子"是当下习作教学的常态，约 80% 的教师在习作教学过程中存在"教师自身教学目标不清晰，导致学生表达不清晰"这一问题。首先，在教材解读方面，教师缺乏横向比对分析和纵向比对分析的意识。其次，在教学方面，大多数教师欠缺对课堂教学进行系统、全面规划的能力和意识，仅满足于点状的训练。最后，教师缺乏课程资源整合意识。针对课堂习作教学的现状，笔者深入调研小学生各年级的特点，结合自己30多年习作教学的经验，梳理出螺旋状的、循序渐进的习作教学路径，提出了习作教学需要经历"序列化、情致化、通感化"的三重境界，力求呈现清晰、可操作的习作教学指导流程。

在本书中，笔者选取具有实效性、时代性的范文以及典型的教学案例，无痕渗透表达技巧，力求提升学生的习作能力，并希望为小学习作教学提供借鉴。

最后，感谢孙海燕、魏青、赵坚、沈向月、严厉云、李进等老师，多年来陪同笔者共同探究习作教学的三重境界。

简中兰

目　录

第一重境界：序列化

要使小学习作教学在完成其任务、培养学生运用语言文字能力的同时，全面提升学生素养，关键在于构建科学的习作训练序列。习作是为了满足自己表达的需要和与人交往的需要，习作训练序列本质上就是为了满足这些需要。年龄段不同，学生的主导活动也不同，其所需要的写作知识和写作技能也不同。学生的能力增长呈现出层级式螺旋上升的过程。将教学的内容和教学的方法进行系统链接，使得小学六年的习作教学产生互相呼应的内在联系，可为学生能力的提升创造有利条件。

笔者在探明各年级学生心理需求、能力发展和习作表达的特征基础上，先后研究了以文体为序、语言知识为序、能力训练为序、习作过程为序等方法，以及非智力因素对于习作能力的影响。同时，笔者对利用情绪、情感及动机来改善小学习作教学状况等方面进行多维度深入探究，提炼出以学生习作能力的长程发展为理念的年级习作目标及内容，构建"六年一体"的整体序列化习作教学体系。

纵观小学六年的习作训练，其内容是相互关联的。同类型的作文在不同年级反复出现，其目的就是实现学生习作能力的有序发展，符合学生的习作能力呈层级式螺旋上升的规律。要达成习作训练的目标，需要教师审视自己的习作教学方式。学生的能力特点和教材的价值是教师必须考虑的两个重要因素。要想使学生的习作能力得以有效提升，教师就要了解他们已有的能力和待提升的能力，使培养习作能力的方法之间产生"前延后续"的内在关联，规避重复的劳动，提高教学的有效性。习作训练，应该有"备"而来。

第一节 一年级兴趣化

乌申斯基曾经强调：没有真正的热情，学习就会变得毫无意义，而被迫学习则会抑制学习者获取知识的欲望。学习者只有产生兴趣，才有动力去学习。

一、年段解读

一年级入学是孩子们人生中重要的里程碑。他们对新的学习和生活环境充满了好奇和畏怯，对学校、对老师、对同学、对课堂都充满了既期待又排斥的矛盾心理。处于这一阶段的学生虽然对日常的生活语言已经有了相当程度的积累，但是其语言的完整化、规范化、准确化都处于较低水平。受一些主观、客观因素的影响，学生的知识经验、认知水平和语言表达能力存在较大的差异。部分学生能对自身感兴趣的内容提出简单的问题，并且有表达的自信心，能积极地发表自己的见解；也有部分学生缺乏自信，较为胆怯，学习的主动意识不强，对意愿的表达较为模糊。为了更好地帮助学生应对日常生活中遇到的各种挑战，我们建议从小学低年级阶段就开始培养他们的口头表达技巧，以帮助学生在日常生活中更好地进行交流。

学生的说话、写话能力根据年级不同要求也不同，低年级主要是让学生乐于表达，亲近习作。

一年级的表达主要指向"说"，目标是引导学生想说、乐说。一年级的学生活泼可爱、天真好动，爱讲故事，爱登台表演，所以可以多举行说儿歌、猜谜语、演故事、讲笑话、朗诵诗文等丰富的语文活动。这些活动可以激发学生参与校园生活的积极性，帮助他们打开表达的多种渠道，为他们搭建畅所欲言的舞台，让说话训练更具针对性和有效性。

指导"说"的过程力求做到"降""扶""放""夸"四字原则。"降"，即降低语言的复杂性，鼓励学生勇于发言，唤醒他们的表现欲望；"扶"，即借助"看、听、想"的初级入门指导，帮助学生掌握观察、倾听、思考的技巧；"放"，即不要过早地将语言的结构强加于学生，以免他们的思考受限，影响想象力与创新力；"夸"，即用真诚的赞美去呵护学生的每一次表达，使他们保持表达的冲动和热情。

二、研究价值

（一）教师层面

①提升教师解读学情的意识和能力，使教师能在较为准确地把握一年级学生已有能力的基础上，遵循"口语领先，读写跟进"的语言发展路径，教会学生说话的方法，培养他们关注、感知生活的意识，促使学生产生交流的欲望。

②借助"表达兴趣化"的研究，使教师确立教学重点意识，以阅读教学为切入口，以口语交际为抓手进行教学，培养学生的语言能力。

（二）学生层面

①在课堂教学中，使学生能主动融入教师创设的各种情境，生发表达的欲望，乐于与他人分享自己的所见所闻、所思所想，并能说完整的话。

②使学生在学习过程中能依托兴趣，不断修正自己的口头语言，形成良好的倾听态度和表达习惯，不断提升表达能力、思维能力、互动能力，实现自我言语交际的价值追求。

三、实施策略

（一）关爱激"趣"

"爱"是兴趣的源头活水。教师在教学过程中，要善于用信任的眼神、温柔的动作、关爱的态度、真诚的赞美来缩短师生之间的距离，树立学生学习的自信心。同时，教师应以渊博的学科知识和娴熟的教学技巧博得学生的信任和喜爱，从而激发学生的学习兴趣。学生不愿意或不善于口头表达，绝大部分原因是不够自信。而学生的自信心是同伴、家长、教师、社会共同给予的。赞美的话语会使学生在探索、尝试的过程中保持积极向上的心态。

此外，教师要善于抓住各种教学契机，利用好教学资源，使学生表达的欲望得以保持。如果学生在一入学就尝到了表达的"甜头"，那接下来的课堂教学就会事半功倍。教师应给予学生关注、信任、呵护，让学生积极地表达自己的想法。

（二）创境唤"趣"

1. 图画引入法

图画引入法就是以图画的方式引出说话的内容。引导学生学会读图，对图片产生自己的理解，这是学生喜闻乐见的开启说话训练的模式之一。

2. 活动引入法

活动引入法就是结合学校多样的课程活动，开展班级多彩的语文训练，引导学生说出自己的心声和想法。

3. 情境引入法

情境引入法，即创设一个情境，让学生围绕其中的任务或事件进行交流。利用各种有效的情境来激发学生的学习行为，可以使学习充满趣味性。这样的方式不仅可以使学生感到有趣，并且能够激发他们的积极性。比如，可以带领学生通过"表演"的方式将学习的内容呈现出来。这样，学生不仅兴致勃勃，还能在潜移默化中习得课程内容，提升语言交流能力。

（三）目标导"趣"

一年级的学生，对身边的一切都充满了好奇，愿意接受新鲜事物，设定阶梯式的短期目标，是激发其表达兴趣、提高语言能力的有效措施。教师应根据学生的年龄特点与能力，设定"由易到难、由浅到深"的阶梯式目标。如果要求过高，学生无法达成，屡遭挫败，容易产生"我不行"的负面情绪，从而丧失自信心。比如，很多学生在接触故事时，对故事中角色的对话、表情、动作印象较深，这就真实地反映出低年级学生的兴趣点。既然如此，教师就可以设定学生说话训练的阶梯式目标——从关注角色到关注情节，再到关注中心思想，一步步引导学生，扎实每个"点"，为后续的"面"助力，从而由局部走向整体。

（四）底线保"趣"

作为教育者不解读学情，要么把学生当作零起点，要么想当然地认为学生已有足够的知识储备，都可能导致"混沌"的教育状态。对于教师而言，每一节课都应该做到"让学生走出课堂和走进课堂时的状态不一样"。

对一年级学生来说，每一项学习任务都是新的开始。若把握不好"度"，极有可能在学习初期就埋下后续发展艰难的种子。因此，当"兴趣"遭遇"知识或能力"难关的时候，教师应学会取舍。如在教学过程中，学生十分努力，但表现仍然很难达到"好"的程度，教师可以以鼓励为主，肯定其努力的态度。要知道，对他们而言，来日方长，不可急于一时。如果不保"底线"，让学生产生排斥或畏惧心理，日后补救的难度就大大增加了。

我们的教育对象是在不断发展中的人，这是教育者需要达成的共识。教师应尊重差异，善待并允许"后进"，这是每一位教育者应有的态度，这样才能使教育真正成为面向每一个人的教育。

四、典型案例

（一）音乐引入法：我们做朋友

教材分析：

"我们做朋友"作为部编版小学语文一年级上册教材中的第二次口语交际的素材，能给学生带来全新的体验。本次口语交际旨在引导学生提升语音、语调、语气等方面的技巧。教学目标是引导学生更加流利地与周围的同伴交流，并且关注交际礼仪。希望通过这种方式，帮助学生更加轻松愉快地与周围的同伴交流。有的学生在与他人交流时，会把目光转向一边，甚至盯着地上的东西，或者眼神飘忽不定。这些现象是没有足够信心的外在表现，同时也不符合交际的基本准则。因此，"说话的时候，看着对方的眼睛"就成为本次课程的重点，教师应鼓励学生积极参与交流，掌握适当的交际技巧。

学情分析：

此阶段，学生已经入学两个多月，班级里的同学基本上都认识，但还有一些同学不太熟悉。通过这次口语交际，他们可以向周围的同学进行自我介绍，与同学交流日常生活，增进彼此的了解，结交新的朋友。这一过程符合这个阶段学生的内心需求。在交际中，学生的语言表达应该尽量自然、随意，学会"目中有人"的表达礼仪。通过日常观察，教师会发现这一阶段的学生存在一些交流问题，如眼神游离、肢体动作随意、音量不合适等。因此，教师需要借助这次口语交际活动，引导学生在日常交流中主动实践，形成良好的交际习惯，在现有的基础上取得进步。

教学目标：

①使学生在特定的语境中，生发交流的兴趣与愿望，积极主动地参与口语交际活动，感受交际的乐趣。

②使学生在交际互动中，能初步说清自己的观点，在交流中发展口语交际能力。

③使学生初步学会用交流的方式获得新朋友。

教学重难点：

使学生在交际活动中，能看着别人的眼睛，认真倾听并了解别人的说话内容，并且做到态度大方、有礼貌。使学生能够清晰地阐述自己想要与谁交往，并且能够准确地表达自己的情感；能够学会欣赏他人，并且能够以愉悦的心态与他人进行有效的沟通。

课前准备：

教师：准备多媒体课件。

学生：准备一张用彩色卡纸制作的名片卡，在上面写上自己的姓名和一个优点。

教学时间：1课时

教学过程：

1. 创设情境，导入课题

教师播放歌曲《找朋友》，引导学生边听边唱，可以加上动作。

师："孩子们，你们已经是小学一年级的学生了。在这段时间里，你认识了哪些新朋友？你能说出他们的名字吗？"

师："你们交到了新朋友，老师真替你们高兴。有几个字也想和大家做朋友，你能读好这几个字吗？"（教师板书课题"我们做朋友"）

【设计意图】课堂教学的"导入环节"应该是无痕的，在不知不觉中带领学生进入教学内容为最佳。为了达到这一目的，教师可以采用一些有趣的方法来吸引学生的注意力。例如，可以播放音乐《找朋友》，让学生在课程刚开始就沉浸在轻松愉快的课堂氛围中，为后续环节的推进做好铺垫。

2. 闯关交际，习得技能

过渡："老师有个朋友，他叫小明。大家想不想和小明做朋友呀？得闯过三关才行。你们有信心吗？"

（1）第一关：自我介绍

课件展示闯关要求：

①说：音量适中，一定要让别人听得见、听得清。

②听：认真倾听，注意观察说话者。

③评：观看"自我介绍的视频"，并进行评价。

师："谁来进行自我介绍？"（请学生进行自我介绍）

教师总结："我们成功地闯过了第一关。恭喜大家收集到了钥匙碎片。"（课件展示钥匙碎片）

【设计意图】通过"自我介绍"视频的引导，本次口语交际课旨在帮助学生复习和巩固一年级语文第一次口语交际课的重点内容，并为下一次课的交际活动打下良好的基础。采用"闯关""收集钥匙碎片"等方式都是为了激发学生的兴趣。

（2）第二关：认识新朋友

课件展示闯关要求：

①看着对方的眼睛说话。

②用适当的音量说话。

③认真听别人说话。（师生合作示范）

教师展示课本中的图片，引入相关话题，以便加强互动。之后，教师动员同桌间互相进行自我介绍。

教师总结："真是太棒了！我们认识了新朋友，成功地闯过了第二关！看，我们收集到了新的钥匙碎片。"（课件展示钥匙碎片）

【设计意图】示范"说话的时候，看着对方的眼睛"，能让学生们明白，交流不仅仅是一种表达自己的途径，更是一种尊重他人的行为，一种真诚的交往态度。此外，在交流的过程中，教师应为学生提供充足的机会，让学生尝试以不同的方式进行交流。

（3）第三关：多了解新朋友

课件展示闯关要求：

捕捉对方话语中的信息，学会回应。（师生合作示范）

师："通过之前的环节，我们认识了新朋友，了解了新朋友的姓名和爱好。除此之外，我们还可以了解对方的什么信息？"

师生进一步讨论。

教师总结："我们顺利通过第三关啦！快看，完整的钥匙闪闪发光！"（课件展示完整的钥匙）

【设计意图】为了使学生更好地适应新的教育环境，教师应该努力为他们营造良好的交流氛围，课例中采用"闯关"的教学形式，给学生设置了阶梯式的训练目标，鼓励学生兴趣盎然地开展口语交际。

3. 乐中交友，享受乐趣

师："请准备好你的钥匙，欢迎参加'音乐交友会'。请记住，在参加交友会时，要遵从主持人的安排。"

（1）音乐交友会

课件展示交友规则：

①在交谈时，要注意观察对方的眼神。

②保持适当的音量，以便他人能够听到。

③认真倾听他人的话语。

师："让我们一起欣赏这首欢快的乐曲，走近你的朋友，与他们进行面对面的交流吧！"

（2）介绍我的新朋友

师："大家都结交了新的朋友。谁想向大家介绍一下新朋友呢？"（教师给出句式：我喜欢_____，他是一个_____的孩子）

教师总结：同学们真厉害，不仅说出了结交新朋友的姓名，还能借助特点说出喜欢的理由，点赞。

【设计意图】皮亚杰指出，儿童的道德成长取决于他们和外部的道德环境之间积极的相互作用。可以借助"音乐交友会"等具有趣味性的活动来帮助学生更好地掌握交流技巧，从而提升他们的交流能力。

4. 课中课外，拓展延伸

教师在课堂上，引导学生多与同学交流，培养其交际能力，并鼓励学生在日常生活中多结交新朋友。

【设计意图】本环节的设计旨在帮助学生在日常生活中积极结交新朋友，感受与他们一起玩耍的乐趣，并从中获得成长的喜悦。为此，教师设计一系列的实践活动，以帮助学生更好地了解自己的兴趣。

板书设计：

我们做朋友	
眼	看对方
口	说清楚
耳	认真听

教学反思：

本节课结束后，目标达成度比较高，但是仍存在教师在指导过程中对学生的关注不够到位的问题。比如，教师应引导"听的学生"关注"说的学生"是否介绍清楚了自己，结合适当提问，让学生关注说话的内容，而不是仅关注形式。

在最后一个环节，教师引导学生自己创设感兴趣的情境，自由练习说话内容与技巧，并且允许他们自由选择座位、自由选择交流对象。学生非常喜欢这种无拘无束的环境，课堂气氛轻松愉悦，每个人都积极参与。当然，若想让课堂教学高效推进，前期的准备工作至关重要。教师在课前应该清楚地提示规则，并且进行详细的解释。在活动过程中，教师应该多关注学生整体的情况，注意适当进行调控。如果有学生没有找到朋友，教师应该提供适当的帮助。

本节课中，教师为学生提供了个别句式，帮助学生练习说话，学生都能很容易地说出来，但是固定的句式在某种程度上会禁锢学生的思维。对于已经掌握句式的学生，可以为其提供自由发挥的机会，从而使课堂教学产生梯度，适应能力不同的学生的发展要求，为学生提供提升的空间。

（二）情境引入法：用多大的声音

教材分析：

"用多大的声音"是部编版小学语文一年级上册教材中第三次口语交际的主题。教材以三幅图创设了三个情境，引导学生发现说话时有时候需要大声，有时候需要小声。教材中用两个问句激发了学生探究和表达的欲望，学生在探究"什么时候要大声说话，什么时候要小声说话"的过程中可以培养语言表达能力，养成良好的把控音量的习惯。

合理控制自己的音量是一种重要的社交技巧，它可以帮助我们在不同的场合中更好地与他人沟通。然而，对于一年级的学生来说，这种技巧还有待提高。因此，我们需要适时指导和示范，帮助他们学会如何在不同的场合使用合适的音量。

在本次口语交际中，教材进一步强调了语言表达的多样性，包括适当的语气和语调。本次训练使学生能够明白，不是所有的场合都适合大声说话的，而是应该根据不同的情境选择适当的语气和语调，以此形成正确的场合意识。

学情分析：

一年级的学生，由于缺乏必要的知识和技能，他们无法正确地判断什么样的音量适合什么样的环境、什么样的时机和什么样的交流对象。例如，当他们应当高声朗读的时候，声音却变得很低；当他们在特定的环境宜小声交流的时候，却选择旁若无人地大声说话。因此，本次课程旨在帮助学生明白什么样的情况下应该选择什么样的音量，以及为何如此选择。为了更好地理解音量的大小，教师需要创设多种情境帮助学生进行训练。通过将日常生活与课程内容结合起来，让学生能在真实情境中学会选择合适的音量。

教学目标：

①使学生知道说话时有时要大声，有时要小声，能根据具体的语言环境判断什么时候要大声说话，什么时候要小声说话。

②引导学生能根据情境生发交流与表达的兴趣和欲望，积极主动地参与口语交际活动，感受交际的乐趣，获得交际的成就感。

教学重难点：

使学生在日常交流中，学会在不同的语言环境中保持适当的音量，并且不断提高语言表达能力。

教学过程：

1. 讲述故事，揭示话题

（1）认识小冬

师："让我们一起认识一位可爱的小男孩，他就是小冬。让我们和他打声招呼吧。"（课件展示小冬图片）

师："小冬最近遇到了一个问题，特别苦恼，你们愿意帮帮他吗？"

生："愿意。"

师："那就请大家坐端正，认真听小冬说。"

（2）听小冬讲故事

（课件展示小冬发愁的图片）故事大概内容是：小冬在图书馆大声说话被提醒，在上课回答问题时因为声音小，老师鼓励他大声说话。小冬对到底是该大声说话还是小声说话感到很困惑。

小冬到底该用多大的声音说话呢？（教师板书课题：用多大的声音）

师："我们一起来讨论，谁来说一说？"

（3）练习说话

教师给出句式：在图书馆，要_____；在教室里，发言要_____。

师："如果能说明原因就更好了！谁能这样说？"

出示：在图书馆，要_____，因为_____；在教室里，发言要_____，因为_____。

（4）连段说话

师："看来，同学都明白了，那谁来告诉小冬呢？要看着他的眼睛说呀。"

教师总结："看着你们关切的眼神，听着你们真诚的话语，小冬有话要说。你们听。"（放录音）

小冬的话："小伙伴们，谢谢你们帮助我解决了这个问题。原来，在不同的场合，说话的音量也不同。有时候需要大声说话，有时候要小声说话。谢谢你们！"

【设计意图】对于一年级的学生来说，激起其内心"助人"的愿望，可以唤起更强烈的参与意识。本环节聚焦主题，选用生活中真实的情景，让文本、生活、学生融为一体，无痕开启一段交际之旅。

2. 链接生活，场景体验

师："小朋友们，在不同的场所，恰当地大声或小声说话是一种本领。下面，老师给你们一个施展本领的好机会。"

设置三个场景：

①到医院探望病人：奶奶，您的身体好点儿了吗？

②请妈妈递书：妈妈，请把那本书递给我，好吗？

③马路上：阿姨，您的钱包掉了！

师："请选择一个你最感兴趣的场景，想一想，该怎么说？"

教师随机找几个学生示范，大家一起讨论为什么要大声说或小声说。教师根据学生的表现进行点评。

教师总结："所以，在生活中有时候要大声说话，有时候要小声说话。"

【设计意图】"生活性"是口语训练的基础，教师应该围绕日常生活中的语境来指导学生进行交流和思考。教师应帮助、指导学生更好地理解该用多大的声音说话，并借助多次交流训练来提升他们的口语交际能力。

3. 回顾生活，反思不足

游戏：看场景辨大小

师："下面我们一起来做个游戏好吗？这个游戏叫作'看场景辨大小'。请大家拿出手中的两个牌子，一个牌子写着'大'，一个牌子写着'小'。大家看看画面中的场景，判断应该大声说话还是小声说话，然后举起相应的牌子，大家明白了吗？"

设置四个场景：

①妈妈在看书，我有事要跟她商量时。

②家里来了客人，跟客人打招呼时。

③领读员带领大家读书时。

④在车站的候车室等车时。

师："看来，大家都能根据场合选择合适的音量说话了。小朋友，在学习'用多大的声音'之前，你或者你身边的人有没有说话音量不适合的时候？很多时候，我们往往会忽略对爷爷奶奶、爸爸妈妈的态度，他们都是我们的长辈，也是我们的亲人，我们跟他们说话时要注意音量合适，文明有礼。让我们一起诵读《弟子规》里的相关内容吧！"

【设计意图】学以致用，本着"时时处处皆育人"的理念，教师安排"看场景辨大小"的游戏，能更好地调动学生参与的兴趣，同时也能引导学生对生活中的不足予以反思，最大可能地彰显教材的育人价值。

板书设计：

用多大的声音

大

音量

小

心中有他人

教学反思：

在本节课中，教师注重打造有利于口语交际的环境，和学生一起进行有意义的互动。利用这种方式，可以提高学生的听说能力，唤起他们参与讨论的热情，并让他们学会更好地与人相处。教师应从日常生活中汲取素材，让学生对说话训练感兴趣，积极观察、思考和想象，并在合作中有所进步。本节课中有以下亮点，值得借鉴。

①教师注重激发学生的学习兴趣、表达欲望。在课堂中，教师力求让每个学生都动起来，有说话、讨论、评价的机会。为了改变口语交际课上单一乏味的说教形式，教师采用"讲故事""场景体验"等形式，把单纯的口语表达和交际行为结合起来，促进了知与行的转化，激发了学生的兴趣，让学生喜欢上表达，喜欢上交流。

②教师为学生创设了表达的情境，降低了表达的难度。教师根据低年级学生的心理特点，运用形象直观的教学手段，创设丰富多彩的教学情境，让学生在不同情境中不知不觉地进入角色，在"玩中学""学中玩"，既激发学生说的愿望，又使学生在相互交流中明其理、信其道，整个课堂气氛非常活跃，有张有弛。

（此案例由淮阴师范学院附属小学刘晨曦老师提供）

（三）图画引入法：小兔运南瓜

教材分析：

"小兔运南瓜"是部编版小学语文一年级上册教材中的第四次口语交际的素材。教材采用看图补白编故事的形式，配有三幅插图：第一幅图，小兔站在南瓜地里，在想怎样把南瓜运回家；第二幅图，内容空缺，只有一个问号，以留白的方式给学生提供无限的想象空间；第三幅图，南瓜已经被运到家了，小兔在和兔妈妈讲自己运南瓜的过程。编者的意图是让学生借助第二幅图，积极调动思维，想出多样的方法，训练学生的语言能力和思维能力。新课标倡导的语文核心素养之一是思维能力，这次口语训练是一个很好的案例，虽然内容浅显易懂但思维空间比较广阔，教师可通过以下方法指导学生。

可以借助图画使学生大胆说出自己的想法。首先，使用空白图来鼓励学生积极思考，拓宽他们的想象力，使他们勇于尝试和推断。其次，以评议的形式深化认知，鼓励学生大胆阐述自己的观点。本次口语交际的内容很符合此学段学生的内在需求，可以很好地训练学生的想象力、思维能力、表达能力。

学情分析：

经过之前的学习，学生在语文课上已经取得了明显的进步，口语训练也由无序走向了有序。此阶段的学生有着强烈的求知欲，喜欢探索未知的世界。因此，教师在口语交际课中，需要更加关注如何培养学生良好的学习习惯，并创设多样的交际场景来促进学生交流。综合平时的教学实践，教师会发现一年级学生从众心理较强，容易受到范例的影响，所以本节课需要引导学生结合自己的生活经验，展开发散思维，发表不同的想法，不能人云亦云。

教学目标：

①聚焦话题，引导学生积极思考，帮小兔想办法。

②使学生乐于与别人交流。

③鼓励学生选出自己喜欢的方法并能说出理由。

教学重难点：

帮助学生把自己的想法清楚地说出来。引导学生积极参与讨论。

课前准备：

教师：准备多媒体课件。

教学过程：

1. 创设情境，激趣导入

师："小朋友们，你们喜欢小动物吗？你们看，有一只可爱的小兔来和你们交朋友了。"（课件展示小兔的图片）

情境导入："今天是小兔的生日，他请你们和其他小动物来家里做客。兔妈妈要做好吃的南瓜派。这不，她让小兔去地里摘个大南瓜。"

【设计意图】依据此学段学生喜爱小动物的特点，创设给小兔过生日的情境，把学生带入相关情境中，以此来激发他们的兴趣，并为接下来的活动奠定基础。

2. 仔细观察，明了图意

（1）观察图片，全班交流

课件展示第一幅图，图片显示小兔欢快地跑进了一片南瓜地，发现了一个巨大的南瓜。

15

师："这个南瓜有多大？让我们一起来感受它的外形和重量吧。"

师："当小兔看到这个南瓜时，他会想些什么？大家能加上适当的动作，表现小兔很着急吗？"

教师引导全班学生互相交流。（指名学生表演小兔）

（2）观察图片，想象对话

课件展示第三幅图，图片显示小兔将南瓜运回了家，交给了兔妈妈。

师："小兔把这么大的南瓜运回了家，兔妈妈非常高兴，她会怎么说？小兔又会怎么回答呢？"

教师指导学生观察模仿兔妈妈和小兔的神态，想象他们的对话。

教师指名学生表演后，集体进行评价。

【设计意图】引导学生观察图画，想象小兔的心理活动、猜测他的动作。借助讨论交流和情境表演来培养学生的思维能力、想象能力和语言表达能力。

3. 想象过程，讨论评价

（1）观察图片，思考方法

课件展示第二幅图，图中有一个大大的问号，让学生想象小兔是怎样将南瓜运回家的。

师："小兔真是太棒了，他竟然能够把如此巨大的南瓜运回家里！下面让我们来思考，小兔是用什么方法把南瓜运回家的，他遇到了什么困难。请每个人至少想出一种方法，一会儿一起来分享大家的金点子，看看谁的办法最精彩。"

（2）全班交流，教师板书

板书内容：

小兔运南瓜

请小动物帮忙抬

把南瓜当轮子滚动

找车子运

请大象用鼻子运

……

（3）现场讨论

教师请学生讨论最认可哪种运南瓜的办法，并说明原因。教师可准备

"大南瓜"（南瓜贴），谁说得清楚明白就送给谁。（同桌先交流看法，然后全班交流）

【设计意图】本环节师生共同创设真实生动的交际场景，营造和谐的交际氛围，不仅能够帮助学生更好地阐述想法，还能够鼓励他们勇于挑战，尝试不同的解决方案，以提升学生的口语交际能力。

4. 拓展练习，课堂延伸

教师引导学生从众多运南瓜的方法中，挑选出一种最符合自身需求、最有效率的方式，并以图画的形式表现。

学生补充图画，教师巡视指导。

教师总结："让我们一起欣赏大家的画，并且分享自己想到的故事。"

【设计意图】这个环节的设计旨在让学生在填补空白的过程中学会思考，在展示中学会发表自己的想法。教师帮助学生整合三幅图的内容，随机予以指导，让学生学会思考的方法、表达的方法。

板书设计：

小兔运南瓜

请小动物帮忙抬

把南瓜当轮子滚动

找车子运

请大象用鼻子运

⋯⋯

【设计意图】把学生想到的比较合理的办法都板书出来，一方面突出教学重点，另一方面可以使学生体会思考的成就感，同时也便于学生从中选择自己喜欢的方法，作为讨论交流的依据。

（四）活动引入法：一起做游戏

教材分析：

本次口语交际的主题是"一起做游戏"（出自部编版教材小学语文一年级下册），旨在引导学生在游戏中初步学会有条理地表达，培养学生乐于交往的意识和友善待人的行为习惯。

教材利用"贴鼻子"这个传统游戏，引发学生口语交际的兴趣，并展示两个小女孩的对话，提示学生学会"邀请和回应"，并能讲清游戏规则。

这次口语交际活动打破了传统单一化的"独白式"讲解游戏规则的方式，重点帮助学生借助肢体语言来更好地阐述游戏规则，鼓励他们主动邀请同伴一起参与游戏，从而体验童年的欢乐。

学情分析：

游戏是最受低年级学生欢迎的活动，以此为话题，可以激发他们对口语交流的兴趣。学生会积极地投入游戏中去享受过程的快乐，他们必然是兴奋的、忘我的。针对这样的学情需求，教师应适时地示范，提供帮助，引导学生了解游戏规则，学会使用规范的语言。

教学目标：

①使学生在介绍一个游戏时，能够详细阐述其规则和操作步骤。
②使学生养成良好的倾听态度和交流习惯，能大胆询问不清楚之处。
③鼓励学生积极主动地邀请同伴一起玩游戏，感受其中的快乐。

教学重难点：

引导学生在讲解游戏时，能清楚表达出相关的规则，以便让同伴更加容易理解。

课前准备：

教师：找寻适合学生的游戏。
学生：探讨游戏的玩法。

教学过程：

1. 联系所学，激趣导入
（1）出示课件
教师带领学生回顾玩过的游戏。

师："你们平时喜欢和小伙伴一起玩什么游戏？"（学生纷纷回答老鹰捉小鸡、水果蹲、丢手绢、撕名牌、木头人等游戏）

（2）揭示课题

教师提出本节课的主题：一起玩游戏。

【设计意图】以学生感兴趣的游戏导入，因为兴趣更容易带动全员参与。教师带领学生回顾玩过的游戏，让学生怀着浓厚的兴趣进入口语交际的情境中，激发其参与游戏、乐于表达的愿望。

2. 创设情境，学会邀请

（1）创设情境

具体情境：丁零零，下课了，同学们像快活的小鸟一样，开始了自己喜欢的游戏。小明想邀请伙伴们一起做游戏，但是他做不到有礼貌地邀请别人。

（2）师生交流

师："小明不知道怎样才能有礼貌地邀请别人。你们觉得怎样邀请，才算是有礼貌？"

教师请学生讨论，并在讨论结束后请学生示范表演，从而让学生学会有礼貌地邀请别人。

【设计意图】教师创设情境，生成"礼貌邀请"的话题，在讨论交流中让学生感受礼貌的重要性，并在帮助小明的过程中学会如何尊重他人，从而达到引导学生和同伴和谐相处的目的。

3. 教会方法，学会介绍

（1）教师示范，教会方法

师："看起来，这是一个大家都不熟悉的游戏。别担心，我玩过，请大家仔细听游戏规则。"

教师邀请几位学生玩"反口令"游戏。教师一边示范，一边介绍游戏规则，介绍完请学生参与游戏。

（2）学生讨论，教师总结要点

①介绍游戏的名称。

②说明分工。

③说清楚游戏规则。

④说明如何判定输赢。

提示：想要说清楚怎么玩，学生可以用上"首先、然后、最后"等词语，边说边用动作演示，让大家更容易听明白。

【设计意图】通过示范，教师可以帮助学生更好地理解游戏的几个关键点，并学会按照顺序将它们表达出来。这样可以有效地帮助学生克服本次口语交际的难点并实现教学目标。

4. 学法迁移，巩固练说

（1）引出游戏，介绍规则

师："同学们，让我们一起来玩一个大家都非常熟悉的游戏，那就是'贴鼻子'。谁愿意参加？不过，玩之前需要请一位同学向大家介绍规则。"

（2）总结要领，实际演练

教师根据学生的发言，总结"贴鼻子"游戏的要领：请一位同学站在台上，教师用布蒙住他的眼睛，然后让他在原地转三圈，最后让他走上前去给黑板上的小熊贴鼻子，看看他能否准确地贴到正确的位置，如果能正确地贴在鼻子的位置上就成功了。

教师请学生分别上台进行游戏，并由教师和同学们分别予以评价。

【设计意图】以学生喜闻乐见的游戏为媒介，在之前环节的基础上落实本节课的教学任务，实现学生的阶梯式成长。

5. 拓展延伸，强化运用

（1）组成小组，介绍规则

师："同学们，你们在生活中一定还玩过很多有趣的游戏，接下来就请大家分别组成四人小组一起游戏。"

教师提醒学生，注意做到以下几点：

①邀请同学的时候要做到礼貌热情。

②在教同学玩游戏时，应该在讲解的同时，适当示范。

③受到邀请的学生应该认真倾听，如果有任何疑问，可以提出来。

（2）共同游戏，分享经验

学生分组进行游戏。游戏结束后，教师请学生上台分享邀请朋友一起玩游戏的经验。

【设计意图】教师重新设置情境，旨在帮助学生进一步交流，并通过生生和师生的互动来提高他们的介绍能力，从而有效地实现"积极主动地邀请同伴一起玩游戏"的教学目标。

6. 回顾过程，总结方法

教师总结："今天，同学们邀请小伙伴一起玩游戏，不仅尽情享受了游戏的乐趣，还学会了如何在说话时表现出礼貌和热情，并且能够及时回应。在游戏过程中，有同学不熟悉游戏规则时，大家都做到了认真地指导他们。在指导的过程中，懂规则的同学边讲解边示范，不懂游戏规则的同学则认真倾听，有疑问时会及时询问。同学们真棒！"

【设计意图】在课程结束之前，教师应该引导学生回顾本节课的所学内容，帮助学生整合课程信息。本环节强化口头表达和聆听，让学生对所学知识有更深刻的理解，并期待学生将其应用到日常生活中。

7. 课中习得，课外生根

①鼓励学生在课后邀请朋友一起玩游戏。

②鼓励学生向爸爸妈妈介绍新学的游戏。

【设计意图】本环节旨在以实际应用来帮助学生更好地理解和掌握"语文来源于生活，根植于生活"的理念，从而实现预期的教育目标。

板书设计：

> 一起做游戏
>
> 邀请：礼貌热情
>
> 介绍：边说边做
>
> 倾听、应答、询问

教学反思：

为了更好地帮助一年级学生提高口语能力，教师应该为他们提供良好的环境，并且鼓励他们保持积极乐观的心态。此外，教师还可以利用学生熟悉的事物，比如采用"老鹰捉小鸡""贴鼻子"等常见的游戏活动，培养学生口语表达的独立性，鼓励他们大胆尝试和探索，为他们的日常交流和沟通打好基础。通过一系列的互动，学生能更好地展示自己的个性，掌握口语交际技巧，从而更好地表达自己的想法，养成良好的倾听、交流、评价的习惯。

（此案例由淮阴师范学院附属小学李进老师收集、整理）

第二节　二年级顺序化

由一年级说话转向二年级写话，教师需要做好衔接。兴趣是表达的起点，二年级语文教学可以图为载体，帮助学生厘清顺序。

小学语文二年级的教材中，几乎每篇文章都配有融合了课文情境的单幅或多幅插图，插图的编排合理，直观性强，既是进行深度阅读的有效辅助，也是激发学生有序表达的桥梁。所以，在日常的语文教学中，教师要善于利用课本里的插图，鼓励学生仔细观察，放飞想象，让"看图说话"成为学生的一种习惯。这样既能促使学生有序表达的阅读语言的形成，也能促进学生有序地进行习作语言的积累，为中高年级段的习作深耕打好坚实的基础。

顺序感如何扎根呢？首先，教师可选择具有典型性的图例，提示按照由上及下、由左至右、由远及近、由整体到部分等不同的顺序，使学生形成清晰的认识。其次，教师应引导学生捕捉重点，教会学生明确一幅图的重点部分在哪里，这样就确定了想象具体化的落脚点。

一、年段解读

二年级的学生因为有了一年的学习经验的积累，个人的学习能力有所提高。群体学习的方式增强了学生学习的自信心。

从心理发育方面来分析，这一阶段学生学习的主观能动性以及持续学习的稳定性都处于低意识状态，但是他们有着活跃的形象思维，心理活动以随意性为主，形象性和具象性是他们现阶段的主要表达特点。

基于形象思维占主导的客观因素，这一阶段学生的写话练习大体上以看图写话为主。学生已经经历了一年级口语交际以及看图说话等形式的语言训练，对于单幅图中的主要人物和主要情节大体上能明白，但是对于多幅图的组合，他们缺乏解读方法，对图中内容的理解很容易片面。这一阶段的学生在根据图片内容进行个性表达时，往往想象在前，很多时候词不达意。此外，这一阶段的学生缺乏聚焦主题的能力，尤其是多幅图组合出现时，他们的语言表达往往会"变道"，脱离文意表达的中心轨道。

总之，针对学生此阶段的写话练习，教师要营造无压力的氛围，渗透步步递进的写话方法，注重激发学生使用书面语言表达的兴趣；要注意寻找将学生的已有经验和想象相连接的点，激发其表达愿望，提高其书面表达能力。

二、研究价值

（一）教师层面

①教师应关注学生写话的需求，立足课本和学生年段特点，注重写话材料的生活性和趣味性。

②教师应着力研究写话的顺序，以课堂阅读教学为抓手，从学生写话的兴趣入手，细化写话的具体顺序，明晰写话教学的具体步骤，探究适合低年级学生的具体可操作的教学策略。

（二）学生层面

①使学生对写话产生兴趣，留心周围的事物，写自己想说的话，将想象化为语言。

②使学生从课堂教学中习得顺序化的方法，提高自身将口头语言转化为书面语言的能力。

三、实施策略

（一）用"放大镜"看（读图）

看图写话是学生进行各类习作练习之前重要的过渡性练习形式，它充分发挥学生丰富的想象力和之前的阅读经验，能很好地锻炼学生将口头语言转化为书面语言的能力，其间大概要经历"直观看画面—内容分类型—情节定重点"的思维过程。因此在教学中，教师要以具体的指导方法，来帮助学生有顺序、有重点、有方向地观察并准确表达。

1. 看类型

看图写话常见的类型包括单幅图和多幅图。对于单幅图，教师要引导学生结合题目的要求，弄清图意及主题。对于多幅图的看图写话，教师先要指导学生抓住主要人物，将每幅图的内容一一看懂，弄明白中心事件；再结合图片之间的联系，推测情节的合理变化；最后围绕中心事件，指导学生结合多幅图的内容，对其他的细节进行合理的想象，把完整的故事内容表达出来。

2. 看顺序

在看图时教师应指导学生观察，要结合故事情节，厘清顺序。常见的观察顺序有从左到右、从远到近、从上到下、从中间到两边、从整体到局部。学会从不同的角度对图画进行观察和分析，能使表达更加有序。

3. 看重点

教师应指导学生结合写话的题干要求，仔细观察图片，找出图中表达的中心事件是什么；如果是多幅图片，则要找一找每幅图之间的联系，围绕中心事件，梳理清楚事件的起因、经过和结果。

（二）用"扬声器"说（说图）

二年级的写话教学要先"说"后"写"，这是铁律。因为二年级学生的表达往往缺少条理、不连贯，所以教师要重视看图说话的教学，先让其畅所欲言地说，再达成水到渠成地写。

1. 谈开头

开头的自信表达往往能提升后续表达的准确性和积极性。说好开头，可以引导学生将故事中的时间、地点、人物按照合适的句子结构表达清楚，鼓励学生在此基础上，进行形象性的表达。

2. 聊正文

教师应先耐心地听完学生想说的话，再让其他学生补充，最后再把这些"你一言，我一语"串联起来。学生在说的过程中感觉看图说话并不困难了，能感受到顺畅表达的愉悦感。

3. 说结尾

结尾的表达是丰富多样的，可以是和人物评价有关的，可以是对事件的感受，可以是由图生发的新的好奇等。

教师应引导学生谈开头、聊正文、说结尾，慢慢地打开学生的话匣子，鼓励他们愿意分享说话带来的快乐。

（三）用"显微镜"写（写图）

二年级学生在语言表达的有序性和说话思维的清晰性方面，已经有了个性化的发展，但从说话到写话的转化过程还需要教师进行指导。

教师应指导学生完整具体地写。二年级学生写话除了要写明白故事的梗概，更高阶的要求就是在细节方面下功夫。二年级的学生往往会被图片中占据主要版面的"人"所吸引，可以指导学生围绕主要人物，仔细观察人物的动作、表情进行想象，其间要注意引导学生将已有的阅读经验和生活经验进行合理的勾连。

总之，针对二年级学生看图写话的训练，教师要注重观察指导，让学生愿说乐写，积累写话材料，使他们能快乐并顺利地迈上中年级作文的台阶。

四、典型案例

（一）借助抽象图片：小老鼠看电脑

教材分析：

本节课的内容源自部编版小学语文二年级上册教材中的语文园地七。本次写话选择了学生非常喜爱的"猫和老鼠"的话题。学生对这个话题有前期的阅读经验，这样就更有利于他们观察画面，展开想象写故事。本次写话虽然只有一幅图，但是极具深意，图中的"猫"不是真实的猫，而是电脑屏幕上的"猫"，图中的老鼠是一只极富现代感的老鼠，这就注定了两者之间的故事有别于以往学生读过的故事。这种富有趣味性的写话内容可以很好地唤醒学生的好奇心。教师需要引导学生大胆想象，猜测故事发生的经过和可能性的结果。

学情分析：

学生对于猫和老鼠的敌对性已经有了基本的认知，但是本次写话的内容加上了新的时代条件。学生在此阶段能够围绕一个话题初步发表自己的感想，但是表达欠缺条理性。

教学目标：

①引导学生观察图画，了解图意。

②引导学生借助合理想象，能完整讲述故事，并能将讲述的内容用通顺的语言写下来。

教学重难点：

使学生能顺利完成从口头语言向书面语言的转化。

教学过程：

1. 谈话导入，激发兴趣

师："猫和老鼠是天敌，今天这节课，我们将会见证一个有趣的猫鼠新故事。"

2. 明要求，找重点

（1）明要求

师："请大家仔细观察这幅图。图上画的是什么时候，在什么地方，有哪些动物，它们在干什么？想一想：它们会说什么？"

（2）找重点

教师引导学生找出重点问题：图上的动物在干什么？它们会说什么？

【设计意图】对于单幅图的写话，教师要有意识地引导学生找出题干中的核心问题，为下一步的教学内容找准重点突破的方向。

3. 用"放大镜"看

在写话前，教师要引导学生仔细观察图，观察时要注意观察顺序。

①观察整幅图，首先看到的是什么？（一只老鼠）

②找一找这幅图中还有什么?（猫，在老鼠的旁边）

【设计意图】对于单幅图的写话，画面的中心角色首先会引起学生的注意，先引导学生找出中心角色，再仔细看一看周边的事物，以这样的顺序，能帮助学生理解图中内容。

4. 用"扬声器"说

（1）谈开头

看了图，你能想象图上画的是什么时间和地点吗?

（2）聊正文

①可以用哪些词语来形容图中的两只动物?

②图中的老鼠在做什么? 这样的老鼠形象和你平时读过的故事里的老鼠有什么不一样的地方?

③观察图中猫的面部表情，想象它在做什么。

④想一想老鼠此时的心情是怎样的。

⑤请运用以下句式，连起来说一说。

有一天，一只_____的老鼠在_____玩。正当老鼠玩得_____，这时，电脑里_____。老鼠见到猫，心里_____。

（3）说结尾

你觉得这个故事的结尾会有哪些可能呢?

【设计意图】与学生以往认知中的猫和老鼠不同，电脑屏幕中的"猫"和老鼠会发生怎样有趣的故事呢? 教师应鼓励学生抓住这个不同点，去思考故事的发展和相应的结果。

5. 用"显微镜"写

①确定写话的格式：题目放中间，正文开头空两格，段落划分要清晰。

②教师出示样例，让学生学会格式。

③教师巡视，个别指导。

④指名学生读一读写的话。

6. 小结

师："这节课我们学到了看图写话的好方法，请大家看板书，让我们说一说看图写话要注意些什么。"

板书设计：

一、开头（时间、地点、主要人物）

二、事件（干什么）

三、结果

教学反思：

面对单幅图的写话材料，学生容易找不到重点，常常欠缺条理性。因此，在本次教学中，教师先引导学生找出图中的中心角色——老鼠，再引出另一个角色——猫，教师引导学生仔细观察老鼠和猫的表情，并思考故事的主要情节，这样就能轻松地梳理出故事发展的线索。

另外，这次写话材料的图中，"猫"在电脑屏幕上，不是真实的猫，学生在编写故事时，不能忽略"电脑"这一特殊的因素。

学生习作：

老鼠碰鼠标

一天，老鼠正在它的洞里津津有味地看书。突然，老鼠看见书上写着"鼠标"两个字，它自言自语道："鼠标和老鼠都有'鼠'字，它和我有什么区别呢？"老鼠很好奇，决定亲自到电脑桌上看一看。

老鼠发现鼠标没有眼睛、耳朵、鼻子、嘴巴，其他都和自己一样。它使劲摇动了鼠标几下。原本黑色的电脑屏幕一下子出现了一只大花猫。它用凶猛的眼神盯着老鼠，还张大了嘴，好像要吃了老鼠。老鼠吓得眼泪都流出来了，拔腿就跑。从此它再也不敢碰鼠标了。

胆小的小老鼠

一天早上，太阳公公早早地就升到了东方的天空。一座美丽的房子坐落在森林里的小溪旁，房子的主人已经出门了。

房子的墙上有个小洞。住在洞里的小老鼠探探头，溜了出来，它看到了主人桌子上的电脑，好奇地盯着电脑旁边的鼠标，自言自语道：

"鼠标，老鼠，难道鼠标也是老鼠？"它使劲踩了踩鼠标，可是，鼠标没有动，电脑屏幕上却突然出现了一只凶猛的猫！

啊！老鼠吓得屁滚尿流，连忙钻回了洞里，默默念叨："外面有风险，家里最安全。"

（二）借助真实生活：我喜欢吃的水果

素材分析：

"我喜欢吃的水果"是常见的写话素材。本次写话教学，教师不仅要鼓励学生大胆表达，还要指导学生按照一定的叙述结构将口头表述的内容写下来。本节课既有口语交际的特点，又有行文要求，这要求教师必须将二年级语文的写话目标充分落实，使学生水到渠成地完成向高年级习作的过渡。

从具体的内容上分析，本次写话内容要求学生大胆地表达自己喜欢吃的水果。水果是学生日常生活中经常见到并非常喜欢的美味佳品，但学生可能缺乏观察的视角，而这正是教学的突破口。将学生常见的事物引入课堂，体现了教育理论联系实践的原则。应充分挖掘和利用学生已有的生活经验，并将这些经验转化为培养学生语文能力的资源。

学情分析：

本次写话的内容是学生非常感兴趣的，但若是没有教师的引导，学生在表达他们既熟悉又陌生的事物时，往往天马行空，欠缺表达顺序。对于这种需要引导的写话教学，学生喜欢的往往是新鲜有趣、寓教于乐的教授方式。在有趣的游戏和多样的活动中，学生更乐于表达，更容易大胆发挥想象，也更容易将已有的生活经验和知识最大化地进行再现。因此，教师在教学的过程中，要找准学生已有的知识生长点，运用能更大化地激发学生表达欲望的教学形式，让他们在和谐的课堂氛围中对知识进行消化。

教学目标：

①使学生了解在介绍水果时应该抓住水果的颜色、形状、味道三大特点。

②使学生能专心听别人说话，学会欣赏并评价别人的发言。

③使学生能大胆、有条理地表达自己观察和想象的内容，并能按照一定的顺序写下来。

教学重难点：

使学生能运用适当的修辞手法生动地介绍和描写水果。

教学准备：

教师：准备多媒体课件。

学生：自带水果。

教学过程：

1. 谈话导入，明晰主题

（1）趣味导入

将水果拟人化，为水果设计开场白。

水果哥哥："小朋友们你们好，我是水果王国的水果哥哥，今天我和家人一起来看望大家，给大家带来一些礼物。"

师："水果哥哥给我们带来了礼物，小朋友们想得到礼物吗？"

水果哥哥："我们想将这些礼物送给认真观察我们水果家族并且大胆发言的小朋友，小朋友们加油啊！"

师："大家有信心得到礼物吗？那我们赶快来聊聊喜欢吃的水果吧！"

（2）引导思考，给出句式

教师引导学生思考自己喜欢的水果，并出示提前准备好的句式：我喜欢吃的水果有_____、_____、_____等，其中我最喜欢吃的是_____。

【设计意图】充满童趣的导入形式，既吸引了学生的注意力，又巧妙地引出了课题。教师借用水果哥哥的话，传达本节课的说话目标：认真观察、大胆发言，使教学目标隐性地对学生产生心理影响。水果哥哥的礼物又能有效诱发学生的竞争意识，激发学生的表达欲望。教师以固定句式引导，让学生能够既轻松又有条理地进行表达。

2. 猜谜引路，习得方法

过渡："我是水果妹妹，小朋友们，我的家人们就躲在老师的布袋子里，看看哪些小朋友聪明，能猜出他们的名字。"

师："哈哈，水果家族成员钻进布袋子里啦。大家想通过水果妹妹的考验吗？我们请一位小朋友来给出大家一些提示。"

教师请一位同学上台，挑一个他喜欢的水果，其他同学根据这位同学的提示来猜是什么水果。

生："我喜欢这种水果，它有橘黄色的外皮。"

师："他先向我们提示了这个水果的颜色。"

生："它的形状像圆圆的小球。"

师："他又向我们提示了这种水果的形状。"

生："它吃起来酸酸甜甜的。"

师："原来这种水果的味道是酸酸甜甜的。"

教师请学生回答。

生："是橘子。"

水果："哈哈，这位小朋友真聪明。我就是橘子哥哥。请老师把礼物送给这位聪明的小朋友。"

师："恭喜你，答对了！同学们，这位同学从水果的颜色、形状和味道三个方面来判断，一下子就猜到了谜底。看来我们介绍水果时，可真要注意这三个方面。"

【设计意图】如果直接告诉学生描述水果时，可以从颜色、形状和味道三个方面来说，学生肯定会觉得索然无味。设定水果妹妹这一角色，能有效提升学生的兴趣。猜谜这一活泼的形式能让学生积极地参与教师的教学过程。

3. 指导观察，范说引路

过渡："我是香蕉哥哥，喜欢我的小朋友们请从形状、颜色、味道三个方面来介绍介绍我吧。"

师："小朋友们，我们来仔细观察香蕉哥哥（投影放大展示香蕉），你能说说它的样子吗？"

生："弯弯的香蕉，像……像……"

【设计意图】口语交际时，若能将语言组织得有条理且完整，并能运用课文中学到的修辞手法，就更加形象了。比喻是学生很熟悉的，但是脱离了文本，在口语交际中很多学生很难想到运用比喻来丰富自己的表达。因此，教师在教学过程中要有意识地引导学生学以致用。

师："刚才，我们说的是香蕉的形状。再看看，香蕉是什么颜色的呢？"

教师请学生描述香蕉的颜色。

师："下面请同学们尝尝面前的香蕉吧，慢慢吃，细细品尝。谁来和我们分享一下，你尝到的香蕉是什么味道？"

教师请学生描述香蕉的味道。

教师总结："其实，介绍每一种我们爱吃的水果，都可以采用上述的方法。"（重点关注形状、颜色、味道）

【设计意图】通过前面的教学环节，学生大概能掌握介绍自己喜欢的水果的方法，但是将几句话连成段还是有些困难。教师应一步步引导，使学生掌握描述事物的顺序和方法。

4. 边学边用，自主说话

师："每个小朋友都有很多自己喜欢吃的水果，请你选择其中最喜欢吃的一种，向同桌介绍一下。"

教师给出示例词语：黄灿灿、水灵灵、鲜嫩欲滴、酸甜可口、清凉爽口……

师："请同学们读一读这些词，看看可以用哪些词语使描述更加精彩。"

【设计意图】水果的种类繁多，但是学生的语言积累不足以丰富他们的表达。此时，教师适时地提供一些好词，既能使学生在具体语境中高效率地掌握新的词语，又能让学生享受表达的畅快，从而强化他们的学习成就感。

5. 厘清顺序，明确结构

师："刚才我们说了那么多，把自己喜欢吃的水果介绍得很详细，如果我们把刚才说的内容写成几段话，你们觉得详细描述的部分应放在哪个自然段？"

生："第二自然段。"

师："那第一自然段，你想怎么开头呢？介绍完水果，最后一个自然段，又该写些什么呢？"

教师引导学生分段写作。

【设计意图】对于文章的段落划分，学生很熟悉，但是运用起来却往往无从下手。前面的教学环节丰富了学生的表达，引导他们将内容归类并分成多个段落，这样有层次地铺陈难点，使教学环节环环相扣，学生就更容易接受。

板书设计：

> 我喜欢吃的水果
>
> 第一段　开头
> 第二段　介绍水果：形状、颜色、味道、营养价值等
> 第三段　结尾

教学反思：

低年级的写话是起步阶段，所以首先要培养学生对说、写的兴趣。教师指导写话最好要联系到学生的生活实际，使学生将教学内容与已有知识联系起来，这样学生才有东西可写，才会写。因此，在本次教学中，教师注重激发学生的兴趣，采取生动的教学形式，如采取有趣的导入方式。

此外，教师还给出示例词语、句式等，指导学生用丰富的词、句来描述水果的形状、颜色、味道等，使得表达生动、形象。

在以后的教学过程中，导入时间可以适当缩减，这样可以为学生的写作和修改留出更多的时间。

学生习作：

我喜欢吃的葡萄

远看玛瑙紫溜溜，近看珍珠圆溜溜，掐它一下水溜溜，咬它一口酸溜溜。你们知道它是什么水果吗？没错，它就是葡萄。

春天时葡萄藤抽出了新的枝条，长出了嫩绿的叶子。到了夏天，郁郁葱葱的绿叶中便结出了一颗颗可爱的小葡萄，现在的葡萄是酸酸的，还不能吃。秋天的时候，葡萄已经成熟了，可以吃了。有的葡萄笑得咧开了嘴；有的甚至笑破了肚皮，露出了满满的果肉。轻轻地剥开小

葡萄的外皮，只见青中带紫的果肉露了出来。我尝了一口，嗓子里有一股香甜的果汁流过，那晶莹透明的小葡萄又酸又甜，让我顿时感到清爽无比！

这么惹人喜爱的葡萄，你也想摘一颗尝一尝吗？

我喜欢吃的水果

我喜欢吃水果，葡萄、橘子、苹果、西瓜我都喜欢吃，但我最喜欢的是香蕉。

香蕉的外皮是黄黄的，形状是弯弯的，看上去既像是弯弯的月亮，又像是一艘小船。剥开外皮，香蕉的果肉是乳白色的，摸上去很粗糙。香蕉的口感软软的，吃到嘴里就像棉花糖一样，有一种甜甜的味道，非常好吃。

香蕉除了直接吃之外，还可以做成脆皮炸香蕉。具体做法是把外皮去掉后，先在香蕉上裹一层面糊，再裹一层面包糠，然后就是放进油锅中炸了，把香蕉炸至金黄色就可以食用了。炸香蕉与普通香蕉略有不同，它的外面脆脆的，里面软软的，真是外酥里嫩。

这就是我喜欢吃的水果——香蕉。

第三节　三年级框架化

三年级学生对类型文章的基本结构和写作方法还比较模糊，需要夯实他们的框架意识。在具体实践时，教师可以引导学生"先仿后作，作中练习"，也可以"先试后仿，修改再作"。教师应做到一切从实际出发，因"课"制宜，因"人"制宜。阅读和习作需要同步进行，教师应精准捕捉链接点，生发相关的训练点。具体的写作形式有以下几种。

①揣摩表达，迁移运用——仿写。要求学生揣摩作者的谋篇布局、遣词

造句，在仿写过程中体悟作者的表达。尤其要学习典型的句式、典型的构段方式、典型的写作方法。

②填补空白，拓展情节——扩写。选取教材中形象、直观、有趣味性的插图和课文中的特殊标点、文本关键词等进行练习，培养学生的观察力和想象力。

③根据材料，合理构思——改写。可以进行体裁转换训练，如改写诗歌或提炼诗歌，使学生逐步形成"类"文意识。

④创设情境，展开想象——续写。有的文章虽然结束了，但文中的故事还有继续发展的可能。可让学生展开联想，构思情节，进行续写，以培养学生"创"的能力。

搭建框架可以为学生提供支架，化难为易。如指导学生写雪景，我们可以分四步引导学生。第一步，引导学生写下发现下雪后的心情。第二步，指导学生按一定顺序去观察雪景。先观察动态的雪，感受灵动的世界；再观察静态的雪，发现静止的美景。第三步，指导学生观察雪中的人，抒发雪中的情。下雪了，雪中的行人、车辆和往常有什么不同？尤其是雪中的人们，一定要仔细观察，选感受最深的写下来。第四步，指导学生整体表达对雪的喜爱之情。

在日常学习与生活中，学生最需要的是去实践，去体验，从而及时记录点点滴滴，写出真实、自然、清新的文章。在具体的训练过程中，学生对"篇"的框架会越来越清晰，对"总分、分总、总分总"等结构布局也能了然于心。

一、年段解读

小学三年级时，学生从低年级段转入中年级段。在这个转型期，学生的思维从具体形象向抽象过渡。他们的抽象思维能力得到了一定的发展，能使用一些简单概念进行判断和推理。结合教材中的阅读和习作训练要求，在这一学年，学生的观察能力将会迅速发展。他们将通过观察、比较，实现正确而全面地感知事物的能力。

在本年段，学生从以阅读为主转向读写并重，从童话体作文转向写观察作文，开始进行写实性记叙文的初步训练。学生通过观察，将自己头脑中鲜明的表象同语言结合起来，去写真人、真物、真事。

本年段的习作目标是使学生能不拘形式地写下自己的见闻、感受和想象，能把自己觉得新奇有趣或印象最深、最受感动的内容写清楚。经过一、二年级的积累，三年级学生的表达能力明显提升，但仍然存在一些问题，具体表现为如下几种情况。

一是顺序紊乱，无框架意识。学生的习作言之无序，内容呈散点状。

二是虽有框架意识，但机械呆板。学生从头到尾一样一样写下来，眉毛胡子一把抓，不知道灵活选择"新奇有趣或印象最深、最受感动的内容"来充实框架内容。

三是框架雷同，单调乏味。很多学生对习作存在畏难心理，读一篇文章就高仿一篇，习作的框架结构总是惊人的相似。

此外，三年级学生的语言比较匮乏，表达不够精准，词汇量需要不断积累。学生习作中的错别字现象较多，对标点符号的使用也常常会出错。

二、研究价值

（一）教师层面

①使教师通过研究，能更精准地把握三年级习作教学的特点，了解三年级学生习作框架化教学的真实学情，充分挖掘教材资源，研究读写结合点，提炼不同习作的各种类型的框架，形成多元的框架体系并总结相应的教学策略。

②使教师在丰富多元的框架体系及教学策略的基础上，摒弃死板僵化的习作教学套路和模式，让教学言语更加灵活。

（二）学生层面

①使学生在课堂的写作实践中，习得不同类型习作的一般框架，缩短个体能力之间的差距，让写作不再那么难。

②使学生在丰富的阅读实践中，积累不同类型习作能用的多种框架结构，

让习作不再千篇一律。

三、实施策略

（一）借助词语顺序化

1. 用上表示顺序的词

三年级学生的形象思维强于逻辑思维，想要使他们从看图写话阶段迅速过渡到习作阶段，训练有序表达是极其重要的。表达有了一定的顺序，写作才会思路清晰，读者才能更加清晰地了解事情所发生的经过。在教学中，教师可以引导学生运用一些顺序词，比如"首先""其次""再次""最后"等。

2. 用上表示方位的词

用好方位词，可以让人在没有见到实物时根据文章想象出大致的空间关系。引导学生学会表达不同的方位顺序，如从上到下、从左到右等，可以让文章显得井井有条，使读者获得准确的信息。

3. 用上表示时间的词

学生在日常记事时，也可以用表示时间顺序的词来阐述事情发生的具体节点，能够让事情更加明朗地呈现在读者的面前。只有把握好时间顺序，才能真正地阐述清楚事情的完整性。

（二）借助图表显性化

1. 三格图

对于三年级学生而言，用语言将整件事清晰地表达出来是有一定难度的。教师可以引导学生利用三格图，抓住事件的主要内容，将起因、经过、结果交代清楚，搭起文章的基本框架（见图1.1）。

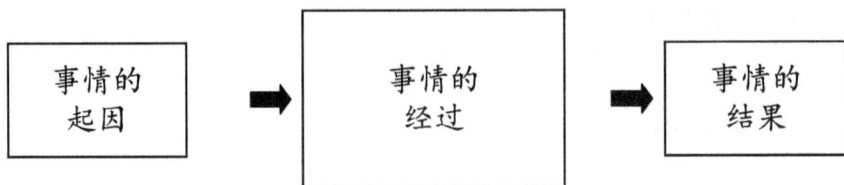

图1.1　三格图

2. 小树图

三年级学生的思维特点仍呈现出具体形象性，所以教师可以在教学形式上花些心思，用学生喜闻乐见的小树图，帮助他们将叙事四要素和叙事顺序梳理清楚（见图1.2）。

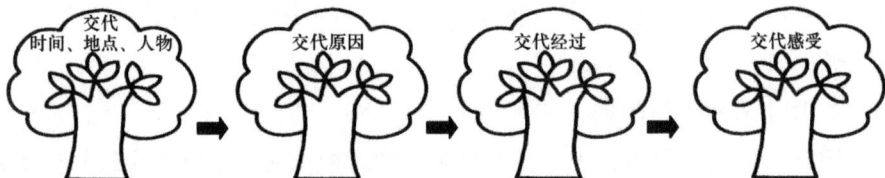

图1.2　小树图

3. 曲线图

在习作中，有的学生抓不住事件发展过程中的变化，记叙事情从头到尾没有起伏，读上去索然无味。基于这种情况，教师可引导学生通过曲线图来明确事情发展过程中的变化，抓住整件事中"新奇有趣或印象最深、最受感动的内容"来写。这样，整件事中需着力描述的点会随着曲线图清晰起来，习作也会如行云流水般自然流畅。

（三）借助例文多样化

1. 多样化的开头或结尾

三年级学生的阅读量较小，积累也较少，所以会出现这些情况：教师教写事件开头要交代清楚时间、地点、人物，所有人开头都会这么写；教师教写人物开头可以写外貌，所有人都写外貌；教师教写结尾可以点一下题，所有人都会这样写……

教师应指导学生充分积累多样化的开头和结尾，根据需要灵活运用。比如，在指导学生编故事时，教师可以出示例文，丰富学生的阅读资源，让他们明白开头和结尾可以有多种表达方式，以扩展学生思维的广度。

2. 多样化的形式

（1）表达形式多样化

三年级的学生刚开始接触写日记，教师不应将学生的日记变为应试作文的擂台赛。如学生觉得写日记困难，可以改为周记，确保学生在一周中至少有一次自由写作的机会。日记的表达形式可以很多样，学生可以写诗歌，可以叙事，可以状物，可以抒情，可以讲理，还可以创作绘本……

（2）段落结构多样化

学生可以采用总分、分总、总分总等结构形式，使习作结构更清晰，中心突出。

（3）写作方法多样化

比如写外貌，可以写多个部位，也可以只挑选一个最有特点的部位着力描写，可以用比喻，也可以用夸张；比如写植物，可以写短期观察发现的植物的特点，也可以写经过长期观察发现的植物的变化；比如编故事，结构可以丰富多样，可以是线性的故事，也可以是反复的故事；等等。

多样的例文可以丰富学生的表达。肚子里的"货"多了，学生运用起来才有的选，才不会出现千篇一律的习作。

四、典型案例

（一）借助词语顺序化：做月饼

教学目标：
①使学生能用表示顺序的关联词，有序地将事情的经过说清楚。
②使学生能尝试用几个准确的动词，将事情的经过说明白。
③使学生产生写的兴趣，养成乐于记事的习惯。

教学过程：
1. 创设情境，激发兴趣
师："中秋节马上就要到了，美食社团的同学邀请大家一起参加他们的社团活动——做月饼。大家可以用自己亲手制作的月饼给亲朋好友送去祝福。大家想参加吗？"

【设计意图】结合中秋节和学生的社团活动，用真实生活情境激发学生学习习作的主动性。

2. 聆听介绍，学习表达

（1）演示过程

师："大家都想参加美食社团的活动，那么我们就请美食社团的同学先来给大家演示一下怎么做月饼吧！大家掌声欢迎！"

美食社团的学生边演示边介绍做月饼的过程。

【设计意图】当堂再现做月饼的过程，引导学生互动，让学生产生表达的欲望。

（2）引导评议，学习表达

师："大家听明白做月饼的过程了吗？还有没有哪一步觉得不清楚，想追问一下的？"

教师带领学生梳理过程，学习表达。

①分清步骤，用好顺序词。

第一步——先、首先、起初。

中间步骤——其次、然后、接着、再、又（注意变换，避免重复）。

最后一步——最后、最终。

小提示：并不是每个动作前都要用表示顺序的词语，但大的步骤之间一定要使用，这样显得更有条理。

展示例文：

首先，我从面团上揪下一小块面，握紧双手，让它在手里顽皮地"翻跟头"。不一会儿，就搓成了一个圆滚滚的球。我用手掌将面球按成一张圆面皮，月饼皮就做好了。接着，我取了一点儿紫薯馅，搓成球，让它舒服地躺在面皮中间。我就像包包子一样，一点点捏紧面皮，紫薯馅慢慢地被面皮吃掉了。小面皮变成了一个可爱的"胖娃娃"。然后，我把"胖娃娃"搓得圆滚滚的，放入模具中，轻轻压平。提起模具，我慢慢一推，一块印着树叶花纹的月饼就大功告成了。最后，阿姨将我做好的"月饼娃娃"放进烤箱里烘烤。

上面的例文共描述了制皮、包馅、压制、烘烤四大步骤，每一个大步骤之间都用到了一个关联词（接着、然后、最后）。

②动词使用准确。用的动词准确，才能让人明白到底该怎么做。提炼例文中用到的动词如下：

制皮：揪、搓、按

包馅：取、搓、捏

压制：放、压、提、推

烘烤：放、烘烤

【设计意图】在教师的带领下分析例文，使学生能够感知到准确应用表示顺序的词和动词所产生的效果。

3. 练习习作，评价修改

（1）练习习作

师："用刚刚习得的方法，大家赶快将做月饼的过程记录下来吧。这样，我们每个人就都能学会做月饼，周日就能参加美食社团的做月饼活动啦！"

（2）同桌互相评价

评价标准：

①用上顺序词使表达更清楚，加一颗星。

②动词使用准确，加一颗星。

③表达生动有趣，再加一颗星。

学生根据同桌给出的意见，修改、完善自己的习作。

【设计意图】教师定下评价标准，引导学生互评。学生在学习伙伴的评价及帮助下，再次修改自己的习作。

4. 呼吁动笔，记录生活

师："本周日上午八点半，让我们一起做月饼吧！其实，在我们的日常生活中，会体验很多事情，老师呼吁大家把这些事情都记录下来。让我们勤于动笔，用文字的方式，收藏自己的童年生活。"

【设计意图】教师应积极培养学生关注生活、勤于动笔记录生活的习惯。

教学反思：

对于三年级学生而言，"写作兴趣"和"写什么""怎么写"关系密切。通过日常教学可发现，经过低年级阶段看图写话的训练，对于写一件亲身经历的事，三年级学生能按照事情的起因、经过、结果这一顺序进行表达。但学生在写事情经过时，存在三个问题。

一是省略过程。学生容易忽视细节，没有抓关键动词写清过程的意识。

二是表达无力。学生想用一些词语把事情的经过写清楚，但苦于词汇量有限，无法准确表达。

三是患"连词"病。学生在写事情的经过时，对表示顺序的连词使用不当。学生爱用"先""再""然后"这三个词。很多学生的习作中"然后"反复"出镜"，"再"的"出镜率"也特别高。

所以，本节课的提升点可以设定为：

①使学生由原本的随意表达，到能规范使用表示顺序的关联词，清楚地表达。

②使学生由原本的模糊运用动词，到能准确地运用动词。

回看教学过程，教师设定的教学目标是准确的，达成度也很高。不足之处是习作讲授的时间长了，学生写完习作后评价、修改的时间不充分。

学生习作：

做月饼

今天，我和美食社团的朋友一起做月饼。

一进门我就看见桌上摆着许多模具和两盆原材料，其中一盆是面团皮，另一盆是馅料。那盆馅料是由紫薯和一些坚果混合而成的，看起来就甜丝丝的，十分诱人。同学们一个个都很兴奋，跃跃欲试。

洗好手后，我就迫不及待地从大面团上揪下一个小面团，放在秤上称一称，一看克数，多了一点儿。我从小面团上揪下来一点儿，再称一称，刚好。接着，我让小面团在我的两个手掌中顽皮地"打滚"，不一会儿就揉成了一个圆滚滚的小球。我再抓一把馅儿，放到秤上一称，有了上次的经验，这次刚刚好，我把馅料也搓成一个圆滚滚的小球。

接着，我先把面皮压扁，像压饺子皮那样，再用皮把馅料包起来。看！小面皮把馅料吃掉了，变成了胖胖的面娃娃。然后，我把面娃娃送进模具里，均匀地按压，一个有玫瑰花图案的月饼就大功告成了。

最后，我们把月饼交给阿姨烤，不一会儿，阵阵诱人的香味飘来，大家的口水都要流下来了，全都眼巴巴地等着吃月饼。

这次的活动真有意义，不仅让我们吃到了香喷喷的月饼，还增强了我们的动手能力。

自制月饼

今天，我在家里做月饼，因为今天是个特别的日子——八月十五。

首先，我揪150克面做皮。接着，我把它搓成一个小圆球，再把圆球压成薯片一样的形状，又搓了200克紫薯馅，包在皮里。皮张大嘴巴，把馅儿一口一口地吃掉。皮吃饱了，居然变成了一个胖胖的面娃娃，真可爱呀！接着，我轻轻地把面娃娃放入模具中，反复按压。我又轻轻一推模具，看！带着花纹的月饼做好了！最终，我在妈妈的帮助下，把所有的月饼娃娃都放进烤炉里烘烤。

我等啊等，月饼终于出炉啦！月饼上有各种各样的花纹，有叶子、小鱼、小猫、公主、小熊……我从中拿起一个吃了一口，好甜、好香，屋子里弥漫着浓浓的香味。

有好吃的东西，对于我这个"小吃货"来说，是件多么开心的事。而且，这还是我自己做的，一股幸福的满足涌上心头，好有成就感！

一个习作训练的"点"有时候需要写多篇习作反复巩固，为了让学生掌握本节课所学的方法，进一步厘清顺序、框架，在"做月饼"之后，可以再指导学生写一篇题为《我学会了_____》的习作。

我学会了洗碗

今天晚上吃完饭，我见上了一天班的妈妈有点儿累，便对她说："妈妈，您能教我洗碗吗？"妈妈爽快地答应了。

在妈妈的指导下，我穿上围裙、戴上护袖，在镜子前一照，嘻！真像个洗碗工。我先把桌子上的碗筷收拾起来，一起送进了厨房的水池里，打开水龙头，将餐具全部冲洗一遍。接着，我把餐具分为三类：筷子、碗、盘子，放在水池旁的台面上，然后拿出一个洗碗盆，在盆里放上半盆清水，再滴上洗洁精，我用手搅一搅，水面上冒出了许多小泡泡，在灯光的照映下，五彩缤纷，像一颗颗晶莹的珍珠，又像一张张笑脸，在朝我笑，一切就准备好了。

我先给筷子洗了个澡。我使劲地搓，只听见筷子发出啪啦啪啦的响声。接着，我开始洗碗和盘子了。我先用抹布洗碗的里面，再洗碗的外面，最后抹碗底，洗盘子也是一样的方法。

最后，我拧开水龙头，把所有餐具放在水龙头下冲洗，水哗哗地流着，好像在为我唱欢快的歌。不一会儿，所有的餐具都被我洗得亮洁如新了。

洗了这么多的碗，我虽然有点儿累，但是得到了爸爸妈妈的表扬，心里美滋滋的。

我学会了做煎蛋

星期天的早上，我穿好衣服起床。今天吃什么好呢？我的肚子都已经"咕咕"叫了。对了，我要吃煎蛋，奶奶说好要教我的。我赶紧叫道："奶奶，奶奶，教我做煎蛋吧！""好呀！"奶奶乐呵呵地说。

奶奶手把手地教我。第一步先把火点燃，等到锅热了，再倒进去一点儿油，只听见"哧"的一声，蹦跳的油星就像一个个捣蛋鬼，都溅到我的衣服上了。"快把火调小点！"我手忙脚乱地调火。第二步，我挑了一个圆滚滚的鸡蛋，轻轻往桌上一敲，鸡蛋裂开了一个小口子，我正准备把它剥开打进油锅。奶奶忙说："低一点儿，低一点儿！"我赶紧放低鸡蛋，两手轻轻一掰，蛋黄蛋清乖乖地落进了油锅里。透明的蛋清包裹着蛋黄，像一个黄灿灿的小太阳。不一会儿，鸡蛋的一面就煎黄了，应该熟了吧！我拿起铲子铲一下，哎呀，要"破相"了，鸡蛋紧紧地粘在锅底。这可怎么办？我小心翼翼地铲了一小下，再铲一小下，哈哈！鸡蛋果然逃不出我的手掌心。第三步，我将鸡蛋翻一个大跟头，让另一面再煎一会儿。很快，一股香喷喷的味道直往鼻子里钻，我馋得直流口水。

鸡蛋终于出锅了，我忙把它端到桌上，迫不及待地咬了一大口。嘿！我做的煎蛋比奶奶做的还要好吃一百倍呢！

（二）借助图表显性化：那次玩得真高兴

教学目标：
①使学生有分享的欲望，有写作的兴趣。
②指导学生聚焦快乐的时刻，把玩的过程写清楚。

教学过程：
1. 教师分享，唤醒体验
师："最近，老师做了很多好玩的事情，'抓尾巴'、挖红薯、吹肥皂泡、坐过山车、去动物园……你们觉得哪件事最好玩？"
师："在这些事情中，老师觉得玩得最高兴的是'抓尾巴'，我写成了文章来跟大家分享。"
教师分享例文：

上周日下午，家里的小淘气说："妈妈，我们一家三口来玩'抓尾巴'吧！"我连连点头说："好的！好的！"

我们每个人拿了一条毛巾，一半塞进裤腰里，另一半留在外面当作尾巴。如果谁的尾巴被别人抓住并拉出来，哈哈，那他就输了。

我可不想输。我将毛巾用力往里压了压，生怕塞得不牢固，掉出来。

准备好后，我们怀着激动的心情，来到院子里。

游戏开始了，我们都害怕别人把自己的尾巴抓走，个个像小兔子似的四处逃窜。呀！小淘气的爸爸想来抓我的尾巴了。怎么办？我就一边跑一边转动身体，尾巴被甩来甩去，他怎么也抓不着。

小淘气也跑过来，想来抓我的尾巴。我用小拇指钩住嘴巴往外一扯，伸出舌头，冲他做了个大鬼脸。小淘气捂着肚子，笑得眼泪都出来了，再也没时间去管自己的尾巴了。

趁着这个大好时机，小淘气的爸爸和我赶紧向小淘气冲过去，准备一前一后夹击他。谁知小淘气灵活地一抽身，弄得我俩撞在了一起，我俩一边捂着撞疼的脑袋，一边哈哈大笑起来。再看看小淘气，笑得都撑不住了，直接躺到地上，在那里揉肚子呢！

笑声就一直这样荡漾着，荡漾着……

那次，我玩得真高兴！

【设计意图】教师通过分享自己玩的经历，唤醒学生已有的生活体验，激发兴趣，为之后的习作练习埋下伏笔。

2. 激活记忆，进行选材

师："同学们，今天我们就来聊一聊你玩得最高兴的一次。那么多好玩的经历，你最想跟大家分享哪一次？先想一想，然后学着老师的样子，把你最想跟大家分享的经历写在习作单上（见图 1.3）。"

习作单
你最想跟大家分享哪一次玩得高兴的经历？

图1.3　习作单

【**设计意图**】教师利用习作单进行教学，帮助学生积累素材。

3. 借助绘图，厘清顺序

（1）教师教学生绘制"游戏曲线图"

①教师请一位学生分享玩"老鹰捉小鸡"游戏的过程，教师按事情发展顺序记录关键内容，准备绘制游戏曲线图（见图1.4）。

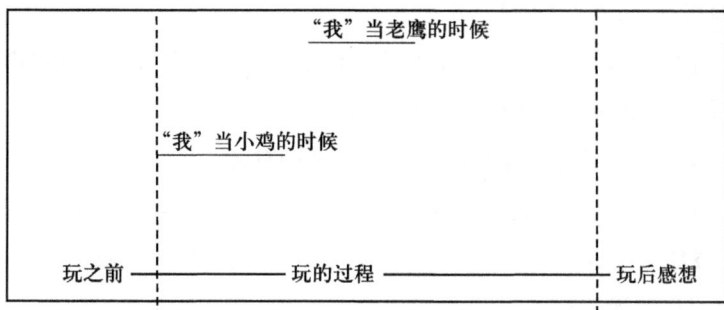

图1.4 游戏曲线图准备阶段

师："这位同学讲得很清楚。一开始他讲清了为什么玩这个游戏，接着他讲清了玩的过程，最后他讲了自己的感受，真好！"

②教师指导学生标注最开心的时刻。

师："我想采访一下这位同学，游戏的过程中你觉得什么时候最开心？"

教师连线成图。

师："这是老师给这位同学绘制的专属于他个人的游戏曲线图，最高处代表他最开心的时刻（见图1.5）。"

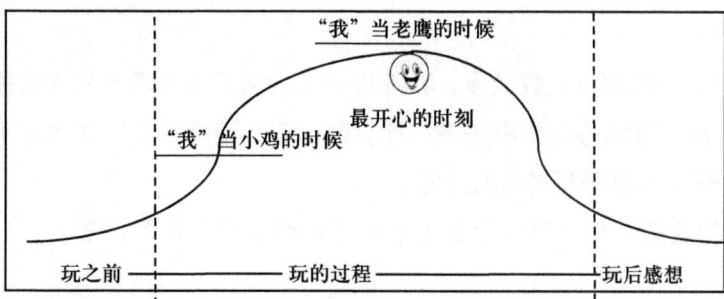

图1.5 游戏曲线

（2）学生自己绘制"游戏曲线图"

师："同学们，回忆一下自己玩得开心的经历，学着老师的样子，绘制一张属于自己的游戏曲线图吧！"

【设计意图】教师引导学生绘制个人游戏曲线图，学会理顺整件事的顺序，并能找出自己玩得最开心的时刻，为下一环节的教学埋下伏笔。

4. 聚焦重点，学习方法

师："同学们画完了自己的游戏曲线图，并标出了玩得最开心的时刻，下面就让我们拿起笔来写下最开心的时刻吧！"

学生写完后，对照教师给定的标准，进行自评。

师："如果你只用简短的语言写出了事情、写出了高兴，得一颗星。如果你能描写清楚自己是怎么玩的，并写清自己高兴的表现，那就能得三颗星。"

学生习作及评价标准示例：

①轮到我当"老鹰"了。我一下就抓到了一只掉队的"小鸡"。我真高兴！（☆ 写出了事情，写出了高兴）

②轮到我当"老鹰"了。我趁"鸡妈妈"不注意时，"唰"地从她的一只翅膀下钻了过去。"小鸡"们一看，没有了"鸡妈妈"的保护，吓得四处逃窜。一只"小鸡"掉队了，哈哈，这可是大好时机。我立刻飞扑过去，伸出"鹰爪"，一把抓住了他。"我抓到了！抓到了！"我喜笑颜开，忍不住哼起歌，手舞足蹈了好一阵。（☆☆☆ 写清了事情，写清了高兴）

学生自评两颗星人数最多。教师指导学生阅读得三颗星的片段描写，梳理写作方法：可以将动作串一串，把玩的过程写清楚；在写高兴时不用"高兴"这个词，可以写写当时的表情。

【设计意图】教师引导学生先自己写，然后通过评价、借鉴，习得写作方法。

5. 自主修改，交流反馈

学生自主修改，同桌互读，互相评价修改后的片段。

6. 按照顺序，完整记叙

师："同学们刚刚写了自己玩得最开心的时刻，下面请大家按照顺序，将整件事完整地记录下来。写完后，自己读一读，回味一下当时的快乐。他人读到你的文章，也可以感受你的快乐！"

教学反思：

三年级的习作教学过程中，激发学生的表达兴趣是非常重要的。有了兴趣，学生才能变"要我写"为"我要写"，这是三年级习作教学的第一步。《那次玩得真高兴》是部编版小学语文三年级上册教材中第八单元的习作题目。怎样才能让学生消除畏难情绪，产生写作的欲望呢？

课初，教师分享了例文，讲述了自己和家人玩"抓尾巴"游戏的过程。这份教师分享的快乐，唤醒了学生曾经的体验，激发了他们分享的兴趣和冲动。随后，教师请学生分享自己的经历，帮助学生整理写作素材。

当学生有了分享的兴趣，并确定写作素材后，着力要教的就是写作技法——怎样将整个过程中最开心的时刻写清楚。在学生完成初稿后，教师给出标准让学生进行自评，习得写作方法。

本节课的成功之处在于激活了学生的已有体验，激发了他们写作的兴趣和表达的欲望。由此可见，学生只有在情绪高涨的情况下，才想把自己的经历和感受表达出来，也才能写出让人眼前一亮的习作。

学生习作：

吃苹果比赛

今天的作文课上，老师拿来很多红彤彤的苹果，看上去像一个个可爱的胖娃娃，闻起来香香的，真让人垂涎三尺呀！

原来老师是要举行吃苹果比赛，我们男生队选出了代表小铭，女生队选出了代表小晨。

比赛开始了。小铭非常自信，小晨则很淡定地一笑。

小铭张嘴就咬了一大口苹果，我们在下面不停地喊"加油！""加油！"小铭激动得把苹果汁都溢出了嘴角。他的嘴巴里因为苹果塞得太多，腮帮子像鼓起的两只大肉包，却仍然狼吞虎咽，引得大家哈哈大笑。

而小晨一开始小口咬，接着快速嚼咽，后来大口咬，使劲吞咽……

女生和男生的呐喊声此起彼伏，看到台上他们滑稽的表情，大家笑得前仰后合，结果女生队获胜了。

我们男生队虽然输了，但我感觉这节作文课我们玩得很开心，并且明白了做什么事情都要慢慢来，不能一口吃成大胖子。

钓鱼

国庆假期中的一天，爸爸带着我到"丰收之河"去钓鱼。

一开始，情况很不妙，我们很长时间都没有钓到鱼。水面上除了一些泡泡和小鱼游过泛起的涟漪之外什么都没有。过了好大一会儿，爸爸才钓上来一条小鱼。我说："老爸，我看你技术不怎么样，让我来试试！"

说完，我就把鱼钩抛到河里。没一会儿，浮标猛地动了一下，我赶忙把鱼竿提起来。"哇！好大一条鲫鱼！"我惊呼道。紧接着，我钓上来一条又一条鲫鱼，惊得爸爸目瞪口呆。

我累了，轮到爸爸去钓鱼了。这次爸爸运气比我还好，他总是刚把鱼饵扔下水就有鱼咬钩。他钓上来一条接一条的鲫鱼，还钓了一条罕见的窜条鱼！天呀！这运气也太好了吧！

最好玩的还在后面。平静的河面，浮标猛地被拉进水里，有大鱼咬钩了！这也预示着一场"战争"要开始了！爸爸用尽九牛二虎之力把大鱼拉出水面，只听见"啪"的一声鱼竿断了，鱼拖着半截鱼竿在水里慢慢游。看到还有希望，爸爸一把抓住那半截鱼竿，在这紧要关头终于把大鱼拖上来了。

那次玩得真高兴呀！

（三）借助例文多样化：我给同学画个像

教学目标：

①使学生通过阅读例文，了解描写人物外貌的多种方法。

②指导学生根据内心感受，有选择、有顺序、有重点地描写同学的外貌。

教学过程：

1. 游戏导入，激发兴趣

师：“我们先来玩个游戏——猜猜他是谁。”

教师出示两段文字，让学生猜一猜描写的是哪位同学的外貌。

①他的两条眉毛又浓又粗，像老鹰展开的翅膀，眼睛虽不大却很有神。他经常穿深蓝色的运动服，双腿跑起来充满了力量，我们班没人能追得上。

②她个子较高，身材苗条，喜欢戴粉色的小猫发卡，马尾麻花辫走起路来一甩一甩的，很可爱。她很爱笑，只要一笑，眼睛就变成了月牙，嘴角两边的小酒窝也更明显了。

师：“这两段外貌描写，都抓住了同学的主要特点，所以大家一下子就猜出来描写的是谁了。”

师：“这节课，我们用文字来给同学‘画像’。完成后，请大家根据文字来猜一猜他是谁。”

【设计意图】玩“猜猜他是谁”的游戏，能让学生身心愉悦地进入课堂学习状态。在玩游戏的过程中，学生能够领悟到要抓住人物特点来写外貌。

2. 紧扣特点，散点练说

师：“你想给哪位同学‘画像’？他的外貌给你的总体感觉是什么，你能用一两个词描述一下吗？”

教师请学生互相交流。

【设计意图】本环节旨在训练学生能根据人物的特点，有选择地观察，有选择地描写人物外貌。

3. 学习例文，习得写法

师：“有个小朋友叫强强，他写了妹妹红红的外貌，共修改了两次，我们对比阅读这三次外貌描写，看看能学习到什么。”

51

教师出示例文：

　　红红胖墩墩的。她有着肉乎乎的小脸蛋，有一双水灵灵的大眼睛，有一张樱桃小嘴，粉嘟嘟的。她还有两根小辫儿，在小肉脸旁一甩一甩的，可爱极了。

　　修改1：红红胖墩墩的。肉乎乎的小脸蛋上，嵌着一双水灵灵的大眼睛。一张樱桃小嘴，粉嘟嘟的。两根小辫儿在她的小肉脸旁一甩一甩的，可爱极了。

　　修改2：红红胖墩墩的。肉乎乎的小脸蛋上，嵌着一双水灵灵的大眼睛。一张樱桃小嘴，粉嘟嘟的。两根小辫儿在她的小肉脸旁一甩一甩的，可爱极了。尤其是那两只小肉手，就像松软的小面包，手面上有凹下去的四个小坑，让人一看就想摸一摸。

教师引导学生比较阅读例文，交流、总结收获：
①串联要自然。写外貌减少用"有""长着"等词，文章衔接会更自然。
②放大特点写。要抓住人物最有特点的地方放大写。
③写作要有序。可以采用从整体到局部、从上到下、从一般到特殊等顺序来描写。
【设计意图】通过对比阅读例文，学生可以解决在写作中不会串联各个描写点的问题，并且学会如何凸显人物特点。
4. 练写外貌，当堂讲评
师："大家也学习例文的样子，用文字给同学'画个像'吧！"
教师选取学生的习作，当堂讲评、修改。
【设计意图】整节课，通过学习例文，学生掌握了描写外貌的多种方法。有了这样的积累，学生以后写人物外貌的时候，便可以自由选择，习作才不会千篇一律。
5. 补充介绍，完成全篇
师："给一个人'画像'，光写外貌特点是不够的，还可以写他哪些方面的特点？"
师："外貌的美丑，并不能代表一个人心灵的美丑。大家可以从性格、兴趣、爱好、本领、品质等方面，继续给同学'画像'。"

学生下笔写作，完成整篇习作。

教学反思：

三年级，教师第一次指导学生写人，选择对象很重要。本课选择写同班同学，方便学生观察和询问。此次习作教学主要有以下两个育人价值点。

1. 有助于引导学生有选择、有重点地写外貌

写人物外貌可以根据自己的感觉、感受，有选择、有重点地写。也就是说，要根据人物的特点来写，不能机械地全部罗列。只有这样，学生今后写人才不会千篇一律，才能写出特色。

2. 有助于培养学生的联想力和想象力

写人，只有观察力、感受力还不够，还要有联想力、想象力，才能为写作插上创造的翅膀。比起写自己，写班级中外貌特点比较鲜明的同学，更能激活学生的想象，唤起他们的创造欲望，有助于培养学生的联想力和想象力。

学生习作：

我给同桌画个像

我看着同桌，铺好纸张，准备给他画个像。可我提起笔有点犯难了，他长得太机灵、太可爱，以我现在的画画水平完全不能表现出来。

你看，他那两道浓黑的眉毛好似大鹏展开的翅膀，眉毛下嵌着一双大眼睛，机灵得很，乌黑的眼珠滴溜溜转。他高高的鼻梁下有一张小巧的嘴巴，微笑起来嘴角的弧线好似天空的彩虹。他那雪白的牙齿真像珍珠，在它们的映衬下，圆圆的脸蛋越发显得可爱！

他性格多变，让人又爱又恼。一向脾气温和的他会把自己的水果跟你分享。但他也有搞恶作剧的时候，他会悄悄地把你的笔藏起来，看你找不到，再变戏法似的拿出来。

他安静的时候，肯定是在看书。老师经常表扬他是班级的"小书虫"。只要手捧一本书，他就会沉浸在书海中忘记时间。因为他长期阅读积累，代表我们班级参加讲故事大赛还获得了一等奖呢！

这样的同桌，让我欢喜让我忧。

眼镜博士

我们班有个"眼镜博士"，你想了解她吗？我来给你讲讲吧！

她虽然跟我年龄一样大，但个子却比我矮了一大截，是我们班里最瘦小的女生。她从远处走来，你看到的是纤细的四肢和大大的眼镜，有点儿像漫画里戴着大眼镜的角色，又有点儿像未来星球里走来的小小眼镜博士。那圆圆的镜片，丝毫没遮住她眼睛里的智慧光芒。

说她是小博士，一点儿都不假。她知道的可多啦！为什么向日葵总是向着太阳，为什么小金鱼睡觉时睁着眼睛，为什么吃药时不能用牛奶……我们遇到问题向她请教，她几乎都能解答。即使遇到了不太清楚的问题，她也会在第二天跟你讲清楚为什么。

在语文课上，老师带领我们玩成语接龙的游戏。只见她自信地推了推大大的眼镜，轻轻松松打遍全班无敌手。写作文的时候，我不知道用什么句子才能准确地表达出意思，只要一问她，准能得到满意的答案。

怎么样？我们班这位小小的眼镜博士是不是很厉害呀！

（此案例由淮阴师范学院附属小学赵坚老师提供）

第四节　四年级具体化

"有话写"是四年级习作教学应着力解决的问题。依据此年段学生喜欢活动的特点，建议教师以"活动"为载体，以"体验"为突破口，拓宽学生习作素材的范围，传授习作的方法，激发其练习习作的热情，实现把习作写具体的目标。

设计各类活动，拓宽习作的内容与空间，是习作教学重要的策略之一。活动可以是竞赛活动类、趣味游戏类、生活体验类等。应让所有学生投身活动，在活动中学习观察，汲取习作的素材和灵感，获得真切的体验。教师应组织形形色色的活动，采用不同的激励方式，做到让学生人人参与活动，人人获得体验，人人抒发感受，人人获得赞赏。

开展活动首先应注意的是，不能忽视活动前期的准备和预热工作。只有点燃学生参与的激情，才能保证其投入度。其次应让观察相伴，要引导学生观察，关注精彩的瞬间。再次，进行适时的写法指导。可引导学生抓住典型人物、场面、细节、环境等，再辅助以点面结合、详略得当、侧面烘托、活动感悟等策略指导，让学生有话要写、有感要发。

一、年段解读

四年级是中年级向高年级过渡的阶段。这个年龄段的学生大脑发育正处于内部结构和功能完善的关键期，生理和心理特点变化明显，他们开始从被动的学习主体向主动的学习主体转变。四年级学生的语言和文字反应能力逐渐增强，思维能力的发展处于转折时期，开始从模仿向半独立和独立转变，思维的敏捷性和灵活性也有所提高。

这一阶段是学生习作能力发展的关键期，也被视为小学生习作能力拉开差距的重要阶段。此阶段学生习作能力的具体表现如下：①在审题与立意方面，多数学生的习作能够达到文题切合、感情真实的基本要求，但大部分学生习作的立意缺乏新意与深意；②在选材与组材方面，大部分学生的作文内容较丰富，但材料不够有新意，同时还有小部分学生文章结构不够清晰，内容上详略不当；③在表达方面，很多学生句式单一，对修辞手法的使用不当，语句的新鲜感有待增强；④在修改方面，只有少数学生能完全识别并正确修改具有明显错误的词句，大部分学生的修改能力仅仅停留在对错别字的修改，而缺乏对错误词句的正确辨识。

当然，对选择素材、表达方式、条理结构、措辞修改等技术要求过多会限制有创意的表达，也会让学生对习作望而却步。因此，在此阶段，教师应多为学生提供广阔的习作空间，减少束缚，鼓励学生自由表达自己的主观感受，不宜过多提习作技能方面的要求，而应让他们把注意力放在写作的实践上，多说、多写、多改，在实践中提高写作能力。

二、研究价值

（一）教师层面

①提升教师解读学情的意识，使其能较为准确地把握本年段学生已有的"具体化"的习作状态，实现教学从"学生那里来"再回到"学生那里去"的路径，不断丰富习作教学理论，更新习作教学理念。

②引导教师通过习作具体化研究，确立教学重点意识。支持教师从课堂阅读教学入手，以课外阅读为抓手，以各类活动为契机，与习作教学相结合，形成"具体化"的教学策略，从而更好地促进习作教学的发展，提高教师的习作教学技能和水平。

（二）学生层面

①使学生从课堂教学中习得"具体化"的多样方法，生发表达的冲动，乐于与他人分享自己的所思所想。

②引导学生明晰习作与生活的关系，能主动去参与实践，记录自己的观察、思考、想象，体验生活的美好。

三、实施策略

（一）用"广角镜头"捕捉

四年级学生对生活的观察角度往往比较窄，所以在写习作时对事物的描述比较单一、笼统。教师需要让他们学会像广角镜头那样，拥有更开阔的观察视野，为具体捕捉提供更多的可能性。

1. 观察要"全"

观察是思维的触角，是智慧的眼睛，是学生认识世界、增长知识的重要途径。比如，教师应提醒学生，对静止的事物，要看全构成它的各个部分；

对变化的事物，要看全整个过程等。只有多视角观察，学生才能看到"满园春色"，才能打开习作的"面"。

2. 感观要"协"

教师在教学过程中，要尽可能多地引导学生调动各种感官去感受。比如，引导他们用眼仔细看看，用耳朵仔细听听，用鼻子仔细闻闻，用口仔细尝尝，用手仔细摸摸，再用脑仔细想想。只有这样，学生才能把握事物的各个方面，把握它的特点和本质，才能写出生动具体的文章来。

3. 捕捉要"想"

教师要引导学生面对捕捉到的事物展开由此及彼、由表及里、由物及人的联想活动。这样可以加深学生对观察对象的认识和感觉，发展其想象能力，使其描写的对象更具体、形象、生动、感人。

教师必须下功夫培养学生的全面观察能力，使学生能用自己的眼睛去认知世界。这样，他们就能从丰富多彩的生活中采撷到无数的浪花，汲取到丰富的写作素材。

（二）用"慢镜头"分解

1. 部件分解

教师应指导学生把要描写的事物看作一个整体，按一定的方法分解，再对其进行描摹。比如做美食"薯球"，可以分解成蒸紫薯、捣泥、和面、包馅、炸制几个部分去细致观察。

2. 时间分解

教师应提醒学生在观察时，要注意到不同时间、不同阶段的事物以及事件的变化，这样有利于表现事物的特点，将文章写具体。

3. 人物分解

教师应指导学生在描写精彩的场景时，对各个人物的表现予以分解。比如，写拔河的场景，可以按人物分解成运动员、啦啦队员、裁判员等进行捕捉观察，对不同人物的动作、语言、神态进行分解观察。

4. 流程分解

教师应指导学生将活动的流程按发生、发展、高潮、结局进行划分，学会切分和细化镜头，捕捉自己最感兴趣或印象最深的部分进行具体表达。

（三）用"特写镜头"聚焦

四年级学生对生活的观察比较粗浅，往往为了观察而观察，大多停留在表面，在头脑中形成的印象比较模糊，所以在写习作时对事物的描述也就很笼统。因此，要培养学生细致观察的能力，使他们学会"特写"，对观察到的现象进行透视和分析。

教师要引导学生在细微之处不惜笔墨，进行细致刻画，就像影像里的"特写镜头"一般。比如，描写"老师笑了"，有学生写道："老师笑了，眉毛弯弯，嘴角上扬，八颗牙齿亮晶晶，眼睛里流淌出快乐，让我们也忍不住跟着笑了。"老师的快乐通过这一"特写"溢于纸上。

四、典型案例

（一）广角镜头捕捉：写观察日记

教材分析：

本节课的内容源自部编版小学语文四年级上册教材中第三单元的习作内容。本次习作训练的重点是让学生开始尝试进行连续性的观察，学着用观察日记的方式记录自己的收获，意在培养他们连续观察并及时记录的良好习惯。

本次习作训练的重点是教师要引导学生进行连续性观察，记录观察对象的变化。只有对某种事物进行连续性的观察，才能看到变化，进而写出变化；只有长期细致观察才能将观察的内容记录准确。

学情分析：

四年级学生已经有了写日记的经历，部分学生甚至已经养成在日常生活中写日记的习惯，但鲜有学生会连续观察并记录，且观察时往往会关注显著特点，忽略细微之处。在记录观察的收获时，他们存在条理不够清晰，以及因词语积累不够丰富而导致的对观察的现象描述的不够具体等问题。

针对上述学情，教师要有目的地组织学生观察身边熟悉的、感兴趣的事物。比如，教室里可设置生物角等，让学生在课间观察，引导他们相互交流，以此激发观察兴趣。教师应参与其中，与学生共同观察、交流，潜移默化地引导学生进行细致、深入的观察。

教学目标：

①指导学生联系生活经历，生发观察的兴趣，多角度捕捉观察点。

②使学生养成良好的观察习惯，学会全面观察。

③使学生了解观察日记与普通日记的区别，试着写观察日记，把观察中新的发现或事件记录下来。

教学重难点：

引导学生调动多种感官，多角度进行细致、准确、全面的观察。

教学过程：

1. 回顾文本，梳理要点

（1）名言出示

教师出示名言：

无论到哪里，你要竖起耳朵，睁开眼睛，像哨兵似的警觉，把你的所见所闻记录下来。——茅盾

学生诵读并交流感受。

（2）小组交流

师："同学们，本单元的课文《蟋蟀的住宅》《爬山虎的脚》都是作者长期观察后创作的。在这两篇课文中，你积累了哪些经典的语句？请大家思考一下作者是怎样将观察到的事物特点写具体的。"

学生朗读经典的语句并讨论。

教师引导学生总结观察方法，具体如下：

连续多次观察——《爬山虎的脚》介绍爬山虎的秘密，是作者叶圣陶经过一段时间的观察所得；法布尔观察了很久，对蟋蟀筑巢进行全程"观摩"后写下了《蟋蟀的住宅》。

多感官观察——调动眼睛、耳朵、鼻子等多种感官参与观察。用眼睛看、用耳听、用心想……

（3）任务驱动

教师总结："要想让自己的习作也能生动有趣，今天我们就来学习并运用大作家的这些观察方法。"

【设计意图】教师借助名言激发学生主动观察的欲望，借助课文引导学生体会细致观察与准确、具体表达的关系，并感受作者是怎样细致观察的，使学生学会多元观察，调动眼睛、耳朵、鼻子等多种感官参与观察。

2. 再现格式，比对异同

（1）再现格式

师："写观察日记，首先要了解格式。我们以前写过日记，大家还记得日记的格式是什么样的吗？"

学生回忆日记的格式。

教师总结："根据写作目的不同，日记可以有两种格式，一种是写在日记本上，给自己看的。一般来说，第一行要写出日期、星期和天气情况。另一种是写在作文本上，给别人看的。这样的日记最好有一个题目，让别人一眼就知道你写的日记的主题是什么。"

（2）比对异同

师："请大家读一读《森林报·夏》中的两则日记，想一想，说一说，这两则日记和我们以前所写的日记有哪些不同之处呢？"（这两则日记是一组。几则日记围绕共同的写作内容就是连续观察日记）

师："今天，我们也来把自己近期观察所得写成连续观察日记吧。"

【设计意图】观察日记是日记的一种。引导学生回忆一般日记的格式能使他们快速了解什么是观察日记。教学过程中应鼓励学生自主发现与总结，这样习得的知识才更可能扎下根。

3. 互动交流，确定素材

（1）思考

师："请同学们先打开教材，看看文中的小朋友都准备观察什么。再想一想，你近期都观察了什么，打算选择其中的哪些事物来写连续观察日记。"

（2）交流

学生先在小组内交流自己的观察对象，然后全班交流，师生共同评议。

4. 指导方法，引导习作

（1）了解类别

师："请同学们结合自己的观察记录，说说你是怎样观察的。"

学生自主合作学习，教师引导学生把握并运用观察方法，具体步骤如下。

①所观察的事物类别相同的学生组成学习小组，合作探究，并将探究到的该类事物的特点进行梳理记录。

②小组成员将观察的结果与全班同学交流。

（2）聚焦菊花

①观察要"全"。

师："瞧，校园里有那么多菊花，你有认真观察过吗？"

教师请学生认真观察校园里菊花的茎，并提示观察要全面。

学生的观察结果如下。

形状：笔直、稍微弯曲、小手指粗细、十几厘米高。

颜色：绿色、上面有一层白白的细毛毛。

②感观要"协"。

观察时还要调动多种感官，从多个角度和层面去观察。

学生的感知结果如下。

味道：淡淡的、似有似无、有点药香。

触摸：硬硬的。

③捕捉要"想"。

师："同学们，观察不仅要调动多种感官从多个角度和层面去观察，还要用心去感受，展开联想。"

学生的联想内容如下。

由笔直，想到勇敢顽强的士兵；由茎上细细的白毛毛，想到秋霜……

教师指名学生将以上观察用语言表述出来，说出菊花茎的样子，并继续运用这样的方法观察菊花的叶、花。

5. 运用方法，习得技能

（1）方法提示

师："请同学们参照自己的观察记录表，用'多种感官''融入感受'等方法完成观察日记。"

（2）学生创作

教师给学生留出时间按照给出的方法进行创作。

【设计意图】观察是有方法的，不同类别的事物有不同的观察方法。因为学生存在观察角度有限、记录较为简单的问题，所以课堂教学就有了更为精准的突破口。

6. 多元互动，互评互改

（1）集体评议

教师引导学生参考观察评价表中的标准并进行评议（见表1.1）。

表 1.1　观察评价表

评价维度	评价指标	评价得星	备注
观察	全面、细致		三星为优秀，两星为过关，一星为需要努力再修改
记录	多角度、多层次，体现变化		
写法	有想法和心情		

（2）完善初稿

师："请同学们再读读自己的日记，尝试修改，尽量做到观察全面，体现事物的变化。大家修改后可以在小组内互相交换日记，并提出自己的修改意见。让我们比一比谁的日记观察全面，能调动多种感官，且内容准确、具体。"

板书设计：

> 写观察日记
>
> 观察要"全"
>
> 感官要"协"
>
> 捕捉要"想"

教学反思：

学生学会观察是将习作写具体的前提条件。四年级的学生知道观察要有顺序，但还不能做到细致观察。本节课中，教师带领学生回顾本单元所学的课文，使学生明白在写观察日记时出现的问题该如何解决。为此，教师特意安排学生共同观察菊花，聚焦同样的事物，更容易使"观察要'全'、感官要'协'、捕捉要'想'"的方法落地，同时也给学生搭建了一个习作框架。

对于四年级学生而言，习作指导需要简明的示范。观察记录是写好观察日记的重要素材。在交流观察收获时，教师可以以教材中"阅读链接"的例文《燕子窝》引路，引导学生对自己的观察记录进行批注，帮助学生建构大框架，确定习作重点。

此外，观察能力的培养贵在坚持，教师可以推荐学生阅读《昆虫记》《森林报·夏》等，让学生走进更多观察者的观察世界，学习用他们的视角进行观察，促进学生持续观察。

学生习作：

蚕卵生长记

10月1日　　星期一　　晴

为了写好观察日记，我买了一盒生长快速的蚕卵，欢欢喜喜地抱回了家。最初，它们全身的颜色略有些青绿，我满怀期待地盼望它们快速变成蛾。

第二天，我飞速地冲到蚕卵前，看看有什么变化。只见那蚂蚁般的蚕卵变成了可爱的淡黄色。如果你此刻拿起放大镜一看，就可以隐隐约约地看到一点点浅黄色的"迷你小婴儿"睡在里面，那么娇弱，这一发现让我的内心充满了惊喜。

蚕儿成长记

10月5日　　星期五　　晴

几天后，蚕卵已经变成"恐怖"的黑色了，仿佛有种黑暗魔法被召唤在蚕卵上，令人毛骨悚然。我瞪大眼睛看着它们，大约过去两个钟头，只见蚕在暗黑色的蚕卵里天翻地覆般地动来动去，仿佛在跟一个个魔鬼作斗争，最终它们从黑暗的世界里出来了。只见它们全身乌黑光亮，跟毛毛虫一样。它们在盒子里无忧无虑地滚来滚去，把这个盒子当成了它们的"王宫"。

"宝贝儿"们的吃饭时间到了，我把鲜嫩的桑叶切成一小段一小段的，我想这样它们更好消化。我刚把桑叶放进盒子里，它们就争先恐后地抢了上来。哪只蚕会不吃饭呢！我发现它们吃饭时都是小口小口咬的，但速度真是快极了。不一会儿，它们齐心协力，变魔法似的把桑叶都消灭光了，真是一个个"天才魔术师"。

蚕儿发育记

10月10日　　星期三　　晴

蚕慢慢变成白色，它们的尾巴上有尾刺。这尾刺软软的，一点儿也不像"刺"。蚕的脚有八对，黏黏的，只要粘在桑叶上，你就休想把它拉下来。现在正是它们的"青春时代"，一个个都成了白白胖胖的"大力士"。你瞧，它们正在玩耍呢，有的在登高远眺——头抬高向远方眺望；有的在捉迷藏——躲到桑叶后面，一动也不动……

"大力士"们渐渐地变得透明了，遇到这样的情况，你一定要给它们搭上小架子。它们在架子上吐出一根根细丝将自己包裹起来，好像要变身似的，真帅。慢慢地，它们也不吃东西了，只保持一个姿势，一动也不动。

蚕儿成蛾记

10月15日　　星期一　　阴

它们已经成了一个个五彩缤纷的蚕茧，有黄的、有绿的、有蓝的……其中一个略带点灰色。"看来蛾就要出来了。"妈妈说。

蛾终于出来了，我发现雌蛾体形胖，翅膀短小，所以老是飞不起来；而雄蛾体形瘦，翅膀宽大，所以是在盒子里"满天飞"。我又发现它们有共同的特点：都有乌黑的眼睛，嘴巴小得你难以发现，还有细长的触角。我还发现，自从有了蛾的出现，还没有变成蛾的蚕很快就死了，我想会不会是因为蛾身上的白粉？

蛾子死亡记

10月17日　　星期三　　多云

因为今天上学，所以我早上五点多就醒来了，看蛾子有什么变化。我发现雌蛾已经倒了下来，一夜之间，生下了蚕的下一代，几百粒蚕卵密密麻麻地布满整个盒子。雌蛾跟雄蛾一样，为了下一代，宁可付出自己的生命，多么伟大的"母爱"和"父爱"。蚕的下一代，你们可不能辜负"父母"对你们的期望。

山芋成长记

10月1日　　星期二　　晴

今天是国庆节，我来到厨房，发现厨房中多了两颗山芋。我突然发现山芋上有个绿色的东西，定睛一看，原来是一棵小苗。我想：如果把小苗放进水里会长成什么样？心动不如行动，我在妈妈的帮助下，把山芋头切下来，放进盛了一厘米多深的水的容器里，大功告成！

10月5日　　星期五　　晴

一大早，我一睁开眼，就像一根离弦的箭一般冲进了厨房，爸爸打趣地说："你想参加马拉松啊！"我发现小苗长出了两三片小巧玲珑的叶子，它的茎是紫色的，还有些弯弯的。于是我把它放在阳光下，小苗的叶子是合起来的，像刚出生的小宝宝握着小拳头，不敢睁开眼睛。

10月10日　　星期三　　晴

几天过去了，原来的小叶子已经长大了，有的像大象的鼻子，粗粗的；有的像紫茄子，弯弯的；还有的像没睡醒的小孩，耷拉着脑袋。原来，山芋是这样长大的，实在太有趣了。又过了一天，山芋长出了银色的小根，像一条白色的小蛇。

通过这次对山芋的观察，我发现小小的山芋叶子竟然有如此神奇的力量。从中我也获得了感悟，要学习山芋不怕困难、勇往直前的精神。

菊韵

秋天到来，菊花争艳。我们班同学纷纷带来了五颜六色的菊花装点教室。立刻，我们班就成了一片菊花的海洋。在这片"海洋"中，我闭着眼睛都可以找到我喜欢的那盆"大将军"。

远看，它就像一位大将军在保卫着"菊花仙境"，似乎害怕这黄绿相间的仙境被破坏，不怕困难地守卫着，这盆菊花给我一种定海神针的感觉。

近看，它的茎比一本书还要长，这个"大将军"可真高呀。它的茎足足有三根筷子加起来那么粗，笔直笔直的，仿佛非得用上九牛二虎之力才能把它按倒，我想它的身体里一定聚集着坚不可摧的力量，真是太棒了。

它的叶子非常锋利，无风的时候，它仿佛手握一柄长剑，一不小心就可能划伤你的手指头；有风的时候，叶子轻轻摇晃，让人仿佛置身于一片绿色的仙境之中……

最漂亮的当然是花朵了。菊花"穿"着青绿色的"衣裳"，戴着黄灿灿的"帽子"。只要洒上一点点水，在太阳的照耀下，花瓣光芒四射，就像金子似的。突然有一只小虫子从花朵里冒出来，看来它也是被"菊花仙境"给吸引住了。可能是惧怕"大将军"，只好学小偷哆哆嗦嗦地钻了进来。"大将军"突然发现了它，"瞪"了它一眼，它又钻了回去，看到这个景象，我不禁哈哈大笑起来。

我望着这盆菊花不由得陷入了沉思，菊花不就是百折不挠、顽强奋斗的精神象征吗？正如古人所说"宁可枝头抱香死，何曾吹落北风中"。

这盆菊花可真美啊！我爱它的婀娜多姿，更爱它那不屈不挠的精神。

（二）慢镜头分解：分享有意思的事

教材分析：

本次习作内容源自部编版小学语文四年级上册教材中的第五单元，这是一个习作单元，围绕"把一件事情写清楚"的习作目标，着眼于学生的关键习作能力——抓住核心词，"有意思"地展开习作。

本次的习作目标细化在本单元各部分内容之中。借助《麻雀》和《爬天都峰》这两篇文章，学生可以了解作者是怎样把事情写清楚的，学会表达方法。"交流平台"板块是梳理、总结方法；"初试身手"板块旨在让学生用口头表达的形式尝试运用学到的方法；两篇习作例文《我家的杏熟了》《小木船》，展示了如何根据表达需要写清楚重要内容，而不重要的内容可以简要交代。本次习作训练的重点是借助方法，按一定的顺序把事情写清楚。

学情分析：

通过之前的学习，学生已经初步掌握将事情写清楚的方法，但在具体的练习中，部分学生仍然不能按顺序写；也有的学生虽然能根据故事情节画简单的情节曲线，但在写事情的重点部分时写得不够具体；有的学生不能突出事情的重点部分，做不到有详有略；也有一小部分学生刻意把所有学到的写法都用上，走入了为了用方法而用方法的误区。基于上述情况，教师对习作内容进行调整，选用学生共同经历的事件作为主题，帮助学生解决这些问题。

教学目标：

①使学生能从生活中捕捉习作素材，在脑中形成"素材库"。

②引导学生尝试用准确的动词将事件"有意思"的部分说具体，并按照一定的顺序把事件写清楚。

③增强学生对生活作文的敏感度，使其养成乐于记事的习惯。

教学过程：

1. 创设情境，激发写作兴趣

师："秋风吹，天气凉，树叶一片片落下，好像一封封书信，告诉我们秋天来啦！同学们，在这个秋天，我们亲身经历了很多有意思的事，今天我们就一起来分享。"

【设计意图】围绕习作话题，教师用图片唤醒学生生活中的记忆，激发学生说和听的兴趣。

2. 回顾生活，选择习作素材

（1）确定选材

师："你们最想跟大家分享的是哪件事？"

（2）以"制作薯球"为例，指导分解步骤

师："通过课前聊天，老师发现大多数同学认为在"'薯'你能干"这一活动中挖红薯、栽培微型盆景、制作薯味美食是最有意思的事情，让我们一起看看美食社团同学做的芝士薯球吧。"

教师展示芝士薯球图片。

【设计意图】教师引导学生对生活中的事件进行回顾、捕捉、筛选，选择学生共同感兴趣的话题，通过分享芝士薯球图片，进一步激发学生创作的激情。

3. 范例引导，扎实片段训练

（1）指名分享

师："好看又好吃的芝士薯球是怎么做出来的呢？谁先愿意跟大家分享？"

（2）引导评议

师："同学们，你们听明白过程了吗？如果有什么疑问，可以举手，问一问他。"

（3）传授方法

教师以"做薯球"为例，指导表达。

第一步：分解步骤

备材料——捣成泥——和成面——包上馅——裹芝麻——炸薯球

第二步：选准动词

以"捣成泥"为例：扶住盆边、握紧勺柄、使劲按压、左右旋转、用手抓揉……

第三步：写出变化

师："薯块是如何变成薯泥的呢？谁来说说薯块的变化？"

第四步：加入感受

师："有位小朋友把自己捣薯泥的过程写成了一段话，让我们来读一读吧！一边读，一边想，你最欣赏什么地方？"

教师出示例文：

蒸好的红薯软软的，我把它们倒进一个大碗里，拿出一个勺子。我左手扶盆，不让盆摇晃，右手拿着勺子使劲地捣红薯块。可是有的红薯块十分不听话，我一压它就从旁边的空隙里"逃"了出去。刚捣了几下，我的手就又累又酸了，可是仍然有许多红薯块还没有捣碎，于是我就把脚尖踮起来，紧紧握住勺柄，快速挤压红薯块，将它们变成红薯泥。最后我的手都快麻木了，可是还剩下些红薯块，于是我只好下手去揉捏，红薯好软呀，我使劲往下一按，让红薯和碗来一次亲密接触。按的时候有一些红薯泥从我的手指缝跑了出来，可真调皮。过了一会儿，我终于把它们全制服了，舒了口气。红薯终于被我捣成泥了。

教师引导学生交流欣赏的地方。

第五步：整合方法

选准动词，表达准确；写出变化，表达清楚；加入感受，表达有趣。

【设计意图】教师和学生共同参与活动。教师帮助学生用慢镜头分解，先把美食制作分成几个大步骤，然后以"捣成泥"为例具体呈现动作分解的过程。接着，在当堂操练中让学生学习方法、运用方法。最后，教师展示例文，让学生通过欣赏片段对"慢镜头"分解有完整的印象。

4. 学生练写，完成习作初稿

（1）出示习作要求

师："学着例文的样子，大家赶快将事情的过程写下来和同学们分享吧！能分解动作，选准动词，你就很棒了；如果还能写出变化、写出感受，那就更棒了。"

（2）学生现场创作

学生按照要求进行创作。

【设计意图】学生的习作水平是参差不齐的，教师给出的习作要求应该宽松。教师在巡视辅导时，可以具体给出指导意见，这是尊重差异的体现。

5. 集体评议，巩固习作方法

第一步：学生自评。

第二步：同桌互评。

第三步：师生共评。

教师总结："今天，我们写了这个秋季中有意思的一件事，这只是大家童年生活中一朵小小的浪花。其实，大家可以随时随地将自己生活中发生的事写在习作积累本上。长大后，你会发现，每写一篇，都是在收藏一份童年的美好回忆。"

【设计意图】引导学生站在读者的角度读、评、改，可有效提升学生的习作评价能力。此外，教师应有意识地培养学生勤于动笔、记录生活的好习惯。

教学反思：

"习作具体化"的一个重要策略就是教会学生用"慢镜头"对事物或事件进行分解，让事情的过程清晰、具体。本节课力图聚焦学生共同感兴趣的做薯球这一活动，展示分解过程，让学生直观地感受如何写具体的过程，并在当堂操练中巩固扎根。

四年级学生对于记事类习作能按照事情的起因、经过、结果这一顺序进行表达，但依然存在如下问题：一是省略过程，粗枝大叶，没有抓关键动词写清过程的意识。就算学生想用一些动词把事情的经过写清楚，但苦于词汇量有限，无法准确表达；二是事件本身很有意思，但学生写出的文章比较平淡；这是因为学生在生活中对习作素材的敏感度不高，没有细致观察，更没有将观察与想象、感受相结合。本节课，教师试图通过习作指导，解决以上问题，指导学生运用慢镜头分解、用图片定格，在观察中丰富习作语言，尝试将事情经过写丰满。

学生习作：

香香的芝士薯球

今天我做了一道菜——芝士薯球。我先拿出一个大红薯削去皮，可红薯被我削得坑坑洼洼，简直毁了容。

我把红薯切成块，装到盘子里，然后放到锅里蒸。蒸好的红薯软软的，我把它们倒进一个大碗里，拿出一个勺子。我左手扶盆，不让盆摇晃，右手拿着勺子使劲地捣着红薯块。可是有的红薯块十分不听话，我一压它就从旁边的空隙里"逃"了出去。刚捣了几下，我的手就又累又酸了，可是仍然有许多红薯块还没有捣碎。于是我就把脚尖踮起来，紧紧握住勺柄，快速挤压红薯块，将它们变成红薯泥。最后我的手都快麻木了，可是还剩下些红薯块，于是我只好下手去揉捏红薯块，红薯好软呀，我使劲往下一按，让红薯和碗来一次亲密接触。按的时候有一些红薯泥从我的手指缝跑了出来，可真调皮。过了一会儿，我终于把它们全制服了，舒了口气。红薯终于被我捣成泥了。

接着我往红薯泥里倒入许多糯米粉，加入一些白糖，把它们搅拌均匀。这下红薯泥变得又黏又软，还散发出一丝香甜的味道，顿时让我有了食欲。可是面团有点太干了，于是我接了一碗水，沿着盛红薯的盆边慢慢地倒进去，继续和面团。面团慢慢变成了淡黄色，我越揉越起劲，可是面团又变得软塌塌的。于是我就拿出一块菜板，往上面撒了一些面粉，手上也沾一些面粉，然后把面团从盆中取出来放在菜板上继续揉捏，这下面团变得又有韧劲又光滑。

我准备好一袋芝士，动手做薯球。首先，我从面团上揪下面，捏出许多小面球，先拿起一个小面球把它压成均匀厚度的面皮。然后，我拿出三四粒芝士，轻轻地放在面皮上，再把包着芝士的面皮重新捏成球状。照这样的方法，我做了很多芝士薯球。不好，有一个芝士薯球因为面皮被我压得太薄，芝士从里面掉了出来。于是压面皮的时候我就格外小心，确保面皮厚度均匀，不要太薄也不要太厚。

我在做好的薯球外面裹上一层芝麻，最后在妈妈的帮助下一起炸薯球。妈妈往锅里倒入油，把油烧热，然后把薯球快速地放了进去。刚放进去就听见噼噼啪啪的声音，突然有一滴热油溅了出来，我吓了一跳，妈妈赶紧把火调小，慢慢翻薯球。薯球的颜色渐渐变深，我也越来越馋，薯球香飘十里，让我一秒也不想再等，只想立刻就吃。终于，薯球被炸成了金黄色。

我迫不及待地尝了一个芝士薯球，啊，真是人间美味，唇齿留香。

（此案例由淮阴师范学院附属小学孙海燕老师提供）

（三）特写镜头聚焦：编写童话故事

习作要求：

观察下列一组词语，选择其中的三到五个，并重新想一个能体现中心的词语填写在横线上，如诚信、宽容、友爱等，在此基础上发挥想象，编一个故事。

清晨　黄昏　猎豹　鸵鸟　猎人　珍珠鸟　崩塌　蒲扇　_____

要求：语句通顺流畅，情节合情合理，人物生动鲜明，中心明确，题目自拟，不少于450字。

素材分析：

故事具有生动性，且具有一定的感染力，是小学阶段，特别是四年级阶段应重点训练的一种习作表达方式。

故事一般记叙一个相对完整的事件，有人物，有起因和结局，还有发生的环境等，给人身临其境之感。故事除了有人物的语言、动作，还要有其他的细节，比如人的表情、心理活动和当时的气氛等，能使阅读者感同身受。正能量的故事给人以启迪，发人深省，能让读者从中领会到作者的用意。有的故事也可以是反面教材，同样能引人深思，对人有警示的作用。故事有第一人称型和第三人称型。第一人称型故事一般是写自己的故事，自己是故事中的一个角色。第三人称型故事中，"我"是一个旁观者，而不是活动的参与者。这种故事表现的是自己看到或听到的事实。

学情分析：

四年级学生处于感性认知与理性认知的交界点。对于编写故事，他们有着本能的冲动和热情。教师通过对这一学段学生的调研可以发现，他们拿到习作素材，更多的是急于构思故事情节，且情节构思要么循规蹈矩，要么天马行空，忽略了素材与故事之间的关联，忽略了想象的合理性，更重要的是忽略了文章的主旨。基于上述调研，本次教学提出一个要求——重新想一个能体现中心的词语，这样就可以有效地避免学生跑偏习作方向，引导其在大胆想象的同时做到中心明确，从而写出具有可读性、趣味性的新型故事。

教学目标：

①引导学生审清题意，捕捉到习作的核心要求。

②引导学生大胆发挥想象，编写有情节、有中心的故事。

③帮助学生聚焦所填词语，围绕中心意思把故事写具体、写生动。

教学重难点：

①引导学生确定文章中心，做到"意在笔先"。

②帮助学生将故事编得情节合理，有波折。

③使学生将所给词语巧妙地联系在一起。

④帮助学生给故事起个合适的题目。

教学流程：

1. 审清题意，捕捉信息

（1）出示习作素材

师："你捕捉到哪些重要信息？"

（2）明确要求

教师总结："编写故事要做到情节符合情理、人物生动鲜明。"

【设计意图】审清题意、读透要求是提高习作能力的重要一步。学生应养成这样的习惯。

2. 选择素材，确定环境

师："故事的主人公你选择了谁？故事发生在哪个时段？你打算让你的故事在怎样的环境中发生？"

教师引导学生交流。

【设计意图】若想让学生的习作更为清晰，他们需要一些提示。如本习作要求中的时间、环境等。教师用聊天的方式介入，意在让学生不知不觉地进入设想的故事情境之中。

3. 锁定"中心"，聚焦"特写"

（1）学生研读

教师带领学生研读给出的词语，请学生思考能体现中心的词语。

（2）集体交流

已给的：诚信、宽容、友爱

生成的：母爱、智慧、父爱、坚持、拼搏、善良、团结……

【设计意图】这个环节是本次课程的重点和难点，也是学生最难把控的地方。教师要在这个环节多花时间，充分让学生先发言，教师注意捕捉归类，更重要的是引导，要让学生的思维更开阔，角度更多元，还要注意在此环节有意识地引发他们联系自己的生活体验，让故事更具真实感。

4. 构思情节，编列提纲

①学生静心构思，自我入境。

②学生交流分享，互为启发。

③学生编列提纲，简要呈现故事结构。

【设计意图】创作故事需要给学生足够的与自己的思维独处的时间与空间，这个过程犹如"磨刀"。但学生因为年龄特点等原因，常常会出现遗忘重点、中心"中途跑偏"等问题，所以编列提纲，指导学生提前做好规划，既能有效节约写作的时间，又能防止造成拖延的坏习惯。

5. 静心创作，师生共评

①学生限时作文（不超过 45 分钟）。

②师生聚焦"中心"，评议学生创作的故事。

【设计意图】本次习作训练主要想解决学生习作中心的确立与表达问题，指向性非常强。所以，教师在前面做好引导，在学生故事成形后还要回归，这样才能让"一课一得"的习作目标扎实达成。

教学反思：

四年级学生在思考时存在欠缺逻辑性的问题。虽然他们大脑中充满富有生活气息和童趣的想象，但这些材料多是零乱的、分散的。他们不会根据中心思想选取相关的材料进行分析、比较，所以大多数学生写起来思前不想后，随意性强，容易出现中心不明、详略不当的问题。基于以上问题，教师重在指导学生锁定"中心"，聚焦"特写"，依托特定的习作素材，借助师生交流、提纲编列等措施实现习作教学的目标。

学生习作：

清晨 黄昏 猎豹 鸵鸟 猎人 珍珠鸟 崩塌 蒲扇 <u>父爱</u>

父爱的力量

"明天，就是儿子的生日了。"猎人想趁今天为儿子准备一份礼物。可现在天气炎热，送什么好呢？思来想去，猎人觉得还是做一把精致的蒲扇比较合适。对，去抓一只幼鸵鸟，用它的羽毛做扇子，儿子肯定会喜欢。准备完毕后，猎人就扛起枪，带些干粮，往森林出发了。

阳光洒满了整个树林，几只蝴蝶在空中翩翩起舞，一切都是那么静谧美好。不远处横亘着一条河，赶了半晌路的猎人准备停下来休息一会儿。突然，河边的两只鸵鸟跃入他的视野，原来是一只大鸵鸟带着一只小鸵鸟在捕鱼呢。

"这不就是我想要的小鸵鸟吗？真是踏破铁鞋无觅处，得来全不费工夫啊！那只小鸵鸟羽毛丰满，颜色鲜艳，正是做蒲扇的极佳材料。"正当猎人暗自窃喜时，一道模糊的黑影向鸵鸟身边潜伏而去，它的来临让原本宁静的森林气氛变得异常凝重起来。猎人定睛一看，竟然是一只成年猎豹！

猎豹弓着腰一步一步向河边的鸵鸟逼近，眼睛死死地盯着那只小鸵鸟，口水流了一地……突然一只不知名的小鸟跌跌撞撞地飞向了天空，猎豹的行踪被发现了！

看着惊慌失措的小鸵鸟，鸵鸟爸爸立刻挡到了小鸵鸟身前，嘴里还不停地"叽叽"地说着什么。只见鸵鸟爸爸昂起了头，它的眼神那么坚定，一副不容侵犯的样子。不知为何，那看似强大的猎豹竟往后退了一步。难道，这是父爱的威慑？虽然鸵鸟爸爸深知自己不是猎豹的对手，很有可能会被猎豹吃掉，但它还是毫不犹豫地挺身而出，拍打着双翅向猎豹扇去。猎人被感动了，他这才意识到，如果自己杀死了小鸵鸟，鸵鸟爸爸会多伤心，就像他，如果儿子……他不敢往下想。就在这时，猎豹低吼一声，张开血盆大口猛地向前一跃，直接向大鸵鸟扑去……

"砰！！！"只听一声枪响，一阵冷风"嗖"的一声从猎豹的头顶擦过，吓得猎豹夹着尾巴扭头便向森林深处蹿去。

　　树林里又恢复了平静，小鸵鸟依偎在鸵鸟爸爸的怀中。大鸵鸟转过头来，努力地寻找着刚才那一声枪响的来源，眼中充满深深的感激。

　　猎人看着眼前的这一幕，想到了家中的儿子，他改变了主意，准备去河边采一些新鲜的香蒲叶做成扇子送给儿子，顺便告诉儿子，无论什么时候，爸爸都会站在他的身前，为他遮风挡雨。

第五节　五年级生动化

　　小学高年级习作训练的目标是引导学生运用各种方法、技巧，让习作表达趋于流畅、自然。细节是艺术的生命，也是习作的生命。随着学生年龄的增长，经过四年级具体化的训练，到了五年级就需要在"生动性"上着力了，而"生动性"的主要体现方式是需要教会学生在细节上雕琢。细节描写一般分为三类，即人物、景物、生活的细节描写。此阶段，教师首先要教会学生的是人物细节描写，包括对被刻画者的外貌、语言、动作、心理等进行细腻而具体的描述。

　　教学过程中，教师首先要利用好教材，抓住教材中细节描写的绝妙之处，引导学生借鉴。其次是帮助学生在阅读中积累，鼓励学生多摘录，拓展刻画细节的广度和深度。第三，要加强练笔。让学生以生活为依托畅所欲言，抒写真实体验，熟能生巧。第四，要加强口语表达能力的训练。口头表达与书面表达紧密相连，"说"是"写"的积淀，先说后写是习作教学的铁律。第五，要在"评"的环节上多花心思，做好习作修改前后的比对，让每个学生都有表达感受的机会，并从中体验到乐趣。此外，应给学生留出更多的时间和空间，让学生多观察，挖掘生活中的素材，触发情感和激情，使习作更生动。

一、年段解读

五年级的学生大多数能根据交际所需，运用较常见的表达方式，详细、明确、文从字顺地表达自己的内心想法。从内容的角度考量，他们已能紧扣习作要求，结构完整、详略得当地叙述某件事或介绍某个人、某处景物等。从表达的角度考量，他们的习作通常缺乏生动的描写，往往是单纯地记叙某人某物某事等，缺少对细节的捕捉，或是细节表面化、陈述不够深入。从语言的角度考量，他们的日常表达或过于书面化，或过于生活化，不懂得如何精练语言，修饰语言，这样的表达显然很难引起读者的共鸣，甚至也无法清晰地表达自己的真实体验。

但是，这一阶段学生的独立意识有所增强，头脑更加灵活，思维更加开放，探究意识更强，知识的习得与总结能力也有所提高。加之，他们获取知识的途径多元化，书籍、报刊、电视、网络等遍地是资源。如果能很好地引导他们在自主学习、探究中发现语言生动化的奇效，他们的习作一定会有质与量的提升。

二、研究价值

（一）教师层面

①鼓励教师调研学生主体生动化描述的现状，使其形成"从学生语言现状中来，到学生语言现状中去"的教学思路，探究学生语言实践的特性，提升自身教学理论水平，更新教育观念，革新习作课堂教学模式。

②使教师依托习作生动化研究，确立不同年段的重点，帮助学生实现从句、段的点状聚焦中习得生动化表述的方法，再由此及彼发散语言思维。

（二）学生层面

①使学生从课堂教学中习得"生动化"的妙处，生成内在的习作动机，激发写作的激情，尝试在习作中构建自己的语言生动化系统。

②帮助学生明确表达与鉴赏的关系，使学生能在已有的认知前提下，从

生动描写的维度，提高自己的鉴赏水平、表达水平，形成不同层次的语言思维坡度。

三、实施策略

《语文课程标准》中指出："语文课程是实践性课程，应着重培养学生语文实践能力，而培养这种能力的主要途径也应是语文实践。"小学阶段的习作教学作为语文教学的重要组成部分，涉及对学生语言理解能力、组织能力等的培养。五年级段的习作大体分为写人叙事、写景状物和想象类文章，需要教师注重引导学生的表达走向生动，抵达习作的又一层级。

（一）教细节组合

1. 横向组合

横向组合是一种并联形式的结构，是由多个相同或相近的词语或词组合成的细节表达方式。如冯骥才笔下的《珍珠鸟》中："它先是离我较远，见我不去伤害它，便一点点挨近，然后蹦到我的杯子上，俯下头来喝茶，再偏过脸瞧瞧我的反应。"选段中"见、挨、蹦、俯、偏"等动词生动传神地再现了珍珠鸟的机灵可爱，也赋予了珍珠鸟"人"的情思。因此，将一系列有关联的同类细节连接成句，既有利于构筑文章的结构，又利于思维的纵横驰骋，还有利于提升文章的深度。需要强调的是，横向组合要依赖事件贯穿体现主题，在生活片段、典型细节、多个场景中形成一个有机、连贯的整体。

2. 纵向组合

纵向组合是指由多个不同的词语或词组合成的细节表达方式。如梁晓声的《慈母情深》中的"背直起来了，我的母亲。转过身来了，我的母亲。褐色的口罩上方，一对眼神疲惫的眼睛吃惊地望着我，我的母亲的眼睛……"作者没有单一横向描写母亲转身时的场景，而是层次分明地立体再现人物形象。文中既有动作"直、转、望"的组合，又有神态"疲惫、吃惊"和戴着"褐色的口罩"的组合，使母亲的形象鲜活、立体起来，更能唤起读者情感的共鸣。

3. 空间组合

空间组合则是通过事物空间顺序的组合来描写，如从外到内，从上到下，从整体到局部，从四周到中间等，这样更有利于全方位描写事物的特征。比如，《三味书屋》中"书屋正中的墙上挂着一幅画，画上的古松底下卧着一只梅花鹿。画前面，正中……"这段话按照空间顺序，井然有序地呈现三味书屋的样子。当然，空间组合的方位、角度，因作者的观察点不同而不同。

（二）教联想与想象

联想是指学生由当前的某一事物想到另一相关事物的思维活动；想象是指学生在原有材料的基础上，创造出没有经历过的，甚至是现实生活中根本不存在的事物形象。联想是写好作文的重要思维方式，如果联想得当，会使文章生色；想象可以使表达思维更加多元，还可以通过加工、组合，创造出新的意象。在实践运用中二者往往是互相融合的状态，如李健吾《雨中登泰山》中的泰山景物别具一格，源于他描写奇松、怪石和云海时融入了联想和想象。作者看到悬崖绝壁隙缝的松树，屈曲盘旋，联想到盘龙柱，凸显了它的形态美；看到半空展枝叶的松树，联想到空中的物象——泰山松似和狂风乌云争抢天日，和清风白云嬉戏，赋予其人的思想和情趣。可谓形神兼具，读来妙趣横生。

（三）教修辞手法

叶圣陶曾说："'修'就是调整，'辞'就是言辞，'修辞'就是调整我们的言辞，使之恰到好处地表达我们的思想感情。"然而，任何修辞必须在特定的语境中，学生的思维能力才能感官化、清晰化。为此，教修辞必须在课内外阅读中，引导学生从句到篇的逐层比较中深入感受修辞的妙用，提高学生习作的可读性、生动性、灵动性。

1. 句式比较

教师教布封的《松鼠》一课时，可以引导学生将两组句子进行类比：①"玲珑的小面孔，衬上一条美丽的尾巴，显得格外漂亮"与"玲珑的小面孔，衬上一条帽缨形的美丽尾巴，显得格外漂亮"。②"松鼠不躲藏在地底下，经常在高处活动，满树林里跑，从这棵树跳到那棵树"与"松鼠不躲藏在地底下，经常在高处活动，像飞鸟一样住在树顶上，满树林里跑，从这棵树跳到那棵树"。教师可带领学生读一读，比比哪句更生动，体会比喻在外形、动作描写中的妙处。

2. 片段比较

比如，朱自清的《荷塘月色》中的"荷塘的四面，远远近近，高高低低都是树，而杨柳最多。……这时候最热闹的，要数树上的蝉声与水里的蛙声；但热闹是它们的，我什么也没有。"教师在指导学生阅读时，可让学生先找到片段中的修辞，去掉，再读读，通过比较去发现比喻、拟人等修辞的妙处。

四、典型案例

（一）聚焦特点，组合细节：将人、物写生动

教学目标：
①使学生在句、段赏析过程中提升表达能力和思维能力。
②指导学生通过刻画人、物，进一步习得把文章写生动的方法。

教学重难点：
引导学生在习作实践中运用习得的方法表达自己独特的见闻与感受。

教学过程：
1. 集体猜谜，引出话题
（1）教师出示谜语
①五更一声吼，惊动天下人。清晨再一叫，推开万户门。（打一动物）
②胖胖圆圆不长毛，又像橘子又像桃。霜里风里熬几夜，绿衫换成大红袍。（打一水果）
③夏天它来到，秋后没处找。催咱快播种，年年来一遭。（打一动物）
（2）学生讨论猜谜依据
教师引导学生讨论猜谜的依据。
（3）教师总结

师："同学们发现这几个谜语的谜面分别从生活习性、外形、活动时间等角度，抓住了公鸡、柿子、布谷鸟的特征，把它们描述得活灵活现，让我们一下子就猜中了。这节课，咱们就一起讨论如何'聚焦特点，放大细节'。"

【设计意图】教师巧用谜语激发学生的学习兴趣，同时引导学生学会聚焦事物的特点，放大细节。

2. 范文引路，探究写法

（1）尝试组合

教师出示曹雪芹《红楼梦》的片段：众人先是发怔，后来一听，上上下下都哈哈大笑起来。湘云撑不住，一口茶都喷了出来；黛玉笑岔了气，伏着桌子直叫"哎哟"；宝玉早滚到贾母怀里，贾母笑得搂着宝玉叫"心肝"；……地下的无一个不弯腰屈背，也有躲出去蹲着笑去的，也有忍着笑上来替他姊妹换衣裳的，独有凤姐鸳鸯二人撑着，还只管让刘姥姥。

①思维训练：曹雪芹笔下的"笑"相似吗？他是怎么描写众人皆笑却千般模样的？

②全班交流：作者笔下的人物虽都在笑，却非千人一笑，而是千人千笑。如，史湘云重在动作，林黛玉有动作有象声词，贾母是动作中融入语言……所以，写文章时，要敢于将各种细节组合起来。那么，细节可以怎么组合呢？

③教师设计板书（见图1.6）。

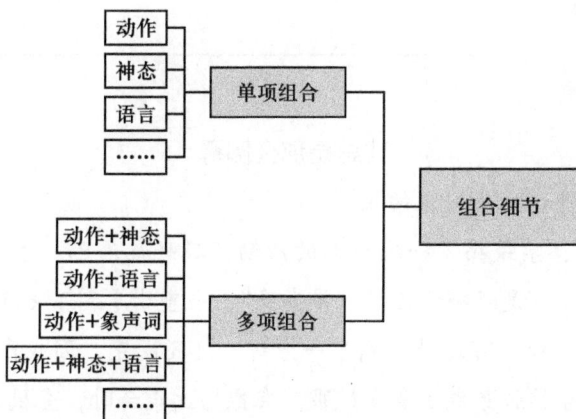

图1.6 板书设计

（2）隔开长句

教师展示例句：

①某一天，在我家花坛里，那开得满满的红的黄的美人蕉中出现了一抹不一样的绿，我凑近了看竟是一株薄荷。

②某一天，在我家花坛里，那开得满满的红的、黄的美人蕉中，出现了一抹不一样的绿。我凑近了看，竟是一株薄荷。

师："你喜欢哪种表达？为什么？"

教师总结：冗长的句子若用标点隔开，语言会更简洁、精练，特征更清晰。

【设计意图】教师利用例句引导学生深入剖析，挖掘其背后隐藏的写作策略，让学生在自主探究中心领神会。

3. 尝试习作，升华写法

师："同学们，写文章时，要一边叙述一边描写。叙述就是把事情的发展过程表达出来；描写就是聚焦事物特征，组合细节，用标点隔开长句，把人物或景物的状态凸显出来。下面，让我们用今天习得的方法，刻画自己身边熟悉的人或物吧。"

①选择素材：你打算写人还是写物？你准备写什么特点？这个特点主要体现在什么地方？

②思维训练：你可以从哪几个方面刻画人、物的细节？

③集体交流，学生创作。

学生习作：

我总是那么倒霉

我是一个运气十分差的人。

有一次，学校搞了一次重大的活动，我兴奋不已。于是，我早早地出门上学，可是正巧遇上了"早高峰"，一直堵车到了七点二十五分。我慌忙赶到学校，可还是迟到了一分钟。这还没完，因我出门走得急，不小心把秋季校服穿成了冬季校服。在操场上集会时，全校只有我一个人穿错衣服，一种尴尬的感觉久久折磨着我。

我们班还因为我穿错校服被扣分了，真是别提多内疚了。

期中考试前，妈妈说："只要你的语文成绩在 90 分以上，就给你买乐高。"乐高拼图，对我来说是多么大的诱惑呀！于是，我认真考试，仔细检查。最后成绩出来了——"89.5 分"！离目标仅差 0.5 分！

我的差运气还不止这些！有一天，我买饮料时随手拿了一杯，没来得及喝便去上课了。晚上回家，我刚要喝，一看日期，我哭了——保质期到昨天！我下楼散步解气，走呀，走呀！"哎呀！"我踩到一个香蕉皮，滑倒了，哭着回了家……

唉，我的运气总是这么差！可是生活还要继续，不管以后的路怎么样，我还是要走下去。加油，明天会更好！

（二）展开想象，融入联想：将景致写鲜活

教学目标：
①使学生借助佳段赏析，了解联想、想象的表达方式。
②引导学生在比较中初步探究联想、想象的区别。
③帮助学生尝试运用联想或想象的表达方式创作。

教学重难点：
引导学生认识到联想或想象的作用，大胆尝试运用到表达中，能使用得合理、贴切。

教学过程：
1. 图片导入，引出话题
师："同学们，最近，网络上有几张图片点击率比较高，请你们来评价评价为什么这几张图片点击率那么高。"（教师出示图片）
（1）学生交流
教师引导学生交流，评价图片并说出自己的理由。
（2）教师总结
师："生活中普普通通的事物，只要融入一些想象的元素，就能带给我们

独特的享受。这节课，我们就一起聊一聊联想与想象。"

【设计意图】教师采用图片激发学生的兴趣，渲染课堂气氛，让学生在好奇心的驱使下走进学习之旅，为成功的教学创设良好的开端。

2. 佳句引路，探究写法

师："很多优秀的文学作品中，都运用了联想与想象的表达方式。这样，既充实了文章的内容，又润色了文章的语言。我们一起来看这些句子吧。"

（1）教师出示例句

①屋后，凤仙花开得呼啦啦、呼啦啦，而它，姿态优雅地站立其中，恬淡地注视着，仿佛在看一群活泼的孩子，以一颗包容欣赏的心，由着它们热闹去。

②走在森林里，十分幽静，没有了小鸟的欢叫声，也没有了穿过森林的小河哗啦啦的流水声，只有脚步踩在积雪上的吱吱声，时间仿佛都冻结了。

③我看着看着，思绪好像长了一对翅膀似的，飞到鹊桥之下，解下丝线……

④我梦见自己躺在垃圾堆里睡觉，一觉醒来，看到远处高耸入云的烟囱正冒着滚滚浓烟，近处各式各样的塑料袋漫天飞舞。

（2）学生小组讨论

教师出示讨论话题："这组句子中哪些是实实在在的事物或内容？哪些是作者联想或想象到的？"

（3）全班交流

学生分组对比，了解联想与想象的区别。

师："再读读这几句话，想想每句怎么由眼前景物过渡到联想或想象到的景物呢？"

（4）教师总结

师："'仿佛、没有、好像、梦见'这几个词相当于一个桥梁，将眼前的实景和脑中的虚景结合起来。这样，读起来就自然、和谐。"

【设计意图】引导学生通过比较明晰联想和想象的区别，构建学生的思维体系，为学生后续的习作表达铺路。

3. 聚焦联想，感知贴切

师："《世说新语》中有两句对雪的联想。请大家读读这两句话，看看哪句的联想更贴切。"

（1）教师出示句子

撒盐空中差可拟。

未若柳絮因风起。

（2）学生组内交流

教师总结："前者除了形状、颜色与雪花相似，其他再无共同点；后者则传神地写出了雪花轻柔飞舞的样子。所以，大家在进行联想或想象时，一定要贴切。"

【设计意图】以类比的方式突出事物的特征，加深学生对本体事物的了解，感知联想的贴切、自然、优美。

4. 小试牛刀，深化内容

师："联想或想象就是点金术，能帮助我们将生活中的感受转化为文学，转化为诗歌。咱们一起来试试。"

（1）教师提出要求

通过合理的想象或联想描写一处景，融入一处想象或联想得一星，两处想象或联想得二星，三处想象或联想得三星。

（2）学生练习

"下面，让我们共同欣赏同学们融入想象或联想的景物描写。"

（3）教师讲课

教师总结："同学们，文章插上了联想、想象的翅膀，形式会更加多样，内容会更加丰富，语言会更加生动，我们就可以在艺术的世界里自由翱翔，尽情地用笔诉说自己的故事。"

学生习作：

竹林即景

夜晚，我来到竹林，坐在石凳上，寻找大自然的馈赠。

银色的月光洒在竹林里，竹叶、竹枝、竹竿，都被月光染成了银色。它们失去了白天那复古的铜绿、墨绿和翠绿，仿佛一切都变成银色

的了。

一阵风吹过，吹过了竹叶，吹过了竹枝，吹过了竹竿。竹叶在"沙沙"地演奏着月光之音，竹枝在"哗哗"地演奏着清风之声，而竹竿在"呼呼"地演奏着诗与远方。竹林里，不知是谁挂在枝上的风铃随着轻风，跳起了舞，奏起了清新的乐曲。飘落的竹叶随着风和乐曲旋转着、翻滚着、摆动着，在空中跳起了优美的华尔兹。我起身走去，拾起一片竹叶，月光使它变得闪耀，但最终，它会与大地一起沉睡、滋润万物。

天上，下起了细雨。雨水"滴答、滴答"，顺着锥子形的竹叶落入土地中，竹子贪婪地吮吸着雨水，雨水为竹子洗了一个澡，似乎洗掉了月光。竹子们又闪着铜绿、墨绿和翠绿的光，在黑暗中多么闪耀、动人。雨水，在竹子的衬托下晶莹剔透；竹子，在雨水的衬托下焕然生机。它们闪着荧光，似乎在嘲笑风雨的小，好像在说："让风雨来得更猛烈些吧！"

竹林，是美的；风雨，是美的；竹林中的景，是最美的。

秋月

那天，月光透过窗子，照在我们身上，泛着黄色的光，淡淡的，像个大袖子……

我们一家坐在老家的院中吃饭。"月亮升起来了！"妹妹的一声尖叫把我们的目光都聚集到了夜空。我兴奋地在院子里跑来跑去，月亮似乎也跟着我跑，我到哪儿，它到哪儿，像极了小尾巴。我静静地看着它，它还在缓缓上升，轻盈、不疾不徐。恍然间，它又升高了不少，如一个明镜高悬中天，皎洁的月光像泉水倾泻向大地，几朵灰白色的、轻纱似的云，陪在它的身边，宛如仙女舞动纱巾，柔美极了。

饭后，我们到外面散步。虽是深秋，但在月光的照耀下，公园里另有一番景象。满河的水草顺着水流，和着秋风，伴着月色，尽情舞蹈；岸边的杨柳对着河中月梳妆打扮。月光透过斑驳的树隙丝丝缕缕地洒落下来，层层银丝，在地面蔓延、闪烁。最美当数婀娜多姿的桂树，在秋月的映衬下，桂树的倩影，随风摇曳，妩媚极了，不时还夹杂着丝丝清香，让人神清气爽、心旷神怡。来到桥上，一轮硕大的圆月躺在水中，静静的、柔柔的，不染纤尘，像水晶球般晶莹纯洁，像一盏明灯般清辉四射，美丽极了，明亮极了。

我爱秋天，更爱这深秋的月。

（此案例由淮阴师范学院附属小学沈向月老师提供）

第六节　六年级个性化

每个学生都是独特的个体，千篇一律、千人一面的作品无法引起读者的兴趣。在学生原有习作的基础上，培养、发展他们个性化的语言思维和品质是六年级习作训练的重要使命。

教师在具体训练的过程中，需要处理好两个问题。

一是处理好"进"与"出"的问题。叶圣陶先生指出："读与写的关系密切，阅读是写作的基础。阅读是吸收，是基础，写作是倾吐，是内化；阅读和写作，吸收和表达，一个是进，从外到内；一个是出，从内到外；先有吸收才有倾吐。"可见，要想提高表达水平，读写结合训练是一种非常值得研究的途径。读、听、说的能力，必须要转化成写的能力，即言语想象力、精神创造力，才是语文教学的目标所在。阅读是"前写作"，阅读是手段、过程，写作才是目的、归宿。

特级教师管建刚继作文教学革命之后，也明确指出，写作能力是语文的核心能力。没有了"写"的指向，阅读教学就像是脱缰的野马，看上去跑得很欢，但只是兴之所至的瞎跑、假跑，转眼便不知所踪。离开了"写"，说学生读得怎么样，教师阅读课教得怎么样，都是没有意义的。"指向写作"的阅读才应是语文学习者的目标。

二是处理好"眼"与"手"的问题。朱光潜先生认为，在读写上，不存在"眼高手低"。如果"手低"，"眼"一定不会"高"。只有"手高"，才有真正的"眼高"。

笔者这里所说的个性化并不是指出奇招、新招、怪招，而是新鲜的、新颖的，让人耳目一新的，包括选材、语言、结构、立意等多个维度。学生日常习作的选材和写法总体比较雷同，相似的材料与写法，导致习作无激情、无趣味。为改变这种现状，教师要从读写上动脑筋，发展个性化的语文思维与语言，使写作不再是作文课的事，不再是考试的事，而是随时随地的有感而发。教师把握"每个学生都是独特的个体"这个要点，就能在日常的习作评价中做到包容多元化，鼓励学生"小我或自我"的表达，且适时地捕捉精彩之处并予以放大，让每一个学生都能不断体验被认可的成长感，个性化的表达才会层出不穷。

一、年段解读

六年级学生正处于由儿童期向青春期过渡的关键阶段，处于心理发展的骤变期。由于生理上的变化和抽象思维能力的进一步发展，他们的自我意识、独立意识也随之迅速发展起来，进入了个体自我意识发展的第二个上升时期。他们已经有了较强的独立意识，不仅摆脱了对外部评价的依赖，逐步依靠内化了的行为准则来监督、调节和控制自己的行为，而且开始从对自己表面行为的认识、评价转向对自己内心世界更深入的评价，自我评价的意识逐渐变得独立和稳定，并且随着年龄的增长而逐步提高。

六年级是学生小学阶段的最后一年，是小学知识储备最多、能力发展最快的时期，写作能力也是一样。朱作仁教授参考国外的研究，结合我国的实际情况，总结出学生写作能力发展的六个阶段，其中小学高年级阶段处于初级写作期。六年级的学生基本完成从口述到笔述，从句、段到篇的过渡，已能注意文章的构思，从不切题转变为切题，能分清段落，会写复杂句，能用记叙、描写、说明等方法，能围绕中心选材、组材，开头结尾多样化，能借物抒情，掌握记叙文的一般写法，与此同时，也存在如下问题。

①"选材单一"，习作选材有局限、重复，反复写同一件事情，缺少创意、新意。

②"囊中羞涩"，大脑的"储蓄库"匮乏，习作的语言枯燥乏味，不够生动。

③"心理断乳"，有依赖心，抄抄改改，勉强应付，空话、套话充盈习作。

究其原因：一是学生不善于观察、发现和思考，多有畏难情绪；二是教师命题过于老套，缺少"放题"，学生缺少创作空间；三是学生语言表达单调、缺乏趣味，欠缺个性表达。

对于小学高年级阶段的习作，《语文课程标准》中这样说："懂得写作是为了自我表达和与人交流。养成留心观察周围事物的习惯，有意识地丰富自己的见闻，珍视个人的独特感受，积累习作素材。""珍视个人的独特感受"，就是能够有个性地写作。应鼓励学生放松地、大胆地去写，率性为文、个性作文。对于六年级的学生来说，教师应以个性作文为目标，让他们尽情感受自我表达的快感，产生浓厚的写作兴趣，坚定写作信念，经历"快乐写作—痛苦写作—幸福写作"三重境界。

二、研究价值

只要学生能把写作看成是一种自我表达，不受条条框框的限制，看到什么就写什么，熟练地掌握写作技巧就不是什么难事。个性化习作教学呼吁多点开放，少点束缚，充分发挥学生的个性，使其尽情放飞想象的翅膀，愉快创作，思维更活跃，表达更生动，个性更彰显。

（一）教师层面

①提升教师的习作指导力，丰富习作课堂内涵。使教师能更新习作教学观，基于学生已有的个性化状态，扩展学生的思维域。

②使教师通过个性化研究，开放教学方式，从课内延展到课外，读写结合，形成系统的"个性化"教学策略，有针对性地细化指导，层层落实习作教学目标。

（二）学生层面

①使学生习得"个性化"的写作方法，有话可写，有事可述，有景可描，有感可发，有情可倾，乐于抒写。

②使学生展示个性，感受生活中的真善美，不断求新，语言、思维、表达向着最优化发展。

三、实施策略

（一）链接生活实际，构建素材之源

著名教育家陶行知先生说过："语文的外延即生活。"缺乏了生活的源头活水，学生的语文学习就会走进死胡同。因此，教师就需要引导学生关注自己的生活实际，将思维从教材转向广阔的生活，养成从生活中搜寻真实有效素材的习惯，感受生活的多样，体会自己的心理认知，让学生的习作不断贴近生活状态，学会关注生活、表达自己。

（二）尊重学生差异，建构认知阶梯

不同的学生有着不同的思维方式和成长经历，自然也就会呈现出完全不同的认知状态。教师要落实学生的主体地位，尊重学生的认知能力、思维方式，尊重学生的差异，并将学生这种客观存在的差异作为一种难得的资源，整合到教学过程中，以契合学生完全不同的认知状态，真正推动学生在原有认知的基础上不断发展。

（三）鼓励学生创新，打造教学愿景

习作的表达本身就是一个创造的过程。无论学生的习作内容如何，都是这个世界上独一无二的客观存在。从习作的本质来看，习作表达就是学生运用语言文字进行交流和表达的过程，更是认知自我、了解世界的过程。教师应创造更为广阔的认知世界，减少规则对学生的束缚，在积极落实学生主体作用的过程中，让学生真正爱上习作，享受成功的愉悦之旅。

（四）改变评价方式，创造成功体验

教师应强化学生成功的心理体验，形成良性循环。教师可采用多种形式进行评议，自评、互评、师评、家长评相结合，让学生在多向的语言信息中交流，互相取长补短。还可创建班报、班刊、写作公众号，定期发表学生的文章，能有效激发学生的写作兴趣，也有助于形成多元立体的评价体系。

四、典型案例

（一）思维导图模式下的个性抒意：卡通人物故事新编

教学目标：
①使学生生发习作兴趣，乐于表达。
②引导学生运用思维导图大胆而合理地想象卡通人物身上发生的故事。
③引导学生抓住主要角色特点，想象完整、新奇、有趣的故事情节，能把角色所想、所说、所做写进去，做到通顺明白，故事能够传达知识或者揭示一个道理。

教学过程：
1. 谈话激趣，情境导入
师："同学们，你们平时爱看动画片吗？今天，动画王国里的卡通小精灵都来到我们身边了，他们都藏在这个魔法盒里，瞧，他们来了！"（Flash 动画演示）
2. 点拨指引，抓住特点
（1）出谜语，猜人物
①头戴金箍圈，七十二般变，西天取真经。（孙悟空）
②脸上一道疤，经常去捉羊，"一定会回来"。（灰太狼）
③著名大侦探，身子突变小，机智破奇案。（柯南）
④患难七兄弟，个个有本领，机智斗蛇精。（葫芦娃）
⑤脚踏风火轮，身披混天绫，三头又六臂。（哪吒）

【设计意图】学生探索和表达的欲望能否自然而然地涌出，取决于教师所创设的教学情境。课初，教师用"魔法盒"的动画演示，抓住学生的兴趣点，采用提炼人物特点的谜语，让学生在猜测中开拓思维，为后续的言语表达铺路。

（2）知人物，抓特点

①根据学生的回答，教师及时点评。

师："这些外貌、语言、动作描写都指向卡通人物的特点。我们在写作时就是要把握住人物的特点，才能写谁像谁。"

②学生完成思维导图第一步（见图1.7）。

图1.7　思维导图第一步

【设计意图】思维导图的呈现，打破板书的格局，从线性思维升级为发散思维。思维导图是一种显性信息，是对文字的有效补充和延伸，有助于打开学生思维的大门。教师抓住卡通人物最具代表性的外貌、语言、动作等，聚焦学生的发散性思维，让他们产生新鲜、新奇的认知。

（3）说人物，大家猜

师："既然同学们这么喜欢卡通人物，你也把自己最喜欢的一个卡通人物说给同桌猜一猜吧，说的时候注意突出人物的特点。"

3. 启动想象，编写故事

师："看来，一个个形象鲜明的卡通人物已经成为大家的好朋友了。谈起他们，大家都有说不完的话。现在，请大家发挥想象，为卡通人物编写新的故事吧。"

（1）学生组成学习小组

师："请喜欢同一部动画片的同学们组成学习小组，组内交流故事情节，共同完成一张创意编写单。"（见图1.8）

> 创意编写单（例1）：
> 　　熊大熊二在森林里一起开心地游戏，光头强趁此机会砍树，他把电锯拿出来，正朝着一棵粗壮的大树砍去……光头强砍倒树了吗？还是被及时阻止了？请展开奇思妙想，延续不一样的精彩……

图1.8　创意编写单

（2）集体讨论

师："听了同学们编的故事你有什么感受？请完成思维导图第二步。"（见图1.9）

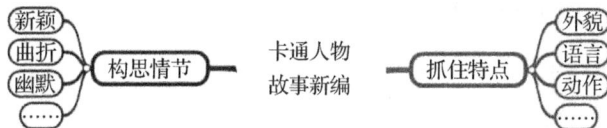

图1.9　思维导图第二步

【设计意图】在此环节中，"放"是主旋律。学生高高兴兴地选，开开心心地玩，欢欢喜喜地说，快快活活地练。

4. 游戏互动，积累素材

师："同学们，我们可以创编同一作品中的卡通人物，也可以有创意地串编不同作品中的卡通人物。他们之间会发生哪些有趣的故事呢？让我们来玩一个游戏吧。"

（1）教师说明游戏规则

教师准备了三个盒子，这三个盒子里有很多小字条，上面分别写着卡通人物的名字、他们经常出现的地方和经常做的事情。在第一个盒子里你可以任意拿出三张字条，在第二和第三个盒子里你只能分别拿出一张字条，然后把几张字条的内容连起来，大声告诉大家"谁和谁在什么地方干什么"。

（2）学生做游戏

学生分别读字条上的内容，如：灰太狼和哆啦A梦在大熊家里搞时光穿越，懒羊羊、汤姆和米奇在主人家里捉老鼠杰瑞……

（3）学生交流游戏感受

（4）教师总结

师："组合不同的卡通人物，改变他们之间故事发生的地点，想象妙趣横生的情节，这可真有意思！其实呀，把'谁在什么地方干什么'说完整了，就是一个生动的故事。"

【设计意图】本环节，教师以游戏的方式设计了人物、情节随意组合的情境，在学生情绪最高昂、思维最活跃的时候，让他们以即时之思作即时之文。

5. 学生动笔，教师指导

（1）教师出示习作要求

师："请同学们选择一两位卡通人物，也可以自创人物，想象一个新奇有趣、有意义的故事片段并写下来。"

（2）学生完成思维导图第三步（见图 1.10）

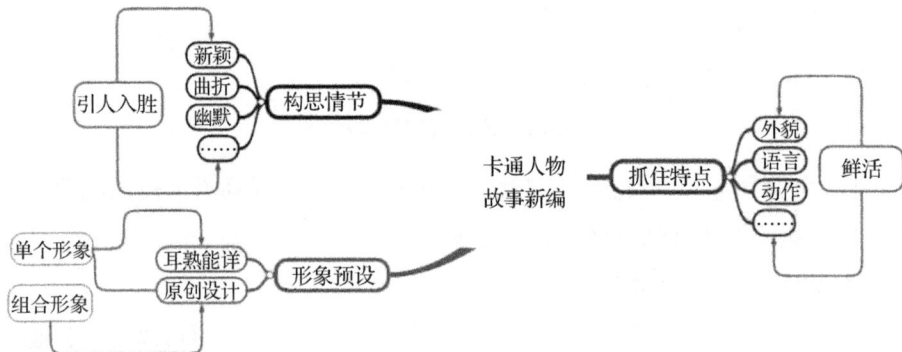

图1.10　思维导图第三步

6. 交流草稿，评讲修改

（1）交流习作题目

教师引导学生交流习作的题目。

（2）读故事，对照思维导图点评

教师指名学生读故事，师生一起对照思维导图进行点评。

（3）三读修改法

教师讲解"一读修改，二读推敲，三读通览"的三读修改法。

（4）教师总结

师："同学们，创编故事离不开积极的想象。这节课，大家运用思维导图梳理习作的各部分，老师看到你们想象的翅膀张开了，希望你们继续努力，写出更多吸引人的故事，成为故事创编小博士。"

【设计意图】创造思维导图是愉快的，能激发学生玩的天性，从而解放他们的思维，开启无限的可能性。

教学反思：

本案例中教师采用绘制思维导图的方式，让写作要素一目了然，为学生提供了创造性联想和发现新联系的可能性。教学过程中，师生共同创作思维导图，借助线条、分支等对各要素进行有效整理，把所有零散的语言系统串联在一起，形成一个知识网络，并以图形的方式记录下思维过程，达到一目了然、记忆清晰、提取容易的效果。这样进行的习作教学，让学生能够发散性地见二、见三甚至见十，从而写出有个性的习作。

学生习作：

中美卡通人物"大战"

中国和美国的卡通人物我都很喜欢，有一天我突发奇想，让这些卡通人物轰轰烈烈地来一场格斗怎么样？

中方代表——西游记战队，美方代表——复仇者联盟，中美巅峰对决即将点燃！

顷刻间，西游记战队脚踏祥云，八戒牵着白龙马，白龙马背着大唐圣僧——唐三藏，沙僧挑着行李从遥远的东土大唐缓缓飘来。悟空手持定海神针，以每秒十万八千里的速度率先到达战场，勘察地形。复仇者联盟战队，美国队长一声号令，所有成员以光速到战场。说时迟那时快，只见雷神扬起锤子，直冲悟空头顶砸来。悟空一个虚晃避开了雷神的攻击。看着地上的裂缝，悟空胸中一团怒火，随即火速进入战斗模式。他拿出金箍棒，高喊一声："吃俺老孙一棒！"瞬间蜘蛛侠就躺在了悟空的金箍棒之下。复仇者联盟战队面面相觑，这金箍棒分明是冲雷神去的，怎么倒下的是蜘蛛侠呢？悟空哈哈一笑："这一招叫声东击西！还有不服的，来战啊！"

此刻复仇者联盟战队已经自乱阵脚，心想面前这个满脸是毛的人物居然还会用兵法，中国真是一个藏龙卧虎之地啊！美国队长一声号令，全员向悟空冲去！只见悟空拔下一撮猴毛，瞬间集结百八十号人，打得复仇者联盟战队晕头转向。小蚁人与黄蜂女蹲在地上，召集成千上万的蚂蚁和黄蜂，直冲悟空乌压压袭来。悟空瞬间变成一只黄蜂，在黄蜂的队伍里悠闲自得地飞舞。美国队长环顾四周：我们的对手去哪里了？只见悟空摇身一变，变成一个头顶天脚踏地的巨人站在他们面前。就在这千钧一发之际，遥远的天空中飘来师傅的声音："悟空且慢，脚下留人！"悟空立刻刹住了自己的脚。看来胜负已分！

（二）个性化视角下的人物刻画：写一个喜欢或崇拜的人

教学目标：

①指导学生审清题意，明确本次习作的内容是写自己喜欢或者崇拜的人。

②指导学生运用外貌、动作、语言等描写手法来表现人物特点，通过具体的事例来体现人物的个性与品质。

③培养学生健康向上的心态，在生活中不断地发现人性美，表现人性美，赞扬人性美。

教学过程：

1. 谈话激趣，品析"题眼"

（1）看一看，猜一猜

教师出示英雄人物的画像，让学生猜猜是谁，并说明是依据什么猜出来的。

师："人有千般相，一张与众不同的脸庞、一个习惯性的招牌动作、一句常挂在嘴边的话语，都可能成为一个人的独特标志。"

（2）教师出示习作要求

教师给出习作的具体要求。

【设计意图】教师从学生喜闻乐见的人物入手，以图画的方式突出人物最典型的特征，激发学生的言说欲、表现欲。

2. 审清题意，指导选材

（1）师生解读习作要求

教师以课件展示题目核心词"喜欢、崇拜"。

师："本篇习作不仅能写英雄模范、革命前辈，还可以写同学、朋友、亲人……可以写你认识的人，可以写和你素未谋面的人，也可以写你从书报、电视中了解的人。"

（2）指导选材

师："你准备写谁？这个人具有哪些优秀品质？同学们已经在课前做了充分的预习，请用一小段话介绍你喜欢或崇拜的一个人，小组内先交流。"

（3）学生交流

教师请学生在黑板上写下人物的姓名，互相交流对该人物的喜爱和崇拜之情。

（4）教师总结

师："同学们在黑板上写下的，都是自己喜欢或者崇拜的人。这些人当中，哪些可以用上'喜欢'，哪些可以用上'崇拜'，哪些又是你既喜欢又崇拜的人呢？'喜欢'主要表现在对某个人物有好感，而'崇拜'的人，身上一定有某种优秀的品质或杰出的才能。"

【设计意图】引导学生在习作初就界定好习作的范围，选择描写的对象，获取习作的灵感。

3. 品味课文片段，感悟习作方法

师："怎样才能将人物塑造得鲜活而有个性呢？在我们的语文课本中有很多这样的生动例子。"

（1）教师出示片段

①他刚要拧开盖子，马宝玉抢前一步，夺过手榴弹插在腰间，猛地举起一块大石头，大声喊道："同志们！用石头砸！"

②说罢，他把那支从敌人手里夺来的枪砸碎了，然后走到悬崖边上，像每次发起冲锋一样，第一个纵身跳下深谷。

③马宝玉嗖的一声拔出手榴弹，拧开盖子，用尽全身气力扔向敌人。随

着一声巨响，手榴弹在敌群中开了花。

（2）话题研讨

以上片段选自《狼牙山五壮士》。文章作者抓住了哪些方法刻画人物形象？从这些描写中你能看出什么？

（3）教师总结

师："我们虽然没见过狼牙山五壮士，但作者对他们的神态、动作、语言的描写却使我们如见其人，如闻其声，如临其境。在作者出神入化的描写中，五壮士英勇顽强、殊死搏斗的形象跃然纸上，深深地留在了我们的记忆里。"

【设计意图】教材本身就是最好的例子，品析优秀文本刻画人物的手法，提取方法，有助于构建学生习作的言语思维。

4. 范文引路，写法赏析

（1）范文出示

师："请同学们静心品读《我的语文老师》这篇文章，再思考两个问题：①小作者抓住老师的什么特点来进行描写；②这篇文章在写法上最值得你学习的是什么？"

教师出示例文：

我的语文老师

瞧，这位身穿中山装，戴着黑色宽边眼镜，脸上带着微笑的中年教师，他就是我们所崇拜的语文老师——金老师。金老师知识渊博，教学经验丰富，上起课来总是那么轻松、活泼、生动、有趣，我们尤其爱听他的习作课。

"丁零零"，上课的铃声响了。金老师大步跨进教室。他今天显得格外兴奋，走到讲台前，笑嘻嘻地说："同学们，今天我特别高兴，你们知道我为什么高兴吗？"我们都摇摇头。"今天早上，我到贸易市场，一元钱，买了两只老母鸡，你们说能不高兴吗？"金老师接着说，"这可是天上掉下个大馅饼啊！"

同学们哄堂大笑。我想：金老师准又在开玩笑了。哪知金老师却一本正经地说："真的，我从来不说假话，不信，我读给你们听。"说着，他拿起一本习作本大声念了起来。原来一个同学在习作中写他跟爸爸到贸易市场去买鸡，爸爸只付了一元钱，买到两只肥壮的大母鸡。同学们恍然大悟，金老师在批评有的同学写习作不顾事实，胡编乱造。"不管你的描写多么生动，词语多么丰富，不真实的文章是没有意义的，不是好习作。"金老师进行总结性发言。我想，我也常犯这种毛病，如以前写秋游时，总写"春光明媚，百花争艳……"打这以后，同学们写习作时，总要细心琢磨，深入了解，遇到不明白的问题就向他人请教。

金老师就是这样指导我们学习和写习作的。你说，我们有这样一位优秀的语文教师，能不感到高兴吗？我们对写作怎么能不产生浓厚的兴趣呢？我们又怎么能不崇拜他呢？

（2）交流研讨

师："请同学们从'教学经验丰富、风趣幽默'的特点和'细节刻画生动、事例选取典型'的写法谈谈自己的感悟。"

（3）运用所得，学生创作

教师给出提示：

①列举典型事例，表现人物品质；

②抓住语动心神，进行细节描写；

③静心沉思一气呵成，反复推敲仔细修改。

【设计意图】教师用例文引路，为学生的习作提供范例，指导评说，让学生从范文中获得写作的方法，酝酿写作的情绪，打开写作的思路，激发言语动机。

学生练写片段，教师巡视指导。

5. 指导评议

（1）教师点评

教师重点围绕典型事例和细节描写两个维度点评学生习作。

（2）教师总结

师："同学们，写自己喜欢或崇拜的人要能通过具体事例体现人物品质，通过细节描写凸显人物特点。我们一起分享一下写人习作的小窍门：人如其面各不同，细节描写最关键。描外貌，抓动作，语言妙，神态巧。心理细致刻画好，事例典型特点现，个性凸显在眼前。"

【设计意图】教师提炼写作窍门，言简意赅地让学生掌握描写人物的方法，再引导学生针对自己的习作进行二次修改，进而成文。

教学反思：

本案例教师着力引导学生运用各种写作方法，将笔下的人物写生动，写出个性，能恰如其人。

课初，教师让学生在趣味猜测中走进人物的话题，产生表达的欲望。课中，教师引导学生学习课本中刻画人物的方法，让他们从已有的经验中挖掘可塑因素，乐于表达，最后诉诸笔端。

学生习作：

来自第十二次的笑容

六月的初夏，沁入心田的微风，凉爽极了，他摘下口罩的那一瞬，笑容藏进了我的心里。

没错，就是在六月的一个周末，我步入新教室后第八次被老师批评。在新舞蹈教室，我依然卡在三分钟的平板支撑上。我的手，第八次没有撑住！走在去医院看望姑父的路上，我烦躁地踢着小石子，想把所有的哀怨与烦恼都踢走。

走到医院，救护车忽地在我面前停住了，我好奇地走上去，想一探究竟。担架上是一位中年妇女，四十来岁的样子，昏迷不醒。好奇心促使我跟到了手术室。哦，要做手术了。我走到姑父的病房，心里还惦记着那位阿姨。我终于忍不住了，又悄悄跑去手术室那边，正好赶上手术结束。只见主刀医生摘下口罩，满面笑容，激动地说："第十二次手术成功！""什么，第十二次了？"我吃了一惊，难道前面十一次都是失败了吗？只听病人家属应和："是，终于成功了！"我明白了，之前的十一次手术，都失败了。我再看向医生，他的笑容里藏着欣慰，透着快乐，还有掩饰不住的激动。医院里，柔柔的灯光照在他身上，给他披上了一道光环。那眼角的皱纹似乎都是荣誉的勋章，也似乎在无声地讲述着他救治了多少病人，或者经历过多少失败。每个医生，都很不易。

是啊，每个节假日，我们在家悠闲地看着电视，他们却还在医院里为每个病人看病……在这群恪尽职守的医生面前，在这个为一个患者做了十二次手术终于成功的医生面前，我有什么理由和资格因为受了几次挫折后就放弃？

第十二次的成功，来之不易。我想到了自己，只有八次的失败，不算什么。还有第九次、第十次……像手术一样。一次不行，就总结失败的原因，哪怕下一次也没有做到最好，但有进步就够了。这样一点一滴积累下来，总有一天会成功的！第九次，我去跳舞，医生的笑容始终荡漾在我脑中，时刻激励着我，让我不再气馁，也让我信心百倍。那一抹笑容就是我心中的一缕阳光，照耀着我心底的每个角落。

一位普通医生的笑容，就这样，深深地烙在了我的心里……

（此案例由淮阴师范学院附属小学魏青老师提供）

（三）链接生活，点亮"个性"语言：瘾

素材分析：

一个好的作文题目，既要贴近学生生活，让学生有话可说；又要内容相对集中，便于教师指导；还要能引起学生兴趣，激发学生的写作动机。在确定"瘾"这一话题之前，笔者多次更换题目，第一次选题为《我》，但感觉太宽泛，对学生写作方法的指导缺乏针对性；第二次选为《桥》，经试教后发现不贴近学生生活，学生无内容可写；第三次定为《戒》，又发现不是人人都有这样的经历；最后笔者和学生商量，将主题定为"瘾"。学生或大或小都有些瘾——"书瘾""电视瘾""游戏机瘾"；有的学生自己没上瘾，但家长有"烟瘾""酒瘾""电脑瘾"……对于这样贴近学生真实生活的习作主题，每个学生基本上都有话可说，也更容易引出他们个性化的语言。其次，习作内容上比较集中，一般可从三方面来介绍，可以介绍自己或亲人朋友的"××瘾"，也可以围绕"瘾"来重点叙述一件事，如"戒×瘾"，还可以围绕"瘾"来抒发自己的感情，如"爸爸，请戒了烟瘾吧！""妈妈，

请让我过一过电视瘾吧！"再次，这个选题比较吸引人，比起《谈谈你的兴趣爱好》等，一个"瘾"字更准确、更精练、更聚焦，也更容易再现学生的生活。

本节课力求落实这样的习作教学理念：①习作就是要再现学生生活，让学生易于动笔，乐于表达。②习作课堂的氛围应是放松、自由的。教学过程中，教师要用心地倾听，站在平等的立场，去理解学生；对于学生感到困惑的地方，应给予适当的指导。在放松、宽容的氛围中，课堂才能成为学生思想碰撞的场所，成为智慧的加工厂。③让习作成为自我表达的需要。当习作成了学生发自内心的需求，习作教学才是真正获得了成功。所以，在习作教学中，教师应重视激发学生的写作动机。

教学目标：

①使学生理解"瘾"的含义，能够以"瘾"为话题，联系真实生活，选择习作素材。

②引导学生注重观察身边的人，体验刻画细节，真实书写生活中的事件。

③引导学生生成对"瘾"的正确认知，做阳光、积极、快乐的人。

教学过程：

1. 由"瘾"导入

猜一猜：这是什么字？（出示"瘾"汉字的演变）

猜一猜：这个字什么意思？

猜一猜："瘾"为何是病字旁呢？

师："看来有了瘾就像生病一样难受，只有过了瘾才会舒服，看来瘾真是一种病呢。"

【设计意图】一节课，好的开端很重要。课初，教师用三次"猜一猜"开启，为的是调动学生参与的兴趣，同时使学生在猜测的过程中慢慢生出对主题的认知，从而达到无痕渗透教学内容的效果。

2. "瘾"中取材

（1）聊选材角度

师："同学们，以你对身边的人，包括对自己的观察了解，你发现生活中有哪些'瘾'呢？哪些瘾是需要戒掉的？哪些瘾是需要控制的？"（教师板书，列为两类：影响他人的、不影响他人的）

影响他人的：烟瘾、酒瘾……

不影响他人的：书瘾、球瘾、棋瘾……

（2）聊选择事件

师："你或者他的瘾到底有多大呢？你能举个例子说说吗？想一想，哪件事最能证明瘾大呢？"

①小组讨论：分组竞争，比一比哪个组讨论得最热烈。

②集体交流：各组选出代表介绍《××瘾》。（其余同学做倾听者，捕捉能证明瘾大的表现，可以现场提问）

③比一比谁说的瘾大？（教师适当给予点拨，发现有代表性的并能起一定示范作用的内容要及时提醒）

【设计意图】过了选材关，习作就成功了一半。本环节教师聚焦"瘾"，让学生畅所欲言，打开选材的广度。教师请学生举例说明能证明瘾大的事件，允许学生提问，教师再及时参与点拨，逐渐使学生的写作内容变清晰。教学的最高境界是无痕，本环节中教师将有代表性的事例、细节放大，为学生后续的"写"提供方向性的指导。此外，每节课都有思政教育的责任与使命，此学段的学生仍处于心智尚未成熟阶段，自我控制力有待提升，而"瘾"这个话题是一把双刃剑，有积极的一面，也有消极的一面，所以在选材上，教师要特别注意正确价值观的引导。

3."瘾"中悟法

（1）在"×瘾"前加上一个动词

交流并板书：过×瘾、戒×瘾、忍×瘾、控×瘾……

（2）在动词前加一个词

表示"怎样过瘾"：难过×瘾、巧戒×瘾、乐享×瘾、偷尝×瘾……

（3）谈谈与"瘾"有关的心里话

①请学生围绕板书，加上一些字词，变成自己最想说的一句话。

②集体交流。

预设："妈妈，请让我痛痛快快地过个电视瘾吧！""妈妈，请让我过一过肉瘾吧！""爸爸，请戒了烟瘾吧""过书瘾，真难"……

（4）范文出示

师："老师以自身经历写了一篇'下水文'，请同学们阅读一下，畅所欲言，说一说从写法上获得了什么启发。"

教师出示范文：

"粥迷"老妈

每天清晨，叫醒我的不是闹钟的铃声，也不是窗外的鸟鸣，而是那满屋的粥香。

为何呢？这要从三年前的一天说起。那天，我妈刷了一个抖音，播放的是一个教人熬粥的视频。这一看不打紧，从那以后，不论晨昏，不论寒暑，粥在我家的地位便不可取代。

妈妈每天精心熬制。品种繁多、不同口味的粥品在我家陆续登场，搞得我们喜不自禁，又美味又健康，幸福呼之欲出。

你瞧，妈妈又在熬粥了，抓一把黑米，放几颗红枣，来几粒葡萄干，挖一勺蜂蜜……动作娴熟而优美。她满脸的欢喜与沉醉，似乎在享受一场音乐会，又像是观赏一部世纪大片。不一会儿，锅里沸腾了，看一看，搅一搅，闻一闻，她在厨房一站就是一两个小时，从不叫累，从不嫌苦，是那样忘我。

粥熬好了自然是要喝的，但是再美味的食物也禁不住一日三餐的重复。为了安排我们喝粥，她几乎戒了我们其他所有的主食。每天面对她变着法子熬制的粥，我们相视无语，有口难言。

终于，就在昨天，迎来了妈妈60岁的生日。我们喜不自禁，想到终于有一日不用喝粥了。蛋炒饭，长寿面……向我们招手，内心充满期待。为了不让她熬粥，我还特意起了个大早。看她起床直奔厨房，连忙制止，说今天我们全家出去吃大餐。她有点失落，嘴里嘟囔着"昨天的花生米已经泡下了"。虽不情愿，但还是跟我们出了家门。带她去买礼物，衣服？不要！化妆品？不要！那要什么呢？她回应说"去超市看看吧"！也行，超市物品繁多，挑她喜欢的就好。可是一进超市，我们就傻了眼，她直奔杂粮柜，一样一样购置了好多好多熬粥的食材。我们不想扫了她的兴，只好悄悄地叹了口气。

终于到了酒店，各式美食接踵而上，我们大快朵颐，却见她皱着眉头，这个也不想吃，那个也不想动，一顿饭吃得索然无味，只好回家。一进家门，她的眼睛就亮了，鞋都来不及脱就钻进厨房，取出花生米，小曲儿从她口中传出来，在给锅里的粥伴奏。大约一个小时，她喜悦地呼叫："快来吃粥喽！"

我——我们——想哭。

老妈啊老妈，再这样下去，"粥"就成了我们的"痛"。

（5）师生交流研讨

学生畅所欲言悟写法：题目有趣，能激发阅读兴趣；巧用对比，凸显人物"瘾"大；正面、侧面描写并行；细节刻画生动传神……

【设计意图】作文个性化强调作文中学生个性的展现，包括独特的思想情感，独特的文章立意，独特的篇章结构，独特的语言风格与表达习惯。将习作指向生活，就是以生活为基础，把习作教学与学生生活紧密联系起来，根据学生日常生活组织教学，让习作向现实生活开放，让习作回归现实生活，实现习作教学生活化，也就为学生个性化的语言提供了"有源之水"。本环节为进一步打开思路，通过加一个动词，再在动词前加一个词以及谈谈与"瘾"有关的心里话，为文章设了文眼，使文章的中心更加突出，写作更生动，更有感情。例文要起到示范、引导的作用，力求真实再现生活画面，给学生感性和理性的双向启发。

4."瘾"中创作

（1）激趣

师："有时候，即便正确的建议直接说出来，效果也未必好，用书面的形式更利于他人改变不良做法。童年的生活需要'封印'在记忆中，用文字让记忆不老、时光不老……有些话当着面反而说不出来，还是用笔交谈更容易把心里话说出来，对方也更容易接受你的意见，你不妨也把心里话写下来，放到爸爸、妈妈的枕头下，相信定能取得好的效果。"

（2）创作

学生再次回想那人、那事，在静心中让生活场景再现笔端。

学生习作：

手机瘾

手机，是当下必不可少的一种通信工具，似乎人人都成了低头族。你瞧，上自七十岁老人，下至两三岁孩童；你再瞧，公交站台上，聚会餐桌上……捧着手机的比比皆是。而我，自然也难逃"机"掌，成了一个资深的手机玩家。

每天一放学，家里的手机就将我深情呼唤，一进家门我就以百米冲刺的速度奔向手机，津津有味地玩起来。唉，没办法，谁让我只要一碰到手机就会深陷其中，无法自拔呢？那日，我正沉浸在手机的世界里，根本没有听到妈妈在叫我。结果妈妈走了过来，一把夺过了我的手机，并且下令："以后只能在周末玩，手机我先没收了。"只留下了身后那欲哭无泪的我。

失去了手机的我，浑身不自在。晚上，我一个人躺在床上，辗转反侧。唉，没了手机的陪伴，我竟无法安然入睡了。于是，我只好"铤而走险"，去妈妈的房间里偷拿手机。屋子里黑乎乎的，静得连根针掉在地上都听得见，我的耳边只听到了自己那好似小鹿乱撞的心跳声。我不由得打起了退堂鼓：要不，还是回去睡觉吧？不行！内心仿佛有个声音在替我做决定。是啊，既然决定了就不能轻易退缩。于是，我鼓起勇气，蹑手蹑脚地走进了妈妈的房间。我四处张望着，哎呀！我的手机正安然地躺在床头柜上呢。我小心翼翼地走了过去，近了！近了！还有一步之遥就可以拿到手机了！就在这时，妈妈忽然转了个身，吓得我心脏都漏跳了一拍。我微微探头看了一眼妈妈，呼！还好她没有醒。我只好一鼓作气，不再犹豫，伸手拿起手机飞快地逃出了妈妈的房间。太好了！我终于拿到心心念念的手机了！我钻进了被窝里，打开手机饶有趣味地游戏、上网……快乐的时光似乎总是很短暂，一不留神我就玩到了深夜两点多。

自从有了这次夜里偷玩手机的经历后，我在被窝里"故技重演"的次数也越来越多。渐渐地，我的眼睛看东西已经模糊不清了。到医院一检查，真是不查不知道，一查吓一跳，我竟然近视了！随之，我在被窝里玩手机一事也曝光了。医生讲明了看手机导致近视。妈妈怒发冲冠，彻底没收了我的手机，让我成了孤苦伶仃的"无机一族"。从那一刻起，我的每一分每一秒似乎都成了煎熬……

可是，说来也奇怪，没多久我就走出了"手机瘾"。现在，我渐渐地对阅读、运动产生了兴趣，会不会又有新的"瘾"应运而生呢？

爷爷戒烟记

"吸烟有害健康"，这句话虽然人人都知道，但仍然有许多人吸烟。难道香烟真有这么大的"魔力"吗？难道戒烟就这么困难吗？这引起了我的好奇。

我爷爷是个名副其实的"大烟鬼"，一天要吸一包烟。家人多次劝爷爷戒烟，最终都不了了之。我决心让爷爷永远和香烟"分手"，苦思冥想，生成两大计划——A计划、B计划。

A计划，就是规规矩矩跟爷爷讲道理。我看见爷爷在吸烟，就让他放下烟，对爷爷说："爷爷，请不要再吸烟了，烟有几大害处：第一，烟是许多疾病的诱因，它能导致很多慢性疾病，甚至危及生命。第二，香烟中含有多种有害物质。第三，烟被点燃之后，有大量的烟……""你一边玩去。"爷爷再也无心听我讲解，直接将我备足的课无情打断。他又燃起了一根烟。好吧，A计划失败。

B计划就是假装咳嗽。我来到爷爷的房间，看到爷爷正在"津津有味"地品味着一根香烟。我心想：这正是一个好时机。我便假装咳嗽，声音咳得很大。爷爷看到了，立刻丢下烟，踩灭，走到我这儿，问道："宝贝啊，你怎么啦？""您不知道吗？我是被您的烟给熏的啊！""啊？"爷爷有点儿懵。"您不能再吸烟了！""好吧！"几天后，房间里果真一点儿烟味也没有了。

只可智取，不可强攻；知己知彼，百战百胜。凡事都有方法，因为"办法总比困难多"。但我深知，爱我才是爷爷真正的软肋。

第二重境界：情致化

习作，应该是心灵的牧场。小学生习作，抒写的是儿童对生活的体验、感悟、发现、想象，是自然的倾吐。它彰显的是儿童生命的本真，体现的是儿童的情趣和才思，是真情的涌动。在"序列"形成之后，习作应走向更为具体化的指导，走进第二重境界——情致化。

第一节 "情致"的概念解读

一、概念界定

何为"情致"？情致就是有一定价值和理性的情趣、情感，是情趣与理性的融合。

语文课堂应是充满灵性的殿堂，为学生的成长发挥重要的滋养作用。刘勰在《文心雕龙·物色》中说："情以物迁，辞以情发。"这一说法揭示了语言文字的固有特征，那就是抒情。从语文教学的角度来看，以情动人是实现其认识作用、教育作用和审美作用的必然切口，也是最便捷的途径。一堂成功的语文习作课堂，应情理兼顾、情理统一、情理交融。"情"和"理"在心理学和美学上虽然是两个对立的范畴，但在语文教学中应是互相映照、融为一体的。这种统一源自情理并重的审美传统。重情轻理，缺乏了深度；重理轻情，缺乏了情趣。小学语文教材中的范例多是情生理，理化情，情理相融的。这样的情理并存即情致。理性的参与使教学活动逐渐深化，达到更高境界。因此，在语文课堂中，必然要借助"情"和"理"这两翼，让思绪御风飞翔，深入语文的意境，构建语文教学之精彩。

1. 一份捕捉与追问

课堂的情境是千变万化的，教育智慧的最高境界应是无法预设的精彩，是课堂中出现思维火花的竞相开放，而非刻意生硬地去追求预定计划的呈现。比如，一位教师教授古诗《游子吟》。品读过程中，一个学生发出"母亲，将来我一定要报答您"的感叹时，教师立即捕捉到并追问："一定要等到将来才报答母亲吗？那么今天呢？哪一天才是将来呢？今天算不算将来呢？"一连串的追问，引出了"子欲养，而亲不在"的忧思之理。如果教学过程中，教师满足于学生的回答，没有追问的环节，那么课堂就浮于表面的"情"，而丢失了深层的"理"。现实教学中，许多教学内容就像古诗《游子吟》一样，理性思考和强烈的情感体验相比显得容易被忽略，但教师必须抓住理性思考的机会。正是这些看似不多的理性思考，才使得语文教学有了升华的空间。

2. 一份淡化与呵护

情理交融的课堂，有时候是需要取舍的，淡化或忽略一些所谓的问题，也是对学生的一种呵护。教师在批改习作时，总是会敏锐地捕捉到学生习作中存在的各种各样的问题，而后在评讲时事无巨细地呈现与苦口婆心地指导，但有时这种负责任的态度可能会导致教学效果不理想。正相反，教师在批阅习作时，应该学会聚焦主要问题，忽略次要问题，每次习作点评只讲班级共性的一两个大问题并予以解决。对学生的习作，教师更要淡化其不足，哪怕是一个小小的成功的"点"，都应该予以积极地捕捉、放大，让学生品尝到习作的愉悦感。如果一个相对后进的学生，在教师的一次习作评价时，因为"条理清楚"而得到肯定，其日后的习作在"条理"这个维度就会得以强化。若其他角度再不断地被发掘，该学生的写作能力就会由点及面，从而彻底转变对习作的态度。语文课堂应该考虑学生的心理需求，对有些问题选择淡化。

3. 一份欣赏与守望

苏霍姆林斯基曾阐述教育的奥秘在于"把整个心灵献给孩子们"。笔者以为一个优秀的教师要有能捕捉学生优点并真诚赞美的品质，这也应该是教师必须具备的一种素质。日常教学中，在每次的习作批改时，笔者总是很用心地去发现每一篇文章的闪光点，可能是精妙的开头、精彩的结尾，也可能是文章重点段落中夺人眼球的妙词佳句或者文章重点段落中的一处细节、一个场面、一道景观，抑或新颖别致的题目。习作讲评课上，笔者更是给学生提供更多的展示机会，让学生自豪地呈现自己的得意之处。每节课，总有许多学生因此拥有了自信，在文章题目、开头、结尾等方面因受到肯定而得以提升，学生就在这一次次的肯定中，慢慢悟出习作的技巧，享受创作的快乐。

二、操作流程

当情趣遭遇理性，教师该何去何从？如何巧妙地融合二者？这可能是语文教育者在习作教学中常常遇到的困惑。教师们常常感到，在日常教学中，若重了"情"则轻了"理",若重了"理"则淡了"情",这种困惑犹如一道无形的门让许多语文教师举步维艰、进退维谷。笔者针对这一现象进行分析、摸索,力求使学生在习作中能将理性与情感相结合,既让学生流淌真实的情感,又让学生获得方法技能的帮扶,最终实现习作能力的提升。

古今中外的文学家、教育家都一致地把文章指向心灵的层面。教育家叶圣陶指出:写作时"心有所思,情有所感"。由此可以看出,写作的本质是"物—情—辞""物—意—文"的双重转化。情致教学就是将学生的具有一定价值和理性的情趣、情感加以有效引导和激发。笔者以为,这是小学习作教学的重要出发点。经过为期多年的探讨,笔者提炼出"情致习作教学法"。

本教学法有五个环节:第一步激情唤醒,第二步真情体验,第三步移情引领,第四步深情表达,第五步融情评价。

(一)激情唤醒

"感人心者,莫先乎情。"教育的艺术,不仅在于传授,更在于激励、鼓舞和唤醒。唤醒,意味着教师要守住习作教学的底线,使得每个学生不畏惧动笔,不讨厌习作,并善于用笔把"话"说清楚,"说"明白;唤醒,旨在张扬学生的"个性"说话。"个性"说话即创造性地说话,说有创造性的话。每节习作课初,教师应围绕习作话题选择一个能够引爆学生情感思维的切入点,通过师生、生生对话,引导学生进入跃跃欲试的状态。随着情感的蓄积,学生会涌现急于喷发的情感动机,即出现"情满而溢发""胸中有丘壑"的现象。怎样唤醒呢?首先,教师要唤醒童趣。唤醒童趣比一味传授技巧更重要,让学生感受到趣味性,认识到自己是创作的主体,有意思,他们才会更乐于参与。其次,教师要唤醒童心。最不和谐的教学,莫过于游离童心。唤醒童心,教师要做的是调整心态,回归童心。教师要把握时机,及时点拨、升华学生的情感、提升学生的认识。学生在教学过程中会不知不觉打开习作的大门,轻轻走进去,投入习作创作中。

习作课,许多教师将审题立意、布局谋篇、遣词造句讲得面面俱到,但如果学生内在没有写作需求,不能进入习作表达的最佳状态,写出的习作仍然会空洞单调,干巴乏味。久而久之,习作就会成为一种折磨。习作教学中最忌讳的是技法为先的套路,这是把习作教学拖进死胡同的做法,属于揠苗助长。因此，在教学中教师一定要激发学生的写作兴趣和表达欲望，才能提高习作教学的效果。

笔者现以执教习作课《笑颜动人》为例，来具体阐述流程。课初，笔者出示一张经典的大猩猩笑容图片，以图片轻松地将学生带入本次习作的话题。接着，笔者现场捕捉学生的笑脸，这样陈述："同学们，你们的笑容真有魔力，老师在课前内心很紧张，是你们无邪的笑容驱逐了我所有的不安。"

笔者这样设计的目的是用真情唤醒，用身边人作为范例让学生感觉更真实、更乐于接受，同时也铺垫情感，拉近师生之间的距离，为学生后续捕捉笑脸做铺垫。

然后，笔者又出示了一系列的图片——建筑工人、祖孙俩、妈妈、老师……

笔者借助上述图片与学生进行课堂互动，意在让学生读懂笑容背后隐藏的内涵，告诉学生笑容不仅需要用眼睛看更需要用心去解读。"这是一位平凡朴实的劳动者，他的笑容里充满阳光的味道，你感受到了吗？生活中，你见过这样的笑容吗？""这是一对祖孙俩，你从爷爷的笑容中读到了什么？从小孙子的笑容中读懂了什么？你有这样的经历吗？""有一种笑容，会在我们心中成为永恒，这就是——妈妈的笑。""老师的笑容，是医治我们成长道路上所有疾病的良药。"还有更多的笑容需要学生去捕捉，更需要他们用心灵去感受。本次课程的目的就是用图片去唤醒学生有关"笑容"的记忆，也让他们能从多角度选择材料。

（二）真情体验

激情迸射是习作的准备，作文教学首要的是启动——启动学生的习作需要，让学生拥有习作的冲动与欲望。在学生进入习作话题之后引领学生对生活进行回顾、捕捉与筛选，努力做到生活作文化，作文生活化。此环节建议教师给学生时间再现过往生活经历，引导学生快乐地体验生活、感悟生活，从而在生活中获取真实、适切而新颖的习作素材。如果教师善于激发学生所积蓄的体验，造成一种蓄势，使其处于待发状态，那么，学生就能因情生文了。怎样让学生更好地体验？笔者提供四条措施以供参考。

1. 以情激情

习作教学要求师生互动，真情投入、倾情演绎。习作教学的艺术不只是写作知识与技巧的传授，而在于激发学生内在积蓄的体验，使学生在情感的驱使下自由地写作，尽情倾吐自我的心声。在这个过程中，教师的情感能否迅速而准确地切入成为教学成功与否的关键。笔者认为，语文教师应是富有情感的人。通俗地说，语文教师应该是多情的、情商比较高的人。文字也罢，生活也罢，如果没有一颗敏感的心如何带领学生去捕捉、去体验？一味理智客观地分析，是不是生活会缺失很多情趣？第斯多惠说过："谁要是自己还没有发展培养自己的情感，他就不能发展和培养别人的情感。"教师要怀情而教，只有自己真正动情，才能以情感染学生。要想使学生尽快进入角色，教师应该充满感情地教学，用热情、真情、激情去撞击学生的心灵，以声激情、以声传情，用自己的情感体验来带动、引导学生的情感，从而使学生受到感染，掀起情感的波澜。习作课上，教师热情亲切的话语，充满鼓励的目光，表情达意的肢体语言，都传导着教师真挚的情感，都能强烈地影响学生的情绪，使学生产生积极向上、愉悦振奋的情感体验，诱发创作习作的内驱力，从而兴味盎然地投入习作活动。设想一下：如果教师阴沉着脸站在讲台上，却要让学生来谈"笑容"，那将是多么别扭的情景。只有教师用笑容引路，学生才能做到文思泉涌，"下笔如有神"。

2. 模仿体情

在小学习作的起步阶段，教师必须充分利用教材中的文学资源来培养学生的审美情趣。日常的阅读教学中，教师应重视语用教学，眼光不要仅停留在文本内容的分析与解读上，还要带领学生探究、发现语言运用的技巧，为学生的习作积淀，亦便于日后迁移。笔者建议不妨先从仿写开始，让学生摘录文本中的精彩片段并进行仿写。久而久之，学生就会慢慢抛弃模式化的范本，写出属于自己的作品。就如书法家，若是从未经历过临帖阶段，仅凭自己胡乱去写，最终也很难写出像样的字体。在不断地模仿与创造的过程中，学生会逐渐养成习作自信，他们会爱上习作。情感虽然是一种说不清、道不明的内在感受，但"人同此心，情同此理"，有许多情感是人们共有的，传达这样的情感，就会激起读者的共鸣，就会使人感动。

3. 想象入情

想象既是阅读的桥梁，亦是作文的翅膀。合情合理又符合科学的想象是有利于情感体验和人生感悟的。没有想象的习作就使语言成了无鱼之水，想象就是习作世界里明亮的太阳。笔者曾执教习作指导课《我的发现》。课初，笔者问学生"你们知道什么叫地盘吗？你有自己的地盘吗？你在自己的地盘里可以干什么？"学生畅所欲言。接着，笔者出示图片，说："那好，现在老师给你一块地盘。观察图片进行选择或想象，先说说你的地盘里有什么。"学生说云、山、树、花、河等。笔者进一步引导："在这迷人的秋色里，怎能缺少'可爱的动物'呢！你的地盘你做主，你想邀请哪些动物到你的地盘里来？到这里干什么？请你尽情想象。"学生的想象非常有趣：大雁在开讨论会，商议去南方的时间、地点；小兔子、小松鼠、野猪等张罗给它们开个欢送会；出国留学的小乌龟回国找不到家了，其余小动物一起帮助它……这样的景融入这样的情，因为充满想象，所以妙趣横生。当然，回忆亦是一种联想，尤其在亲情类文章的表达上可以达到事半功倍的效果。

因此，习作中，学生只要善于想象，就能打开思维，写出自己独特的见解和情感体验。只有调动学生的所有感官，才有可能触发他们的灵感，才有可能形成属于他们自己的真切感受和独到见解。

4. 设境生情

习作教学情境，是为诱发学生体验，激起学生的写作欲望，调动学生的习作兴趣而创设的一种场合、一种背景。由于小学生的思维以直观形象为主，他们的情感往往是在特定的情境中才容易产生。为此，教师可以有意识地创设最佳情境，提供鲜明的形象，诱发学生回味生活或展开丰富的想象，才能收到较好的教学效果。在习作课堂教学中，教师可以以语言、音乐、图片、多媒体等手段创设教学情境，激活学生已积蓄的体验，让学生产生强烈的分享意愿。

叶圣陶曾说过："作者胸有境，入境始于亲。"语文教师要有一种能创设作品情境、唤起学生情感的能力。只有令学生置身于充满浓烈气氛的情境中，才能引导他们去探寻自我的心路历程和情感体验，才能激活他们的体验积蓄，有效地产生情感共振，进入最佳的习作状态。笔者在执教以"感动"为题的习作之初，播放的是《天亮了》这首歌。师生共同欣赏，优美的乐曲、动情的歌声、感人的故事，一下子就抓住了学生的心，"感动"的情愫瞬间被唤醒，由他人及自己，文思如泉涌。

每一节习作课，教师都应该给学生静心体验自己生活的时间与空间，让学生静静地去回顾、梳理、再次体验自己的生活。

（三）移情引领

积蓄的感情必须通过头脑的加工使生活真实上升到艺术真实。因此，仅凭作前指导时的"激情"，效果是有限的，情致作文教学法强调在范文的引领下，教师要怀情而教，提倡教师写"下水文"，与学生同实践，共尝写作甘苦，用自己真实的经历带给学生真实的体验，用自己的情感体验来带动、引导学生的情感体验，帮助学生理性梳理自己感情的脉络，从而使学生受到感染，掀起情感的波澜，达到"润物无声"的效果。

笔者通过调研，发现当下习作指导存在下列几种现象：一是教师试图通过一次指导解决习作中的所有问题，随意性强，年段目标意识不明晰；二是教师目中无"人"（学生），条条框框过多，开头如何精彩，中间写什么内容，结尾如何点题等都定下规范，程式化、模式化，扼杀学生习作的想象力和创新力；三是教师指导过于"放任自流"，怎么写任由学生发挥，"只见框架，不见支架"。

每位教师在习作指导时，都要清醒地认识到学生是需要帮助的，教师是被需要的习作引导者。笔者一直倡导"一课一得"的习作教学理念。每一节习作课之前，教师需要自我发问："这节课我想提升学生哪些方面的技能，本篇习作的特点与要求主要想提升的点是什么？"只有教师精准把握学生在习作中的提升点，该节课的着力点才会更清晰，方法结构的传授才能更有效。比如《笑颜动人》这一习作案例，学生面对生活中的笑容有感，却难于动笔，一句"他笑了"就可能词穷，他们很难将生活中的细节放大，只能以寥寥数语，蜻蜓点水，也就很难对笑容有更为深刻的解读。在这一课程中，笔者以教学生三招的策略降低了学生习作的难度。授课之前，笔者曾经写下亲身经历的一篇范文供学生参考，后来发现因为年龄差距等原因，离学生的生活比较远，不太能激发他们情感的共鸣，后来经过询问，笔者找到他们的习作痛点，重新进行了设计。该环节具体流程如下：

师："同学们，怎样用笔留下这些记忆呢？今天，老师教大家几招，好吗？"

教师出示语段让学生进行对比阅读。

一脸恬静灿烂的笑。

第一招：加点修辞

一脸恬静灿烂的笑，犹如村边缓缓流淌的小溪，一点一点浸润我的心田。

师："加一点修辞，是不是不一样了？由想象的笑脸变成了大家都曾感受过的事物，一下子就拉近了我们与这张笑脸的距离。我们不仅能看到笑脸，而且似乎还能听到那潺潺的流水声，甚至还能感受到淳朴自然的气息。"

第二招：再加点细节

"文文！"一个熟悉的声音从我身后响起，打破了周围固有的沉寂。是妈妈！我不想回头，却听到她疾步走到我身边，用那双已明显粗糙的手抚摩着我的头。我抬起泪眼，看到她一脸恬静灿烂的笑，犹如村边缓缓流淌的小溪，一点一点浸润我的心田。

师："加一点细节，有什么不一样了？笑容的出现有了前因后果，语言、动作的描写使母亲的形象立体化，一位慈母的形象跃然于眼前。"

第三招：再加点感受

"文文！"一个熟悉的声音从我身后响起，打破了周围固有的沉寂。是妈妈！我不想回头，却听到她疾步走到我身边，用那双已明显粗糙的手抚摩着我的头。我抬起泪眼，看到她一脸恬静灿烂的笑，犹如村边缓缓流淌的小溪，一点一点浸润我的心田。

我烦躁的心竟一下子平静了下来，内心的抱怨也慢慢消失。我想：一次失败算得了什么？母亲的爱一直就在我身边，她的笑容是照亮我人生的一盏明灯。生活不可能一帆风顺，没有迈不过去的坎，摔倒了，爬起来，拍拍身上的尘土，然后微笑着继续前行。我看着母亲，笑了。

师："加些感受，有什么不一样了？文章的立意有了提高，母亲的笑化解了'我'内心的烦躁和对现实的抱怨，这个笑容变得更有价值更有意义了。这样一来，文章有了重量，文字也就有了分量。"

教师及时总结："由一句话到一个小短篇，就是加了一点儿，又加了一点儿，再加了一点儿而已。"

教师以课件展示技巧，学生朗读巩固：

用点儿修辞，让你的语言生动；

用点儿细节，让你的文章细腻；

117

用点儿感受，让你的立意深刻；

用点儿想象，让你的情感真挚。

教学中，教师若想降低学生习作的难度，就需要给出这样具体化的帮扶策略。笔者认为每一节习作课，教师都应该有意识地渗透一些写作的技法，这就是"情致"中"理"的具体体现。经过这样的有效指点，久而久之，学生就会拥有丰厚的习作素材和技巧储备。

再举一个案例，笔者曾在感恩节之前带领学生写了一封感恩信，为此写了一篇"下水文"：

爸爸：

您好！时间过得真快，转眼间我已经年过四十，而您已是近七十的老人了。每当看到您瘦弱的身体、日渐弯曲的脊背、步履蹒跚的背影，我就不忍正视您的苍老，心中满是酸涩。

还记得年前我回去看您，大老远就看见您在寒风瑟瑟中等我，像冬日的暖阳，温暖在我心里。走进家门，您总是一脸灿烂地笑着，一会儿让我吃这个，一会儿让我吃那个，我仿佛又回到了无忧的童年和欢乐的少年时光。临走时，您递给我两个大大的、鼓鼓的方便袋，笑着对我说："都是新鲜的，回家放冰箱慢慢吃。"回到家里，我打开方便袋，一袋是您亲手为我包的芝麻馅包子，一袋是洗净的白菜和香菜……顿时，我泪如泉涌，我知道您心疼闺女，怕天冷水凉冻坏了双手。我的眼前浮现出——您在天寒地冻里拎着菜到楼下的水井旁，一棵棵、一根根地清洗，每一棵、每一根都是您无声的爱……爸爸，我想对您说声"谢谢"，有您在，我永远是那被呵护的荷花；有您在，我永远是那被捧在手心里的宝贝；有您在，我不管长多大，永远是孩子！所以，您一定要健康！

在这篇例文中，"我的眼前浮现出——您在天寒地冻里拎着菜到楼下的水井旁，一棵棵、一根根地清洗，每一棵、每一根都是您无声的爱……"是想象，这种想象对情感的触动是显而易见的，此处也可以回忆过往的生活经历。范文中的"爸爸，我想对您说声'谢谢'，有您在，我永远是那被呵护的荷花；有您在，我永远是那被捧在手心里的宝贝；有您在，我不管长多大永远是孩子！所以，您一定要健康！"属于及时抒发情感。

该节习作课，教师需要传授给学生的习作技能就是"融入想象、及时抒情"。在日常的习作课上，笔者每节课都力求渗透一两个习作技能，并和学生一起给这一做法取了名称叫"习作技能滚雪球"，即在每节课上把学到的习作技能都及时记录下来，这些"技能"就像雪球一样越滚越大。长时间下来，学生的习作技能有了丰富的积累，诸如：善用修辞、刻画细节、环境渲染、侧面烘托、埋下伏笔、前后呼应、点面结合、动静结合、虚实结合、及时抒情、外貌助力、融入想象、对比鲜明、详略得当……这些积累在逐节课的推进中，不断在学生心里扎根，不仅能促进他们阅读时有所品悟，对写作潜移默化的影响也是显而易见的。

（四）深情表达

在习作教学中，教师应鼓励学生自由表达自己所熟悉的生活，做到"用我心思我事，用我口抒我情，用我手写我心"。英国教育家洛克说过："儿童学习任何事情的最合适的时机，是当他们兴致最高，心里最想做的时候。"在学生对习作产生热情时，教师要及时捕捉这一时机，多些开放，少些限制，让学生真正地沉浸生活，深情表达。在学生表达的时候，教师要营造舒适、宽松的习作氛围，也可以根据写作的内容播放相关的音乐，用音乐来维系之前积蓄的情感，使学生始终保持满满的真情完成习作。

在此环节，教师要营造安静的氛围。但是，因为学生受教育的综合条件不同，每个学生在写作时的状态也不同，差异性一般比较大。大部分的学生能够始终保持着习作的热情，沉浸在创作的情境中，也能够较长时间地保持着专注的状态。但也有学生注意力的持续性较差，这就需要教师的提醒。当然，教师此刻的使命不仅仅是提醒。因为在班级授课制下，由于学生个性、生活积累、课堂情绪、健康状况等方面存在的差异，即便教师把某次习作的教学程序设计得再完美，也很难适合全班每个学生的需求。那么，训练的效果，教学目标的达成度，也就参差不齐，学生的习作水平就出现了高低之分。这就势必增加了课堂教学的难度。所以，在"深情表达"这一环节，教师需要有计划地开展个别辅导，对症下药，以弥补课堂教学的不足，缩小学生习作水平的差异。学生的课堂表达与教师的习作指导相互呼应，教师的指导是课堂教学的补充和延伸。这种补充和延伸以学生习作能力、生活积累等方面的个体特定情况为存在前提。因而，辅导具有鲜明的个别化倾向。在个别辅导的过程中，教师可以帮助有需要的学生拟订提纲，更要充分发现这些学生习作中的闪光点，保持其对习作的兴趣，让他们体验"我能行"的喜悦。

在"深情表达"这一环节，教师为学生提供舒适、宽松的习作环境，并不时地加以督促、辅导、鼓励，学生就能保持最佳的习作状态，最终呈现出一篇篇精彩的习作。课程结束后，关于《笑颜动人》这一题目，学生写下以下片段："门被轻轻推开，一股芬芳扑鼻而来，那是老师微笑的味道……""奶奶坐在餐桌对面微笑地看着我，我吃得越多，她笑得越欢；她笑得越欢，我吃得越多……"这样的语言，都非常有感染力和画面感。

（五）融情评价

每一次习作评价都是师生间、生生间心灵的交流，是多种情感的融合。教师应以欣赏的、宽容的态度引导学生在习作中摒弃"假情""矫情"，落实"真情实感"。

此环节，教师应重视评价学生在习作过程中的情感、态度。评讲学生习作时，教师要多一些赞赏的语言，带着一颗呵护的心，从多维度对学生的习作予以评定，肯定他们一点一滴的进步。笔者提炼了"习作评改十步法"，通过日常评讲课逐渐渗透给学生，即题目是否新颖、中心是否明确、选材是否有力、细节是否入微、结构是否合理、重点是否突出、情感是否动人、语言是否优美、首尾是否精练、篇末是否点题……学生有这样的储备，评讲时就能畅所欲言，角度就能多元化。评讲时，还要重视学生的自评、互评。每次习作后，让学生成为自己习作的第一读者，先自读习作之后，再去读其他同学的习作，引导学生根据评改标准给予评定。教师则随机点拨、评析、纠错，来引导学生进行评价。学生在这样的习作评价课上耳濡目染，写作能力、语文素养和评价能力自然而然就会提高，获得成功的体验。教师引导学生依据自己的认识，认真评改他人的习作，赏析优点，指出不足，提出修改建议。这样，既可以拓宽学生的习作视野，也让他们了解到别人的长处，还能获得同伴的肯定，从而产生愉悦的习作情感。

学生的习作进步，离不开教师用心、用情的激励引导，离不开同学的互帮互助，这些都可以给学生鼓励和赞赏，都可以树起他们信心的风帆，提升自我效能感。

在情致习作教学中，教师要善于激发情感、拨动心弦、富有趣味地教学，这是习作教学能取得成功的奥秘所在。教师必须以真情引导学生体验自己的内心世界，使学生在参与中敞开心扉、流露真情。小学情致习作教学所做的一切就是为了呼唤学生满怀激情、充满情趣、迫切倾吐的快乐心态，自然而然地唤起学生对美的期待和向往。

第二节 "情致"指向"习作"的实践意义及典型案例

一、实践意义

小学生习作要做到观察、思维、表达密切结合，逐步达到内容具体、情感真实，有中心、有条理、有重点的要求。这个指导思想的核心内容包括两个方面：一是学生的认识水平，二是语言文字的表达能力。教师应指导、训练学生遣词造句、连句成段、连段成篇的能力，使学生努力做到用恰当的文字表达自己的所见、所闻、所感。这些能力的培养应按低、中、高三阶段的具体要求进行训练，逐步提高。

小学生习作训练的三个阶段，即基础知识阶段、单项训练阶段、综合训练阶段。

基础知识阶段：（一、二年级）以说话、写话为主。

单项训练阶段：（三、四年级）以观察为主，重点训练学生对各种单项能力的掌握，包括文章的开头、结尾训练，总起分述训练；对人物外貌、动作、心理活动等细节描写的训练、场面描写的训练等。

综合训练阶段：（五、六年级）以训练学生的审题立意、布局谋篇为主，着重写好记叙文和常用的应用文。

在把握以上特点之后，笔者纵观习作教学法的育人价值及实践意义，从以下四个方面予以阐述：

（一）准确把握小学生习作的特点

小学生习作，重在一个"习"字，它强调小学生的作文就如同绘画的写生一样，是一种练习，而截然有别于"创作"，要求不宜过高。教学中，教师不能光盯着结果，只管"我要的是葫芦"，而应该想方设法激起学生写作的兴趣，所要做的应是尽可能地减少束缚，尽可能地给学生更多的表达自由，多引导，多激励，少限制，少指责。笔者通过对当下学生的调研，发现他们的习作主要存在的问题有四点，即：缺乏独特性、缺乏真实性、缺乏生成性、缺乏灵活性。在了解学生习作的这些特点之后，教师应多采用分类别的指导，对写人类、记事类、写景类、活动类、说明类等分别进行指导，本着习作教学"一课一得"的理念，扎扎实实进行训练，不断地辅佐以技巧，使学生在同类别习作不同角度的训练中反复习得技巧，比如，善用修辞、放大细节、及时抒情、营造氛围……让学生在一次次训练中逐渐掌握写作方法。

（二）准确理解小学生习作的心理

朱自强先生在《小学语文文学教育》中指出："儿童是有他们特有的看法、想法和感情的；如果想用我们的看法、想法和感情去替代他们的看法、想法和感情，那简直是最愚蠢的事情。"所以，教师不要以指导的名义，让学生成为"被装在套子里的人"。教师应该准确理解学生的作文心理，才有助于减轻因为差异导致的错位现象给学生造成的心理压力，培养学生习作的动机。拉西曼说："不唤起学生学习的欲望而企图教授学生的教师，等于在打冷的铁。"要培养学生的习作兴趣就要引导学生认识到，习作不光是考试获得好成绩的需要，而且也是日常学习、生活的需要，是自身发展的需要。学生只有认识到写好习作的重要性和必要性，他们的习作行为才会是自觉的、自主的，才能克服盲目性，写作的心理动力才能被激发出来，才能产生高度的习作热情，自觉地观察生活，观察社会，辩证地思考，主动地练笔。在写作的过程中，教师应该尊重学生独特的审美体验和儿童化的语言，真正解放学生的心理，让他们写真话、抒真情。儿童具有兴趣选择心理，对于小学生来说，他们对身边事物的观察体验，常常是在自己的兴趣爱好的心理驱动下进行的，他们观察的视角是儿童的视角。引导学生把观察到的写下来，就是对其写作兴趣的保留和延续。此外，教师还可以运用榜样的力量，用名家故事唤起每个学生"见贤思齐"的心理。教师只有对学生的习作心理非常了解之后，才能在进行教学设计的时候站在学生的立场，才能让学生变成"热的铁"，也才能让我们的习作教学更有实效。

（三）树立整合的大习作观

对学生来说，习作能力的提升不是一朝一夕的事。习作教学是循序而完整统一的，从小学低年级的说话、写话到小学中高年级的习作，是一个整体。对学生个体来说习作学习是渐进的过程，所以要求教师要加强理论学习与实践探究，拥有学生发展的长程意识。教师需要用发展的眼光看待学生的成长，用宽容和理解的心态去对待学生。对于习作技能的传授要允许"反复"，要客观看待学生的"遗忘"；要尊重教学中出现的差异，以"静待花开"的心态看待学生对习得技能的"沉淀"，最终使其成为陪伴学生终身的、信手拈来的表达能力。

（四）重新定位习作教学中的教师角色

习作指导过程中，教师不仅仅是写几篇范文的指导者，而应和学生一起体验生活，一起写习作，成为学生的合作者。教师应耐心倾听学生的心声，跟学生商量怎么表达更巧妙，有针对性地提出建议。教师应有针对性地进行点拨，使学生明确自己表达的方向，清楚自己究竟怎么说别人才能听得更明白。这样做，学生心情才是开朗的，才是愉快的，那么教学才是有效的。笔者以为作为语文教师必须要写出一手好范文才能胜任，这会让学生感到习作之路上"有老师时时相伴"，内心就不会孤单、不会恐慌。教师要常常写一些自己亲身经历的事情，给学生做范例，用真实的案例帮助学生在生活中捕捉真实的素材，教学生写出属于自己的生活，学生的习作就会减少"假、大、空"。

从教三十余年，笔者接任的班级都有一个共同的特点，就是学生对每篇习作训练的期待极高。形成这一特点的原因除了笔者兼顾"情与理"的习作指导、习作点评之外，还有一个具体化的策略就是"习作擂台赛"。学生的每一篇习作，笔者都会进行评分，给出具体的分值且界定清晰。每次习作训练之后，笔者会进行习作评讲课，指出共同的问题，赏析优秀佳作，便于大部分学生从中吸取经验教训。

习作教学的使命就是让学生从不敢写到敢写，从不会写到会写，从写不好到能写好。具体教学中还要做到两个联结和两个关注，即让习作教学与阅读教学联结，让习作教学与生活体验联结；关注习作内容的适切性，关注习作设计的独特性。

二、典型案例

孟子曰："贤者以其昭昭，使人昭昭，今以其昏昏，使人昭昭。"从教育者的角度而言，其意是从事教育工作的人，要把自己的"清晰"转化成学生的"清晰"。若教师自身都"昏昏"，必然导致学生"昏昏"。习作教学亦然，教师渴望学生写出佳作，只停留在表面的激发兴趣是远远不够的，必须要授之以"渔"，用经典的案例，看似无痕地教给学生习作的技能、技巧，从而使其"昭昭"。多年来，笔者带领学生在无数个习作案例中，以"一课一得"的方式慢慢渗透这些技能，达到了很好的效果，锻炼了学生的文字功底，提升了学生整体语文综合素养。笔者把他们提炼出的技能、技巧命名为"习作技能滚雪球"，在日常的习作训练中，这个"雪球"会越滚越大，且与后期实践不断融合，在之后的习作表达中，这些方法技能成为学生"已有的"，达到可以"随手拈来"的效果。这些习作技能具体有借物助力、侧面烘托、借景抒情、融入想象、外貌助力、善用修辞、刻画细节、点面结合、篇末点题、详略分明、一波三折、善用对比、重点突出、善于引用、选材有力、及时抒情等。接下来，笔者选取部分技巧以具体的案例呈现，期待能为习作教学提供借鉴。

（一）借物助力

"借物助力"也称"景物代言"。"助力"原意指"帮助、援助"，这里指学生在习作的过程中，能借助自己身边现实存在的或想象中的景、物等来为文章增色，从而使表达更生动，情境更诗意。

教学目标：

①引导学生回顾生活，习得素材选择的角度，在习作中再现真实的人物。

②指导学生学会用"借物喻人"的写作技能。

教学重难点：

使学生学会捕捉"小而真"的素材，让习作充满真实生活的气息。

教学过程：

1. 故事引入

（1）教师讲故事

师："昨天，我去五年级六班上了一节课。坐在第一排的一个眼睛亮亮的小男生认真地告诉我说，听说我很优秀，所以要更努力。他充满哲理的话一直萦绕在我的心头。"

（2）引出习作话题

师："同学们，总有一些人会不经意间走进我们的生活。然后，在我们的记忆中挥之不去，就像我刚刚说的那个小男孩。"

【设计意图】教师要想"唤醒"学生的习作热情，做好导入环节很重要。借一个身边的真实小故事，把学生引入"人物"话题，且无痕地将对人物的刻画融入其中，有清晰的指向，更利于学生在头脑中迅速捕捉写作对象。

2. 细节品析

（1）交流研讨

师："同学们，有些人，会通过文字向我们缓缓走来。课前，老师发了一份资料给大家，下面请同学们说一说几号人物给你的印象最为深刻，为什么？"

①他弯着腰，不停地拍着篮球，两眼溜溜地转动，寻找"突围"的机会。突然，他加快了步伐，一会儿左拐，一会儿右拐，冲过了两层防线，来到篮下，一个虎跳，转身投篮，篮球在空中划了一条漂亮的弧线后，不偏不倚地落在筐内！

②一句话到他嘴里，老是半天说不清楚。只见他，满脸通红，急得头颈上的筋络一根一根凸出来。

③他走起路来，总是背着手、低着头、皱着眉，那神情，好像在思索全人类的前途和命运。

④她的眼睛里顿时有了神采，额头和嘴角两旁深深的皱纹里似乎也蓄满笑意，连一举手一投足都渐渐地带上了一种轻快的节奏。

⑤这时候，我的心怦怦直跳，好像要跳到了喉咙口，腿也不由得微微颤抖起来，虽然是大冷天，可汗珠却从我的额头和鼻尖上渗出。我不敢抬头，两只手紧张地握在一起，心里不断地祈祷：别……可千万别叫到我……万一……天啊！我不敢往下想，只觉得血往上涌，脸颊滚烫，呼吸困难……

⑥孔乙己是站着喝酒而穿长衫的唯一的人。他身材很高大；青白脸色，皱纹间时常夹些伤痕；一部乱蓬蓬的花白的胡子。穿的虽然是长衫，可是又脏又破，似乎十多年没有补，也没有洗。（孔乙己，选自鲁迅《孔乙己》）

⑦我吃了一吓，赶忙抬起头，却见一个凸颧骨，薄嘴唇，五十岁上下的女人站在我面前，两手搭在髀间，没有系裙，张着两脚，正像一个画图仪器里细脚伶仃的圆规。（杨二嫂，选自鲁迅《故乡》）

（2）教师总结

师："刻画细节，人物才能鲜活，一举手一投足，方能跃然纸上。"

【设计意图】此环节罗列出典型的人物描写，意在从动作、语言、神态、外貌、心理活动等方面进一步加深学生的印象。

3. 指导选材

师："要想写好人物，选材很重要。对于如何选择习作素材，同学们常常觉得很困难。下面我们一起阅读老师的两篇随笔，看能给你带来什么启发。"

（1）出示随笔

随笔一：

儿子的玉米棒

今年的冬天来得比以往要早一些。窗外雪花稀稀落落地飘洒着，一股股寒气，透过窗的缝隙钻进来，我不由得裹紧大衣。

儿子参加一个晚辅，理应八点结束，可现在已经九点了，还未见踪影。我不由得焦急起来，在客厅来回踱步，心里慢慢升腾起一股怒火——这小子一定又溜到哪里去玩了!

楼梯口传来了急促的脚步声和喘息声，我已准备好一顿训斥等着他。未来得及责备，就见他立刻拉下羽绒衫的拉链，从里面取出一个裹得严实的方便袋递给我，开心地说："妈，你最爱吃的玉米棒，快吃，还热着呢!"我一下子愣住了，"迟回家是为了给我买玉米棒吗?""是的，我琢磨几天了，每次辅导路过这家店都想买，可是我没有钱。"儿子呵呵地笑了。"今天哪来的钱?""您给我的五元晚餐钱啊!"一瞬间，我的眼眶就湿润了，为了给我买根玉米棒，儿子居然饿着肚子从五点半上课到八点。我仿佛看到他那小小的身影，站在烧烤摊前，看着火苗舔着玉米，饥肠辘辘地闻着诱人的香气。拿到玉米后，一口舍不得吃，还裹得严实放在衣服里保温。而我，却在家里准备好训斥等着他!

愧疚和感动的泪水，再也控制不住。我一把拥他入怀，"谢谢你宝贝，你是妈妈的太阳!"

随笔二：

母亲的芝麻饼

中秋又至，如约而至的必然有母亲的芝麻饼。

每年中秋的午后，母亲就开始张罗包芝麻饼了。这些年，母亲的皱纹与白发骤增，一如既往的是她脸上那恬静的笑容。我总觉得那笑容里，有藏不住的对我们的疼爱。

只见，母亲揪下一团面，双手一搓，然后放在桌面上一按，捏起面团的一角，擀面杖顺时针旋转，将其做成大小薄厚均匀的面皮。接着，她将面皮平摊在左手心，再放芝麻馅。我就在一旁不断叮咛，"馅多一些，再多一些!"母亲笑而不答，就用力将馅往面皮里塞。直到黑黑的芝麻馅已经呼之欲出了才罢手。她立刻封口，放进锅里烙。香味缓缓飘出来，我一轮一轮地咽着口水。芝麻饼终于出锅了，我拿起一块，顾不得母亲叮嘱"烫啊"，早已一口咬下去，黑色的芝麻如蜜糖般流淌进我的口腔，一种舌尖惊喜迅速蔓延至我的每一个细胞。母亲问："好吃吗？""香，特别香！"于是，母亲的笑容里又多了满足和欢欣。

（2）交流研讨

师："从习作选材的角度看，这两篇文章具有什么特点？"

（3）教师总结

师："平淡的日子是生活的本真，这样小而真的素材最能叩击我们的心扉。就在这一刻，你的脑海中出现了谁、和与他相关的什么事？请你静静地想一想，在草稿纸上写下你选择的人物和事件。"

（4）选取素材

学生选取需要的素材。教师引导学生从"小而真"的角度评价彼此选取的素材。

【设计意图】选择素材一向是学生的弱项，他们选的内容要么指向"假大空"的虚构素材，要么总是在"重复昨天的故事"。在此环节，教师意在让学生放眼身边"小而真"的素材，用自己的笔写自己的生活。为了给学生做好示范，教师写了两篇随笔，明确指引选材方向，引领学生回顾、再现自己的生活。

4. 指导写法

（1）教师出示《母亲的芝麻饼》片段

师："若在篇末出现这样的一句话，'午后的阳光柔柔地洒进来，照在母亲的笑容上。此情此景，静谧而美好！'你们觉得如何？"

（2）学生组内讨论

师："同学们感觉到添加之后文章更有画面感，母亲更为美丽而温柔了。这样的文字未必都要放在文末，放在事件的过程中也是可以的。"

教师课件展示将文字移至不同的地方，引导学生评议。

（3）师生集体命名

师："如果我们把这样的点睛之笔起个名字，你们有什么建议吗？"（借物助力法）

（4）师生赏析写景佳句

课件展示：

①缓缓升起的彩云，那是心的港湾，里面有我的幸福在荡漾。

②窗外，静静地飘着雪花，远方有一缕若隐若无的琴声，一起将你的故事捧到了我的眼前。

③操场边绿化带里矗立着一排青翠挺拔的水杉，我走近一棵水杉，抚摩它，一如你当年抚摩我的脸颊。

④月牙儿出来了，悠悠地挂在天上，像妈妈哄着我的笑脸。

（5）教师总结引导

师："心在哪里，哪里就有亮丽的风景。上述句子中，小作者让彩云、雪花、琴声、水杉、月牙儿为自己代言。习作中，只要我们善于捕捉，一草一木、一花一朵、一风一雨、一水一鱼、一石一山、一蝉一蝶、一星一月、一烛一火……都可以为我们代言。你打算请谁为你代言？"

学生汇报，教师板书：

物　　　人

阳光　老师、同学、警察

玫瑰　妈妈、姐姐

松树　红军、交警

小草　环卫工人、海伦·凯勒

荷叶　妈妈、外婆

蜜蜂　建筑工人、快递员

大山　父亲、爷爷

…………

【设计意图】这一环节是"情致教学法"中"理"的主要体现，也是本节课让学生习作能力提升的最重要的"点"。学生从低年级开始就涉及写人，形成了相对固定的、狭窄的写作维度和模式，教师传授"借物助力"的策略，对于诗化人物、润色文字都有较大的益处。

5. 指导命题

师："同学们在平时阅读中一旦遇到'眼睛一亮，心有所动'的文题可以做一些积累与记忆。下面这些文题你喜欢哪一个？喜欢的请记录下来，可以直接借鉴也可以创作改编。"

课件展示：《阳光的老师》《热情的玫瑰》《我心中的那棵松》《藏在心中的"草"》《初春第一绿》《蜡梅花开了》《封印的爱》《我心中的竹》《百合之爱》《桂子飘香》《心海之"兰"》《不老松》《阳光的微笑》《兰花的坚持》……

【设计意图】这是本节习作课中的一个次要的训练点。教师应在平时的习作训练中逐步渗透，让学生形成积累文题的习惯。

学生习作：

桂子飘香

一天清晨，我隐约闻到一股清香。透过窗户一看，原来是楼下的桂花开了。

循着香气，我迅速下楼，一股浓浓的、甜甜的气息毫无遮拦地将我拥抱。站在树下，仿佛沐浴在香气中。一阵风吹来，有桂花飘落，我拾起一朵，沉醉了……

"沙沙，沙沙……"咦，是什么声音？我回头一看，原来是环卫工人在清扫地面。阿姨有着一张黝黑的脸，散发着阳光的味道，她身着一件普通的外衣，额头上有几道深深的皱纹，写满了岁月的沧桑。只见阿姨有力而有序地挥动着扫把。一缕阳光洒在她身上，为她做了一个天然的光环，显得格外美丽。我久久地望着阿姨，不一会儿，她的额头上出现了细密的汗珠，格外刺眼。于是，我跑过去帮阿姨，却被婉拒了。

这时，一朵桂花落在了她的头上，我的心不由得一颤，阿姨不也和桂花一样，虽平凡，但却都散发着弥久香气吗？我又看向阿姨，只见她抹了一把汗水，地面已是一尘不染。阿姨笑了，悄悄地离开。看着她的背影，我闻到了桂子般的香气。

走在羊肠小道上，看着干净的地面，我仿佛又看到了阿姨辛苦付出的样子。这样的环境，不正是她们用汗水换来的吗？不知不觉，桂花香又钻入我心中。是啊，桂花也和环卫工人们一样，默默地开花，在不经意间，又慢慢消失，但却都把香气悄悄泼洒。在秋天的感召下，桂花使出浑身解数。这时候，它们自己感到快乐，别人看着也快乐。

又是一年桂花香，桂子又飘香……

我心中的那只"蜂"

春天来临，桃花坞的桃花就开了，每朵花上都停着一两只小蜜蜂。当我看着这些蜜蜂，就会想起罗隐的《蜂》中的"采得百花成蜜后，为谁辛苦为谁甜。"自然也就想起了那个人——小瑞。

中等的个子，有神的眼睛，整齐的平头，加上那智慧的大脑，这就是小瑞。有一次数学考试，当写到最后一题时，我一看题目，"唰"的一下，大脑一片空白，这题也没学过呀！我抬起头来看看，估计大多数同学都在为这题烦恼着。这时，我看到了小瑞正在唰唰唰地写着，奋笔疾书，笔走如飞。我心想：大家都不会的题，他能做出来？考试成绩出来了，只有小瑞100分，全班除了他，这道题无人会解、我不禁想象：当我们玩耍时他在勤奋学习；当我们大夏天吹着空调，吃着冰棒时，他在学习……他每天不停练、写、做，要花多大的工夫，该有多大的恒心啊！他多像蜜蜂，那么勤奋、努力！

体育课上，我们要比赛跑步，他总是冲在最前面，次次拿第一。我不禁再次展开想象：每天清晨，每天傍晚，他要训练到什么程度，才能次次得第一啊！那天放学，我在打扫卫生，往窗户外看了一眼，一个身着黑衣的人在跑步，那是小瑞！我注视着他，一圈，两圈，三圈……一圈一圈地增加。突然，他停了下来，我本以为他要放弃，但他并没有，短暂休息之后继续。他不是第一，那谁还有资格是第一呢？这样日复一日，年复一年，可能许多人都坚持不了吧？多么勤奋、努力又坚持不懈的人啊！我的脑海里不知怎么想起了蜜蜂，蜜蜂带给我们的是甜甜的蜜，而他带给我的却是前进的动力，我的脑海中又出现了蜜蜂采蜜的情景，采蜜时的蜜蜂不就像此刻的小瑞吗？

朋友，请你记住，像蜜蜂一样勤劳，一样坚持不懈的人，面对各种困难，是一定会克服的。不管做什么事，也一定会成功。这就是我心中的那只"蜂"——小瑞给我的启示。

（二）点面结合

"点面结合"，是指将最能表现文章主题、刻画中心人物的关键材料作为"点"安排在最突出的位置上，把其他起补充、陪衬、铺垫、烘托以及过渡作用的材料作为"面"来谋篇布局的一种写作方法。所谓"点"，指的是对某个事物或多个事物的详细描写；所谓"面"，指的是对多个事物的概括描写。"点"可以突出重点，体现深度；"面"可以顾及全局，体现广度。这就是"点"的详细描写和"面"的叙述或概括性描写的有机结合。点面结合，可以既有深度又有广度地反映人、事、景、物的形象状态，充分表达思想，抒发感情，尤其适用于环境描写和场面描写中，能达到渲染气氛、鲜活情境的作用。本部分的教学内容源自部编版小学语文六年级上册教材中的习作二"多彩的活动"。

教学目标：

①指导学生审清题意，使学生明确习作内容是"多彩的活动"，并能联系自己的真实经历选择素材。

②使学生学会"点面结合"的描写方法，有"点"有"面"，让活动更加具体。

③指导学生把活动过程中印象深刻的部分作为重点来写，还要写清楚活动中人物的神态、动作、语言以及自己的感受，再现活动场面，呈现"活动"的快乐。

教学重难点：

引导学生写活动场面时，既要关注整个场景的"面"，也要注意个别同学的"点"。

教学过程：

1. 视频导入，初感场面

（1）看一看

教师出示一段"老鹰捉小鸡"活动的视频。

（2）说一说

师："活动真是太有趣了，给我们的童年带来了无限的乐趣。你喜欢什么样的活动呢？请回忆生活，说一说你最喜欢的活动。"

（3）理一理

师："我们从'写'的角度出发，观察时应注意些什么？"

预设：看清楚活动是怎么进行的，注意顺序；既要关注整个场景，也要注意个别同学的表现，尤其要捕捉他们的神态、动作、语言等细节，注意点和面；捕捉印象深刻的部分，注意重点；明确主题，注意中心；把活动中最深刻的体会留住，注意感受；关注游戏时应遵守的规则，以及伙伴间要团结协作，遇事要勇敢果断、坚持到底……

【设计意图】学生的习作首先从兴趣出发，课初教师播放一段游戏视频，将学生带入情境，酝酿好参与的情绪，这是习作教学的第一步，也是"唤醒"的环节。视频播放之后要凸显其价值，教师特意安排了"理一理"的环节，意在让学生在兴奋之中不忘进行理性捕捉，为下面的环节做好铺垫。

2. 游戏介入，感受场面

师："带着理出来的思路，我们一起进行一次班级掰手腕的比赛。"

（1）宣布游戏规则

男女生采取淘汰赛，各选出两名最强代表进行决赛，选出男一号和女一号，最后进行男女生对决赛，其余同学做啦啦队员。

（2）分组进行游戏

全班分组进行游戏。

（3）七嘴八舌话游戏

师："选拔赛的过程中，同学们参与得十分热烈。下面我们来说说这个游戏，可以说细节，可以说最精彩的环节，可以说自己的心情和感受……"

【设计意图】只有学生亲身经历，习作方能有真情实感。通过现场进行掰手腕的游戏，学生能尽情融入其中，充分感受场面的热烈和情绪的变化。

3. 方法提示，再现场面

师："如何才能让活动再现呢？我们以学校举行的赛歌会为例，总结方法。"

第一，来点儿"点面"。

第一个班级上场了，大家服装统一，挺拔地站在舞台上，热烈的掌声响起来了。我看了看周围，每个人都很激动，迫不及待地观看演出。我身边一位五年级的小男生最为期待，他伸长脖子，身体努力前倾，眼神一刻没有离开过舞台，恨不得飞起来越过所有人去观看。

五（四）班的同学们个个都全神贯注地唱着，每个人都很认真、努力，每个人都尽全力，用心地完成这次表演。他们的一举一动、一曲一调，都是那么到位、协调。其中在最前面领唱的那位女孩最是抢眼，她的歌声那么动听，看出来是全身心投入歌曲《长城谣》中了，把这首歌中悲壮的情感完美地诠释了出来，那眼神能把人带入意境。

第二，来点儿"引用"。

赛歌会开始了，每个班级的学生都将歌曲演绎得淋漓尽致，再配上强而有力的动作、干练整洁的服装，让人感受视觉与听觉上的双重享受。其中，《长城谣》让我印象深刻。"万里长城万里长，长城外面是故乡。高粱肥，大豆香，遍地金黄少灾殃……"学生没有任何的动作，没有花哨的衣服，靠着一张张嘴巴，将这首歌的意境唱了出来。"四万万同胞心一样，新的长城万里长"。歌曲唱完了，但那激动人心的旋律还回荡在我的脑海中。

第三，来点儿"想象"。

《我爱北京天安门》这首歌表达了人们对北京天安门的赞美和热爱，那甜美的歌声化成了一个个音符精灵萦绕在我们的周边，我们仿佛飘浮在乐声之中。那歌声似乎一下子把我们拉到了北京，拉到了天安门。在那里，我仿佛看到了阅兵式，战士们列成方阵，齐步行进。歌声柔美又庄严，隆重又热烈。歌曲到了高潮部分，是那么激昂，我们的心情也达到了巅峰，歌曲以势不可当的力量，表达了我们所有人对天安门的赞美和对祖国的热爱。

第四，来点儿"修辞"。

我们一起挥舞手中的小红旗。顿时，操场上成了一片红色的海洋，波浪翻腾……那红色代表着胜利，代表着希望之火。

第五，首尾宜精练。

赛歌会结束了，但那歌声还留在我们心中。我们是祖国未来的希望，我们是祖国未来的栋梁，我们是祖国最有力的"壮歌"！

【设计意图】光有直接参与活动的经验，学生表达仍有一定的困难，这也是有"情"亦须有"理"的现实问题。此环节的安排，意在通过示例片段给学生提供一些具体的方法引导，便于迁移运用，让场面更鲜活、生动。本次习作，选材不必有太多限制，可以写现场活动，也可以写曾经参与的活动，给学生自由的选择空间。

4. 习得方法，现场创作

教师给学生创设安静的习作氛围，让他们在方法的引领下再现活动场面。可以写"掰手腕"，也可以写自己参与的其他活动。

5. 集体评议，修改提升

根据习作要点，师生从"点面结合"的角度进行评议，提出修改意见，学生二次完善。

【设计意图】此环节是本次习作教学体现"点面结合"最重要的点，也是"理"的落脚处。习作教学若想面面俱到，反而"面面俱不到"。评讲环节，可聚焦"点面"，让此习作技能扎根即可。

学生习作：

掰出来的欢乐

阳光从门缝里笑呵呵地钻进来，照在大家的脸上，似乎一切都是那么欢乐……

今天，我们举行了"掰手腕大赛"，一场男女生之间的较量在班级里打响了。女生派出的选手是小思、小萌。男生派出的是小然、小朔。四个人站在班级中间，互相盯着对方，似乎都想用眼神打败对方。比赛一共分为三场：第一场小思 VS 小蒙；第二场小然 VS 小朔；第三场女生最强者 VS 男生最强者。

第一场比赛开始了，每个同学都屏住呼吸，似乎能听到大家紧张的心跳声……"三、二、一，开始！"小思和小萌不分上下，一会儿手臂向左边偏一些，一会儿向右边偏一些，大家的目光也随着两只手方向的变化而变化着。我们紧盯着她们，不敢眨一下，生怕错过了精彩的环节。只见小萌一皱眉头，右手一用力赢得了比赛。全场欢呼声响成一片，其中小涵最为激动，她把手高举过头顶，不停地鼓掌，不停地赞叹，似乎把手都拍麻了，把嗓子喊哑了，还觉得不能表达她心中的欢喜与激动。

第二场比赛在一阵热烈的掌声中开始了。小然和小朔这两位"实

135

力派"分别坐在桌子两边，一股强大的气场扑面而来。他们俩的交手可以说就是一场"力与力之间的碰撞"。比赛进入了白热化，同学们都高呼"加油！加油……"小然和小朔都拼尽了全身的力量。他们把脸绷得紧紧的，仿佛全身的所有细胞都在用力。我们则全神贯注地观看，此时的教室又一次静了下来，静得只能听到两人用力的手腕在桌面上摩擦的声音……"小朔胜了！"在一场精彩的"鏖战"后，小朔成了男生最强者！

第三场比赛终于开始了，为了公平，我们决定采用"三局两胜"的方法。两位选手坐了下来，平复了一下自己紧张的心情，一场激烈的"桌面搏击"开始了！我们一起向他们靠拢，围成了一个"力量之圈"，大家攒着观战，还跺脚拍手，好不热闹。第一局，两人都以微笑迎战，掌声、欢呼声一阵又一阵地响起来。经过一系列的比试，小萌胜出了。第二局，似乎两人的脸上都多了些紧张，而我们更是大气都不敢出。大家紧盯着他们，最后，小朔赢了这一局。接着，是最令人兴奋的决胜局了！小朔和小萌都深吸了一口气，比赛开始了！全场所有人都大喊"加油，小萌！加油，小朔！"只见，他们的手一会儿僵持在中间，一会儿偏向小萌，一会儿偏向小朔，大家的心仿佛也一直悬在空中……"小朔赢了！他赢了！"班级里接着又爆发出震耳欲聋的掌声，同学们都纷纷跑去为小朔庆祝……但我觉得小萌虽败犹荣，她是我们女生的力量之王。

游戏浸泡在大家的掌声与欢呼声中，让欢乐的感觉更浓了。

弹橡皮让我着迷

最近，弹橡皮风靡全班，乃至全校。

下课了，同学们三五成群，摆开场子，兴致勃勃。我，也中了弹橡皮的"毒"。几个玩伴围在一起，课桌，俨然成了一个"战场"。我们的对战吸引了好多围观者，一圈黑脑袋，攒着观战，由猜拳决定弹的顺序。

比赛开始了，只见小瑞的"荣耀号"向我的橡皮奔来，一记"火星"撞"地球"，"我"被弹出去老远。我心有不甘，使出浑身气力，对准目标，使劲一弹，小瑞的"荣耀号"直接出局。我的支持者和我一起欢呼。

"小瑞，我会帮你报仇的！"小邦郑重地挑战。志在必得的小邦一出手就使出一记"黑虎掏心"，我的橡皮再一次被撞飞，仅差两三毫米，我就出局了，真是险胜。我不禁紧张起来，因为，新对手小然边挑眉边对我坏笑："嘿嘿……我来！"结果，小然因用力太猛，自己的橡皮直接飞出场地，出局。我长舒一口气，暗自庆幸。我一记"飞龙在天"，橡皮从边缘飞到场地中央。"小邦，你过来啊！"我挑衅道。小邦怎能忍受这激将法，他手指一弹，橡皮准确无误地落在我的橡皮上面。这可怎么办？我灵机一动，使出一记"猴子偷桃"，手指从橡皮底下往上一钩，嘿嘿，最后结果，我不说你们也知道，当然是……我输了。我因为用力太猛，橡皮飞出窗外，掉到了走廊上，惹得围观者哄堂大笑，使得我悻悻然地去捡拾。而小邦的橡皮却仍然好端端地"躺"在场地中央。

一有机会，我就忍不住弹一局，弹橡皮让我欲罢不能，神魂颠倒。

一场激烈的拔河比赛

昨天，简老师见我们表现不错，决定今天举行一次拔河比赛，全班顿时欢呼起来。

盼星星，盼月亮，盼太阳，可终于把拔河比赛给"盼"来了！下午，我们跟着老师来到操场，一根长绳，一条红领巾，比赛准备就绪。规则是这样的：把红领巾拉出操场红圈即可。

随着简老师的一声令下，拔河比赛开始了，男女生各自发力，红领巾一会儿往女生那边偏，一会儿又往男生那边偏，两队不分上下。男生队喊着整齐的口号："一二，一二……"女生队不甘示弱，只见她们倾斜着往后倒。渐渐地，渐渐地，红领巾朝女生方向飘去，男生见情况不妙，猛发力，眼中满是坚定，把女生队拔了个措手不及，甚至有些女生往前"飞"了出去。男生见女生们站不稳了，乘胜追击，

"一二，一二，一二……"整个操场充满了紧张的气氛。大家的双手紧紧抓住长绳，红领巾朝男生飞了过去。看来女生无论怎么用力，也拔不过去了。这时候满脸通红，额头上青筋都暴出来的小瑞竟觉得男生队赢定了，放开了双手，女生们抓住机会再一次使出浑身气力，小瑞见势不妙，赶紧抓住长绳，可已经来不及了，女生们取得了最终胜利。

这次拔河比赛让我懂得了一个道理：不到最后时刻都不能论输赢。这场激烈的拔河比赛，有趣吧？

（三）融入想象

想象是一种特殊的思维形式。它能突破时间和空间的束缚，是人在头脑里对已存储的表象进行加工改造，形成新形象的心理过程。在习作中融入想象，可以将学生对生活的感受和思考串联起来，既可开拓思路，推动构思，丰富文章内容，又可提升学生的思维品质。本部分的教学内容源自部编版小学语文四年级上册教材中的习作四"我和_____过一天"。

教学目标：

①指导学生围绕所选人物的形象特点，展开合理想象。

②引导学生运用具体方法，把故事情节写完整、新奇、有趣。

③使学生能借助评价意见，修改习作并誊写清楚。

教学重难点：

使学生能将故事想象得有新意，情节曲折动人。

教学过程：

1. 勾连阅读，寻觅人物

（1）聊一聊

师："同学们，在书本、动画、影视剧中，我们看到过很多有特点的人物，他们或本领高强，或个性鲜明，或经历奇特……你对谁印象最深？他的主要事件是什么？"

（2）选一选

师："如果让你有机会和他们中的一位过一天，你会选择谁？"

2. 审清题目，确定重点

教师设置以下问题，帮助学生明晰重点：

①这篇习作的写作重点是什么？（过一天）

②这一天，必然是什么样的一天？（情节精彩、奇特、印象深刻⋯⋯）

③你和题目里的"谁"有什么关联？（关系紧密）

3. 品析细节，创编故事

（1）选定人物，品析形象

①教师引导学生选定人物。

师："如果让你和某位虚构的人物过上一天，你会选择谁呢？他身上吸引你的地方是什么呢？"

预设：孙悟空——本领高强，柯南——推理能力强，女娲——上古经历神奇⋯⋯

②教师引导学生具体品析人物形象。

师："刚才同学们说了很多人物，如果根据这些人物身上的特点，把他们进行分类，我们可以分成哪几类？"

预设：

本领高强类：孙悟空、柯南、如来佛、哪吒、二郎神。

身世坎坷类：白雪公主、拇指姑娘、灰姑娘。

身负使命类：精卫、盘古、普罗米修斯、女娲。

【设计意图】学生在进行想象类文章的构思时，往往因为前期对人物形象特点的琢磨不准确，而导致后续的故事情节牵强附会，所以在正式行文前，把人物形象特征想清楚，后续的情节才会写明白。

（2）链接人物，确定情节

①以悟空为例，追问引导。

师："选择了一定类别的主人公，那么相应的故事情节也会有所关联。请大家仔细想想，如果选择了孙悟空，他标志性的特征是什么？'这一天'会发生什么事情？你想象的依据是什么？除了原本故事中的降妖除魔，他还可以做哪些事情？"

②小组讨论，出示要求。

教师引导学生分析所选人物的特征并列下关键词，再根据人物的形象特点，讨论"怎样过"这一天，列出小标题。

③聚焦合理，交流想象。

【设计意图】想象，并非天马行空，无所依据。选择的人物有原本的故事情境，在教学时教师要鼓励学生大胆想象，但是要符合人物的形象特征。故事情节既可以在原本经典故事情境中新编内容，也可以跳脱原本情境，创设新的故事情境。

4. 方法引领，雕刻细节

师："我们要注意想象的合理性和准确性，还要注意情节是否吸引人。在你读过的故事中，有没有令你印象深刻的故事内容？仔细想一想：令你印象深刻的原因是什么？什么地方吸引你？"

（1）想象奇特——神话故事类

①这类故事里面的人物和我们现实生活有哪些不同？（精怪类、有独特本领或者法宝）

②人物和人物之间的不同呢？（性格不同、本领不同、故事情节也不同）

教师总结："这些或妖怪或神仙各有神通，有的好像来自我们的生活，可是又有别于我们的生活，比如黄狮精、兔子精等，他们个性千奇百怪，人物形象丰富多彩，故事情节奇特。"

（2）缜密思维——侦探类

①这类故事吸引你的是什么？（出乎意料的断案细节、缜密的思维）

②作者为了突出断案的出乎意料，往往会卖关子，怎么卖的呢？（重要线索前期有伏笔、案件推理能力高于常人）

③这类故事，哪些描写方法运用得出神入化？（心理描写、神态描写、动作描写）

教师总结："探案类的故事，情节跌宕起伏，于平地处一声惊雷，让人欲罢不能。"

（3）品质高尚——遭遇磨难

①选择这个人物的原因是什么？（舍己为人、善良谦逊等）

②故事中你打算怎么突出人物的形象呢?(反面人物衬托、情节跌宕、心灵成长)

教师总结:"这些人物形象正面,往往在坎坷的经历中,仍然不忘初心,做到了常人所不能及。"

【设计意图】想象容易,但是落实到具体的语言文字是困难的。对于四年级学生而言,天马行空的想象是他们普遍具备的特点,这也为本篇习作的"情"做了很好的铺垫。但从"理"的角度而言,学生的习作缺乏的是故事的新颖性和独特性。学生往往欠缺前期的缜密思考,加之没有丰富的词汇积累,语言表述乏味。所以具体方法的指导、情节的波折和语言表达的多样性,都需要精细讨论和扎根指导。

5. 运用方法,想象创作

学生拟定初稿,教师巡视指导。

6. 多边互动,互评互改

(1)集体评议

教师展示有明显类别特征的习作,围绕"人物形象特征鲜明、故事情节一波三折、语言描述精彩"等方面,进行评议。

(2)学生自改

学生自读习作,进行修改。

(3)教师总结

师:"物有方圆,路有长短,但是我们的想象是没有边界、没有藩篱的。希望同学们通过本次习作,能保持奇幻的想象热情,以昂扬的姿态,大胆恣意地畅游想象的奇妙世界。"

学生习作:

我和女娲过一天

女娲,是中国上古神话的创世女神,是福佑社稷之正神。她开世造物,因此又被称作"大地之母"。

正直而善良的女娲娘娘,倘若你来到我身边就好了!正想着,霎时,我身边出现了一团团白雾。还没弄清发生了什么,我就被白雾传送

到了一个地方。

"咦？这是……"白雾散去，我的眼前出现了一个白云缭绕的宫殿。"天宫！"我大呼起来，我居然会在这里！

"你好啊！"冷不防地，一个声音传来，我转头一看，是女娲娘娘！

"叫我女娲就可以了。"

"那，我为什么会在这儿呢？"

"是你自己要来的啊！"她笑道。

天啊！我只是想想而已！

"你……可以帮我点忙吗？"

"可以，但不能是私欲！"

我琢磨一会儿，说："人人说你会补天，现在地球大气层也有空洞，你会补吗？""当然，走吧！"

女娲请我喝了一种药，我们"嗖"地一下子来到了地球。这里，早就不是原来的鸟语花香了。"唉，五彩石没有了。"女娲叹道。"可以用树脂加上水呀！""对，就这样办。"

先找树脂。可是，树木几乎被砍光了，上哪儿找去？还好，我们找到神农树，找到了树脂。

然后找清水，但令人头疼的是，江河湖海或多或少都被污染了。但我们只需要不含任何杂质的水，女娲只得从天河中舀取一些水。

女娲和好糨糊，补好了天空。一刹那，白雾又包围了我，等到雾气散去，我又回到了家中。

"你完成了任务，再见！"女娲说。

黄昏已至，望着一轮夕阳，我希望人们可以珍惜眼前的每份资源，不要等到无可救药时才后悔。

我和八戒过一天

话说唐僧师徒西天取经之后，师父和师兄弟都积极进取，事业有成，可是唯独猪八戒仍改不了他的老毛病——整天好吃懒做。这不，因为贪吃，他的牙病又犯了。俗话说得好"牙疼不是病，疼起来真要命！"八戒被折磨了三天三夜，我劝他接受治疗。于是，他在我的陪同下，走进了牙科医院……

首先，他来到了袋鼠拔牙所。袋鼠医生一见是大明星驾到，连忙起身，笑脸相迎。不一会儿，猪八戒便被安排到了一间密室拔牙。还没等他反应过来，天空中传来袋鼠医生低沉的声音："开始拔牙。"话音刚落，一根有蛇那么粗的绳子绑住猪八戒的牙齿。同时，一支箭穿过绳索射向窗外。原来，这是袋鼠的新式拔牙方法，百试百灵，可是猪八戒人高马大，箭非但没有把牙齿带出，反而差点反射中他的要害部位，吓得八戒出了一身冷汗，拔牙的事自然不了了之。

接着，八戒又来到了"高尔夫球场"拔牙馆。馆长百灵鸟热心地向他介绍了一种拔牙方法："把牙齿绑在高尔夫球上，打半个小时的高尔夫球，等你把球打飞时，牙齿就自然脱落了。"猪八戒一听，啊哈！这比刚才那方法实用多了，一定能成功的……可出乎意料的是，猪八戒的打球技术太差了，足足打了五个小时，连球边都没碰着。累得他大汗淋漓，满怀失望地离开了拔牙馆。

最后，猪八戒拖着沉重的步伐回到家，可牙齿还是钻心地疼。疼痛之际，一不小心撞到了门上，那颗顽固不化的牙齿终于退休啦！

八戒顿时又惊又喜，我笑着说：真是"踏破铁鞋无觅处，得来却全不费工夫"。

（此案例由淮阴师范学院附属小学严利云老师提供）

（四）选材独特

"选材"——为了写作的需要而搜集适当的材料和素材。如果把"主题"比作文章的"灵魂"，"结构"比作文章的"骨架"，那"材料"便是文章的"血肉"。其"独特性"主要表现为：一要典型，选择出来的材料要有典型性，要有说服力；二要新鲜，不可总是在重复昨天的故事；三要真实，做个有心人，观察生活，记录生活，不能编造作假，无中生有……李镇西老师说："文章应该是思想感情的自然体现，写文章应该是心灵泉水的自然流淌。"也就是说写作是情感的需要，它需要投入情感，展现内心。如果教师以此作为选材的出发点，就会发现学生拥有的素材其实很多，只是出于某种顾虑将它深埋于心。也就是说，只要学生有勇气冲破自己设定的心理防线，勇敢地坦露自己的内心世界，运用独特而有力的素材，就能让习作具有感人的力量。本次课程的内容是指导学生写一写童年的趣事。

素材分析：

本次习作指导课，可以按照以下程序操作：

①回忆趣事。如果学生暂时想不起来写什么，可以让他们和爸爸、妈妈聊聊，他们那里肯定藏着学生的许多趣事，可以唤醒学生心中美好的回忆。

②写下趣事。要求学生写的时候要注意以下几点，一是合理组材，有序表达。在材料选定后，要考虑清楚先写什么，接着写什么，最后写什么，哪些需要详写，哪些只需要略写。在表达的时候要按照一定的顺序写，把事件发生的时间、地点，事件中的人物，事情的起因、经过、结果交代清楚。二是抓住重点，凸显心理，体现"趣"。

学情分析：

学生已经有了一定的知识储备，对于这类习作写起来还是比较容易的。但"趣事"不同于"难忘的事"，也不同于"有意义的事"。因此，本次习作的指导，教师应重点帮助学生对选材进行梳理、引导，拓宽学生的习作视角，拓展学生的习作思路。

教学目标：

①使学生能抓住题眼"趣"，回顾亲身经历，再现童年生活的天真无邪。

②引出"趣"中的一个点——"窃"，让学生体会"窃"的意义，使学生学会刻画心理活动，善用对比，写出"内心慌乱与外表淡定"，突出趣味性。

教学过程：

1. 趣味抢答

（1）抢一抢

教师依次出示抢答题：

①童年指多少岁到多少岁？

②你对"趣"的印象是什么？

师："产生'趣'的原因有好多种，我们来梳理一下。我来简要说例子，你们用一个字概括'趣'的原因，好吗？"

（2）说一说

①我想有吃不完的巧克力，于是我在土里种植，结果白白损失了一块巧克力。（傻）

②我想让自己更美，于是学妈妈化妆，结果成了四不像。（仿）

③我为了捉弄弟弟，在客厅丢了块香蕉皮，结果自己被摔了个四仰八叉。（皮）

④我"勇敢"地捅了马蜂窝，结果不幸以鼻青脸肿收场。（莽）

师："童年啊，因为天真，因为无邪，所以常常窘态频出，趣味横生。今天，这些角度我们都不探究，我们从一个新的角度去发掘更有意思的素材，好吗？这个新的角度是什么呢？让我们从猜一个字谜开始。"

（3）猜一猜

①教师出示"窃"的字体演变让学生猜。

②教师课件展示"窃"在字典里的三种解释：一是用阴谋手段夺取；二是暗中、偷偷地；三是谦辞，称自己的行为。

③教师引导学生分析本节课要探究的"窃"的意义。

【设计意图】学生的课堂参与需要唤醒。课初，教师启用"抢答"的模式，可以快速激发孩子参与的热情。审题，一直是学生习作的一个重点和难点。学生常常习惯于从"点"入手，不能对题目中藏着的多元要求予以挖掘。使学生聚焦"趣"的新颖角度，勾起学生对已有经历的回忆，展开多元化的想象与联想。之后，列出"窃"这一主题："窃"是本节课对"趣"的主要探究的纬度。教师借助"猜字谜、识字理"的方式切入，旨在无痕引导学生将思维聚焦此处，为下面的环节做好铺垫。

2. 听故事悟方法

师："'窃'的滋味是怎样的滋味呢？我们一起来听一个人的故事，他是西汉的匡衡。他因为家里太穷，凿穿墙壁引邻舍烛光读书，这就是著名的凿壁偷光的故事。"

匡衡"偷窃"烛光的滋味是怎样的？何处可见这种滋味？

师生合作引出"快乐又惧怕"的滋味。

【设计意图】教师忌讳生硬地直接给出方法。若那样，学生探究的兴趣会大打折扣，对表达方法的习得也是被动的，预期效果也就不会理想。本环节的设计旨在抓住每个学生都喜欢听故事的特点，用听故事的方式激发学生的兴趣，潜移默化地使学生领会"窃"的滋味，体验他人的"快乐又惧怕"，唤醒自己的"快乐又惧怕"的相似体验，这是让学生无痕悟"理"的环节。

3. 选择素材

（1）想一想

师："你体验过这种'快乐又惧怕'的滋味吗？那是哪件事？你当时使用了什么方法？成功了没有？请你静静地搜索这些记忆，努力让当时的情景再现。"

【设计意图】由故事引出故事，学生相似的体验会被唤醒。习作素材的选择理应给学生留出搜索记忆的时间，此环节意在给学生营造思考的氛围，给予适宜的环境，使多元素材的生成、碰撞成为可能。

（2）说一说

①组内交流。

②集体交流，教师从"快乐又惧怕"的角度引导学生，评价学生的发言。

【设计意图】学生思考之后，需要倾吐。本环节设计有三个意图：一是小组内前期碰撞，意在小范围内练说，为全班交流做好准备；二是指名交流，意在班级范围内更为广泛地交流素材，打开选材的广度；三是在师生共同倾听的情况下，借助具体的事件引导学生学会聚焦主题，看似无痕，实则有意地指导学生关注主题，为接下来的写作埋下伏笔。

4. 完成习作，评议提升

①学生完成习作，并初次进行修改。

②师生共同评议。

③学生二次修改。

④师生交流感悟：从"选材"的角度获得什么启发?

师："同学们，成长过程中有那么多可以留存的记忆，请你在今后的生活中用眼捕捉，用心体验，把欢乐留住，把童年留住。"

【设计意图】本环节分三步：一是自评，习作完成要给学生机会做自己文章的"第一读者"，自读自悟不可少；二是师生共评，此环节主要落实在"快乐又惧怕"上，捕捉亮点，生成写法；三是用习得的方法回看自己的文章，再修改完善。

板书设计：

学生习作：

被发现了?！

童年时光，我们常会偷偷做一些不想让别人发现的事情，用尽全身的小伎俩"伪装"自己，我也有这么一次"黑历史"，让我使出了浑身解数……

星期六上午，妈妈去上班了，家里就剩下我一人。妈妈临走时叮嘱我说："写完作业看书，不许碰手机！"我答应完后便开始写作业……很快我就把所有作业都写完了。我拿起书，看了大约十秒钟，突然生出想玩一会儿手机的冲动。我放下书走向大门，为了防止妈妈杀个"回马枪"，我把肉坨坨（我家的小狗）脖子上的铃铛挂在门把上，再把门反锁起来。这样，就可以为突发情况赢取时间。

我来到卧室，打开柜子。果然，那散发着诱人气息的手机就躺在里面，我刚准备拿，手又缩了回来，心想这样做是不对的，但还是没有抵住诱惑，打开了手机。"丁零，丁零。"门口的铃铛响了。我心里一慌：妈妈怎么这么快就回来了？我打开卧室房门一看：哦，原来是肉坨坨碰到了铃铛啊，真是虚惊一场！我又想：妈妈也没说什么时候回来啊！我的心不由得提到了嗓子眼，提心吊胆地玩起来……突然，铃铛又响了，而肉坨坨就卧在我旁边。很显然，是妈妈回来了！门被反锁起来了，只有从里面才能打开，所以妈妈一时还进不来。我赶快把手机放回原位，然后从门把上取下铃铛，戴在肉坨坨脖子上。我打开门，妈妈阴沉着脸说："作业写完了吗？看书了吗？玩没玩手机？为什么现在才开门？"妈妈的问题像子弹一样朝我射来。我回答："作业写完了，看书了，没玩手机，刚才上厕所了，没来得及开。""那为什么要把门反锁起来？""……"我说不出话来……这次偷玩手机的经历虽然刺激，但我的内心充满愧疚，以后可不能这么做了。

（五）情节波折

何谓"情节"？情节是叙事性习作的基本骨架，它既要符合生活逻辑，也要符合作品的创作意图。何谓"波折"？它指向内容层面，不是平铺直叙而是跌宕起伏、扣人心弦。"情节波折"可以增强故事类文章的吸引力，激发读者的阅读兴趣，给人身临其境的感觉，可以让人于无痕中体验快乐、获得感悟。"情节波折"又称"一波三折"，既在"情理之中"，又在"意料之外"，是阅读者的期待，也是创作者应秉承的初心。本部分的教学内容源自部编版小学语文三年级上册教材中的习作三"我来编童话"。

教学目标：

①使学生学会画简单的思维导图去构思故事情节，让故事结构清晰明了。

②带领学生品析例文，学习一波三折构思情节的方法，用神奇的想象创

编有趣的童话故事。

教学重难点：

使学生感受童话故事"情节波折"的魅力，习得具体方法，学会构思故事情节。

教学过程：

1. 单元统整，走进童话

（1）回顾课文

教师带领学生回顾本单元的四篇课文，体会童话故事情节波折的特点。

（2）师生交流

师："请同学们回忆一下这些童话故事主要讲了什么，请选择你最感兴趣的故事情节说一说。"

（3）教师总结

师："编写童话的一般步骤包括故事的起因、经过、结果，要在情节上有波折，才能吸引更多的读者。"

【设计意图】教师带领学生回顾教材中的童话故事，引导学生把握童话故事情节波折的特点，感受童话的魅力。

2. 聚焦范例，领悟方法

师："在这一单元中，每个童话的情节都那么引人入胜，请你选择一篇，用思维导图的方式把故事情节呈现出来。"

（1）画思维导图

学生画思维导图，教师巡视指导。

（2）学生展示，交流讨论

学生展示思维导图。教师引导学生交流讨论。

【设计意图】本环节教师引导学生明晰童话故事"一波三折"的主要特点并从主人公的喜怒哀乐中感受其人物特点或品质，在交流碰撞中生成对故事框架的认知。

3. 展开想象，构思情节

（1）教师出示本次习作要求

国王　　　黄昏　　　厨房
啄木鸟　　冬天　　　森林超市
玫瑰花　　星期天　　小河边

师："看到上面三组词语，你的脑海里浮现出了怎样的画面？你想到了什么样的故事？请发挥想象，把故事写下来。"

（2）思路导航

①激发想象：看到这些词语，你想到了什么？

师："在写作时，要联系现实生活，童话是以现实为基础的。如国王有至高无上的权力，玫瑰香气浓郁但有刺，啄木鸟是大树的医生……"

②设计情节：先确定角色，然后思考人物之间发生的故事，借助思维导图设计故事大致框架。

（3）小组交流

师："请大家把设计好的情节说给本组同学听。倾听的同学要提出建议，帮助修改完善。"

教师课件出示评价角度：

同学的故事情节怎么样？主人公遇到了什么样的麻烦？化解麻烦的办法巧妙不巧妙？

【设计意图】"一个会回忆、会联想、会想象的人，才是会构思的人。"思维导图能帮助学生搭建习作框架，引导其在相互交流中更加清晰创作思路，这是在落实"情致"中"理"的环节。

4. 交流评改，朗读展示

（1）出示评价标准

教师组织学生交流评改，学生对照评价标准修改初稿。

（2）典型问题研讨

教师呈现有典型问题的学生习作，围绕"故事情节是否曲折有吸引力，以及提出什么修改意见"展开研讨。

教师出示学生习作初稿：

"小石头！小石头！"早晨刚来到森林超市，就听到有人叫我。我转身一看，这不是我一直渴望见到的小精灵吗！

小精灵小巧玲珑，像一位可爱的小仙女。她有着金灿灿的头发，湛蓝湛蓝的眼睛，可漂亮啦！最奇妙的是她后背上长着一对翅膀，一颤一颤的，在阳光下发出耀眼的光芒。

我和小精灵一起跳皮筋，踢毽子，玩得可开心了！"如果好朋友亮亮能一起来玩就更好了"，玩着玩着我随口说了一句。只见小精灵轻轻扇动了一下翅膀，啊！亮亮竟然出现在我的眼前，太神奇了！

后来我想要什么就有什么，我很依赖小精灵。但是有一天，妈妈对我说："你要靠自己做事，不能总依赖小精灵。"

今天，我只能和小精灵说再见了。只见小精灵扇动一下翅膀就不见了。

①诊断问题：情节简单。

②解决问题：师生共同丰富情节，聚焦"后来我想要什么就有什么"具体展开。教师引导学生思考以下几个问题：一是"我"要了什么？二是"我"有了什么？三是"我"因为依赖小精灵，产生了怎样的后果？四是"我"和小精灵的问题又是怎样化解的呢？

③组内分享自己创编的童话故事，同学评价。

④学生修改并誊抄，择优编入《班级童话集锦》。

【设计意图】聚焦学生习作的典型问题"情节简单"，通过集体评改使学生经历将简单情节变丰富的具体思维过程，将思维可视化，学习运用提问法、表格罗列法将情节丰富起来。通过学生习作组内分享、汇编入册等展示机会，满足学生被赏识的需要，使之更积极主动地投入习作创作中。

学生习作：

黑熊的森林超市

大森林里，黑熊先生新开了一家"森林超市"。这个超市位于森林中心，在一个宽敞的大树洞里，超市周围住着许多小型动物。冬天快要到了，于是精明的黑熊老板购进了许多精美的过冬用品。

天气渐渐冷了，小羊和小兔结伴去森林超市购置过冬用品。进门不久，就听正在打盹的黑熊烦躁地嚷着："你们这些小东西，快买快走，不要弄坏了我的东西。"他见两个"小不点儿"仍在精挑细选，就冲着他们再次喊叫："听到了没？再慢我就把你们轰出去！"小羊和小兔吓坏了，随便拿了几样，哆哆嗦嗦地付了钱就走。又隔了几天，老虎大王来买东西，黑熊赶紧迎上去，弯着腰双手作揖，笑眯眯地轻声对老虎大王说："大王，请问您要什么？"老虎环视了一下，就走了，因为超市里的东西根本不适合他这样的大型动物。就这样，慢慢地，不管是大型动物还是"小不点儿们"，都不再光顾这个森林超市了。偶尔有几个胆大的"小不点儿"，也是全副武装——耳朵塞上棉花拒绝噪声，买了就走，免得被黑熊震耳欲聋的声音吓到。

　　一场大雪过后，天变得更冷了，黑熊的森林超市生意萧条，却引来了一群特殊的"顾客"——黑压压的一窝虫子。暖和的森林超市让小虫子惬意无比，他每天啃啊啃，森林超市眼见着就要被毁掉了。黑熊急得脸都白了，他赶紧去找喜鹊："喂，喜鹊，我的超市有虫子，赶紧来帮我治理一下！"喜鹊老实地说："不，我不会，你去找杜鹃，她可能会。"无奈之下，黑熊又去找杜鹃。"喂，杜鹃，"黑熊边说边跺脚，"喜鹊说你能治虫子，你到底会不会？"杜鹃很胆小，一下被急躁的黑熊吓坏了，赶紧摆手："不，不，我不会。"说完就赶紧飞走了。啄木鸟是个热心肠，他听说黑熊到处找人帮忙治虫子，就主动赶过来，帮他把树洞里的虫子都吃掉了，森林超市又恢复了宁静。黑熊准备了很多礼物送给啄木鸟，热泪盈眶地说："还是你最好，其他鸟都不来帮我。"啄木鸟笑着告诉他："不是大家不肯帮你，是你的粗鲁和欺软怕硬赶走了他们！"

　　这件事后，黑熊痛改前非，他热情地对待每一个小动物。他的超市里还准备了免费的热水，随时欢迎大家到超市取暖。最后，你猜他的森林超市生意怎么样？哈哈，他的森林超市成了这片森林里最受欢迎的场所，自然生意兴隆啦！

（此案例由淮阴师范学院附属小学孙海燕老师提供）

（六）侧面烘托

侧面烘托，通过对周围人物或环境的描绘来表现所要描写的对象，以使其更鲜明突出，即间接地对描写对象进行刻画。"烘托"是为了突出主要事物，用类似的事物或反面的、有差别的事物作陪衬，是一种"烘云托月"的修辞手法。"烘托"本是中国山水画的传统手法，指用水墨或色彩在物象的轮廓外面涂抹，使物象明显突出；用在诗文中则指从侧面着意描写，作为陪衬，使所要表现的事物鲜明突出。运用烘托手法，能突出主体或渲染主体，使之形象鲜明，给人以深刻的感受。本部分的教学内容是引导学生学习运用侧面烘托的方法描写人物。

教学目标：

①带领学生欣赏范例，品析写法，感悟用侧面烘托刻画人物的方法。

②使学生学会用侧面烘托刻画人物的方法并能学以致用。

教学重难点：

使学生了解侧面烘托的方法对表现人物的好处，并将其运用到人物的描写之中。

教学过程：

1. 故事导入，激发兴趣

（1）教师讲故事

宋代画院曾经举行过一次绘画比赛，画题是"踏花归去马蹄香"。众画工挥毫泼墨，各显其能，有的画骑马人手里拈着一枝花，有的画马蹄上缠绕着一枝花，有的画一匹马站在一片鲜花盛开的草地旁……最后夺魁的却是这样一幅画：一匹骏马奋蹄疾驰，马蹄边飞舞着几只蝴蝶。真是绝妙的构思啊！画中没有花，但那追逐马儿的蝴蝶却使人依稀嗅到那浓浓的花香。同学们想一想，这幅画获胜的原因是什么？

（2）教师总结

师："同学们，花香是难以正面描绘的，即使非要从正面描绘，也往往会显得直白、平淡、牵强，而以蝴蝶衬花香，则使作品从虚无中见丰盈，烘托出'马蹄香'原本不容易表达出来的效果。绘画艺术是这样，文学作品的人物描写是否也是这样呢？这节课，我们就来学习用侧面烘托的方法描写人物，将人物写得更加鲜活生动。"

【设计意图】教师首先运用故事激趣导入，先入"情"，达到"唤醒"的作用，引导学生轻松愉快地走进习作课。接着，教师用设疑的形式抛出本课的学习主题，引起学生的思考，并激发学生产生探究的愿望。

2. 知晓概念，明确效果

教师出示侧面烘托的概念并引导学生明确其效果。

侧面烘托，通过对周围人物或环境的描绘来表现所要描写的对象，以使其鲜明突出，即间接地对描写对象进行刻画。

3. 句段感知，品味妙处

（1）句子赏析，感受妙处

师："请同学们欣赏下面三段文字，说说它们在写作方法上的共同点。"

①教师出示片段。

片段一：一把普普通通的剪刀，一张普普通通的彩纸，在姥姥的手里翻来折去，便要什么就有什么了，人物、动物、植物、器物，无所不能。我从小就听人啧啧赞叹："你姥姥神了，剪猫像猫，剪虎像虎，剪只母鸡能下蛋，剪只公鸡能打鸣。"——《姥姥的剪纸》

片段二：这时候，我的脑里忽然闪出一幅神异的图画来：深蓝的天空中挂着一轮金黄的圆月，下面是海边的沙地，都种着一望无际的碧绿的西瓜，其间有一个十一二岁的少年，项带银圈，手捏一柄钢叉，向一匹猹尽力的刺去，那猹却将身一扭，反从他的胯下逃走了。——《故乡》

片段三：一间屋子，一个屋顶四面墙，先刷屋顶后刷墙。屋顶尤其难刷，蘸了稀溜溜粉浆的板刷往上一举，谁能一滴不掉？一掉准掉在身上。可刷子李一举刷子，就像没有蘸浆。但刷子划过屋顶，立时匀匀实实一道白，白得透亮，白得清爽。——《刷子李》

②教师引导学生聚焦重点。

师："片段一，通过其他人物赞叹的语言烘托出姥姥的剪纸技术高超；片段二，通过'深蓝的天空，'金黄的圆月'，'一望无际的碧绿的西瓜'等景物描写烘托出一个英俊、活泼的少年闰土；片段三，通过对房间墙壁白得透亮，白得清爽的描写烘托出刷子李的刷技高超，堪称绝活。通过品读赏析，我们发现这三段文字都运用了'侧面烘托'的方法表现出人物的特点，但是角度不同，分别用了'以人衬人、以景衬人、以物衬人'的方法来描写人物。"

【设计意图】教师带领学生体会典型的精彩语段，让他们更确切地感受到三个不同角度的侧面烘托能达到丰实人物的表达效果，这是"情致"中"理"的环节。

（2）语段赏析，实训巩固

师："请同学们阅读《骆驼祥子》的片段，找出其中侧面烘托的描写。"

①教师出示例段。

教师出示片段，研讨呈现侧面烘托的角度：

> 刚上好了雨布，又是一阵风，黑云滚似的已遮黑半边天。地上的热气与凉风搀合起来，夹杂着腥臊的干土，似凉又热；南边的半个天响晴白日，北边的半个天乌云如墨，仿佛有什么大难来临，一切都惊慌失措（以景衬人）。车夫急着上雨布，铺户忙着收幌子，小贩们慌手忙脚的收拾摊子，行路的加紧往前奔（以人衬人）。又一阵风。风过去，街上的幌子，小摊，与行人，仿佛都被风卷了走，全不见了，只剩下柳枝随着风狂舞（以物衬人）。
>
> 祥子的衣服早已湿透，全身没有一点干松地方；隔着草帽，他的头发已经全湿。

②教师提示要点。

师："同学们，侧面烘托对于表现人物形象能够起到他山之石的效果，运用这种写法要注意以下三点，一是侧面烘托不能喧宾夺主，二是侧面烘托要根据具体情况选好景、物、人不同的角度，三是侧面描写最好能突出人物的性格、特点。"

4. 牛刀小试，看图练笔

（1）片段训练

教师出示一张交警叔叔在风雪中指挥交通的图片。

师："仔细观察这幅图，请同学们用正面描写和侧面描写相结合的方法写一段话，突出交警叔叔的敬业，还可以加入自己的联想和想象。"

（2）练笔赏析

凛冽的寒风卷着雪花漫天飞舞。不一会儿，地上、树上、屋顶上白茫茫一片。雪越下越大，铺天盖地（以景衬人）。路上几乎看不到行人（以人衬人），只看见一辆辆汽车从马路上慢慢地驰过。只见马路中间站着一个人，定睛看，原来是一位警察叔叔在指挥交通。雪片纷纷扬扬落在他的帽子上、脸上、衣服上，远远看去，像一个雪人（以物衬人）。但他不顾雪花的肆虐，不掸一掸帽子，不擦一擦脸上和脖子里的雪水，连跺跺脚、搓搓手的动作都没有，全神贯注地在指挥交通。

十分钟，二十分钟……在他的指挥下，这条马路车辆安全行驶，行人有序过往，交通畅通无阻。

（3）教师总结

师："这个片段从以景衬人、以人衬人、以物衬人的三个角度恰当运用侧面烘托的写法，将交警叔叔在大雪天气中坚守岗位的敬业精神刻画出来。"

【设计意图】学则用，教师通过看图写话训练，让学生通过片段的练习深化侧面烘托的写作手法。学生通过赏析练笔，进一步掌握具体方法。

5. 习得方法，下笔成文

师："请同学们结合今天学习的方法，描写一个你最熟悉的人，运用正面描写和侧面烘托相结合的方法，把笔下的人物写得鲜活。"

学生习作：

远方的你

没有了你的相伴，我空虚得如一叶扁舟在无边的大海上漂泊，像一位猎人在浩瀚的森林里游荡。你仿佛是我生命中的一部分，少了你，我似乎不会笑了。

还记得我牵着你白胖胖的手漫步在蒙古草原，左边是柔柔的一碧青草，右边是层层叠叠的山峦，我们的身影似乎成了草原上的一幅画。我总喜欢看你的背影，如春光般有活力，像泰迪熊般可爱，散发着浓浓的亲和力。

那日，草原上极其空旷，空旷到使我感到宁静得可怕，好像有一种恐慌与一种莫名其妙的压抑感在纠缠。你似乎看出了我的心思，仰起天真的脸蛋，问："你怎么不开心啊？"我结结巴巴地回答："我——我——我……""整天都我，我，我，不如我们比赛跑步吧。"说完，你把白嫩嫩的手伸向我，我迟疑地拉住了你的手。你好似一点儿也不害怕，拉着我在千里碧草上狂奔。我们赶过风儿，越过小沟，爬过山丘……一路上，你那天真而清脆如铃的声音，一直回荡在草原上空。

常忆起，那条小河沟，宽不足1米，向两边无限延伸，里面淌满了嚣张的清水，莫不是要吞了我？我不由愣住了，迈出的脚颤颤巍巍地缩了回来，站在河沟边不知如何是好，憋得半张脸都红了。忽然一个声音打乱了我的犹豫，"小侬，快别发呆了！"你霹雳般地喊道。我痴痴地看着你，竟无脸应答。你闪电般地从山坡上跑下来，来到小河沟边，迅速抬起左脚，右脚用力一蹬，仿佛在空中静止了2秒钟，又悄无声息地落到了对岸。我不禁怦然心动，僵住的身体也学着你那样，想跳过去，可是刚迈出的那一瞬间，又定在原地不动了。你似乎看出了我的窘态，便边做动作边对我说："先抬起一只脚，另一只脚随即蹬一下，就跳过来了，你看，很窄的。"我咽了下口水，学着你的样子跳了起来，令人兴奋的是，我轻松跳了过去……

可是我的朋友，自我们分开之后，我已好久没有看到你的背影，也没有触摸过你的手。你一直在远方，好像一直在那儿等着我。

（此案例由淮阴师范学院附属小学魏青老师提供）

（七）刻画细节

刻画细节指精细地描摹、塑造人物性格、事件发展、自然景物、社会环境等，意在服从主题思想，做到真实、细致、生动地表达。本部分的教学内容是引导学生学会刻画细节。

教学目标：

①使学生在语段赏析中提升思维能力和表达能力——悟理。

②引导学生通过细节刻画，生发参与兴趣，产生表达欲望——生情。

③引导学生学会捕捉细节，将人物、事情、景物等写具体、写生动——创作。

教学重难点：

唤醒学生的表达欲望，使他们学会在细节处"捕捉、定格、放大"，表达独特的感受。

教学过程：

1. 谜语激趣，引出细节

（1）猜一猜

师："请同学们猜一猜他们是《三国演义》中的谁，并说出判断的依据。"

教师出示《三国演义》中的片段：

【片段一】

身长九尺，髯长二尺；面如重枣，唇若涂脂；丹凤眼，卧蚕眉，相貌堂堂，威风凛凛。

【片段二】

生得白面傅粉，唇如抹朱，腰细膀宽，声雄力猛，白袍银铠手执长枪，立马阵前。

（2）指名交流

预设1：第一句是关羽，依据是……

预设2：第二句是马超，依据是……

（3）教师总结

师："作者紧扣人物与众不同的细节刻画，如'面如重枣、丹凤眼、卧蚕眉、白面傅粉、白袍银铠手执长枪'等，所以识别度很高。何为细节刻画呢？细节刻画就是对人物、事件、景物等具体典型特征的细节单位进行具体、生动而又细腻的描写，以达到让读者身临其境的描写方法。选段运用了哪些方面的细节刻画？你还知道哪些人物细节刻画的角度？"

（4）师生交流

师生共同得出结论：外貌、语言、动作、神态、心理、环境……

【设计意图】 课初，教师与学生必读书目《三国演义》勾连，采用猜谜的形式，轻松愉悦地引出细节刻画，让学生知晓常见的细节刻画及其好处。

2. 思维训练，习得方法

（1）教师出示片段

师："默读下面几组文字，探究两个问题：其一，片段中人物分别给你留下了什么印象？其二，作者主要通过什么细节刻画人物形象？"

【片段一】

祖父铲地，我也铲地。因为我太小，拿不动锄头杆，祖父就把锄头杆拔下来，让我单拿着那个锄头的头来铲。……把狗尾草当做谷穗留着。

——节选自萧红《呼兰河传》

【片段二】

小嘎子在家里跟人摔跤，一向仗着手疾眼快，从不单凭力气，自然不跟他一叉一搂。……小胖墩儿趁势往旁侧一推，咕咚一声，小嘎子摔了个仰面朝天。

——节选自徐光耀《小兵张嘎》

【片段三】

船长威严的声音压倒了一切呼号和嘈杂，黑暗中人们听到这一段简短有力的对话："洛克机械师在哪儿？""船长叫我吗？""炉子怎么样了？""海水淹了。""火呢？""灭了。""机器怎样？""停了。"

船长喊了一声："奥克勒福大副？"

大副回答："到！"

船长问道："我们还有多少分钟？""二十分钟。""够了。"船长说，"让每个人都下到小艇上去。奥克勒福大副，你的手枪在吗？""在，船长。""哪个男人胆敢抢在女人前面，你就开枪打死他。"

——节选自维克多·雨果《船长》

（2）教师组织研讨

①探究问题一：片段中人物分别给你留下了什么印象？

预设：萧红调皮、活泼、自由；小嘎子求胜心切、机灵；船长临危不惧、指挥有序。

②探究问题二：作者主要通过什么细节刻画人物形象？

预设：萧红是通过动作、心理刻画；小嘎子是通过动作刻画；船长是通过语言刻画。

③探究问题三：你从哪些细节中感知人物特点？为什么片段二、片段三，一个着力刻画动作，一个着力刻画语言？整合三个片段，想想怎么刻画人物呢？

师生合作，生成刻画人物的思维导图（见图2.1）。

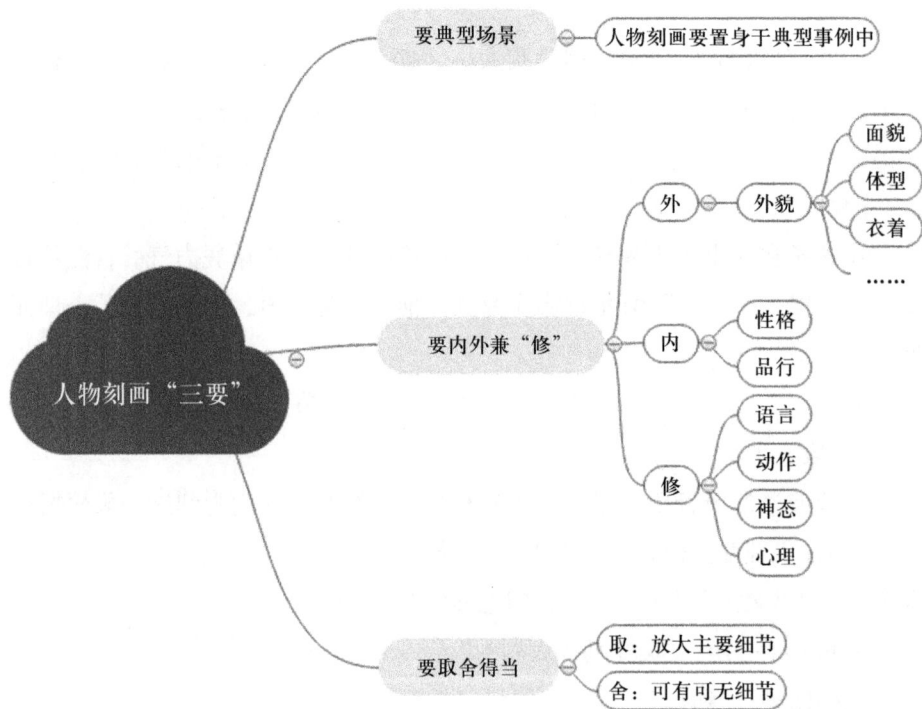

图2.1　人物刻画"三要"

【设计意图】教师带领学生赏析名家经典，意在引导学生要通过典型事例，着重刻画人物的外貌、动作、神态等细节。

3. 运用方法，小试牛刀

教师出示习作要求：在你成长的历程中，某个人一定给你留下了深刻的印象，请运用细节刻画人物特点，题目自拟。

学生习作：

烈日下的木陀螺

每当看到爷爷遗像前的木陀螺，我总会想起每次回老家的快乐。

还记得那一年，我才刚上大班。当双休日到来时，我们一家人乘车去乡下的奶奶家。当我到达目的地时，一个声音传来："小哲，看我的木陀螺。"那是邻居家的小伙伴。我内心充满了嫉妒，便缠着爷爷也给我做一个。

爷爷答应了我的请求，去后面的山坡上砍了棵粗树枝，又拿着刀一下一下地帮我削尖。烈日下，爷爷额头一个劲地流汗，脸上、脖子上……浑身上下到处湿答答的，头发一绺一绺地搭在脑门，皮肤绯红绯红。我一脸心疼，赶紧将手中的水递给爷爷，爷爷咕噜咕噜喝了几口，便一个劲儿嘱咐我：屋里凉快，到屋里去。

可不一会儿，爷爷便急忙跑进房间来找什么东西。我一看，爷爷单手握紧，隐隐有什么东西往外渗。我走近一看，血正在努力地从指缝间、手心里往外跑，地面上已落了点点血迹。我抱怨地说道："爷爷，您怎么削到手了？算了吧，我不要了。"可爷爷一边包扎一边笑着对我说："我答应过要给你做的，怎么能食言呢？"

不知过去了多久，爷爷拿着木陀螺对我说："咱们去玩吧！"院子里充满了我和爷爷的欢声笑语……

到了一年级上半学期的时候，妈妈给我请了两天假，我问她为什么要请假的时候，她说："爷爷去了很远很远的地方。"当我问那个地方是哪儿时，她却含着泪光别过脸去。

四年级再回老家时，我看见木陀螺静静地躺在一块红布前。我不禁泪如雨下，对着红布又磕了三个头，我知道爷爷已经走了，再也回不来了，但我还是像小孩子一样盼望着爷爷"回到"我们的身边。

（此案例由淮阴师范学院附属小学沈向月老师提供）

（八）篇末点题

"篇末点题"指在文章结尾，用精练的语言概括文章的内容，或揭示文章的中心，或升华思想情感，让文章结构更严谨，让主旨更有力量，也给读者留下更深刻的印象。本部分的教学内容是引导学生学会篇末点题。

教学目标：

①使学生能大概知道何为"篇末点题"及其妙处。

②使学生在名篇赏析中，通过层层探究，尝试概括"篇末点题"的方法。

③帮助学生选择自己喜欢的一篇文章，用习得的方法尝试修改结尾。

教学重难点：

使学生能在对比赏析中，尝试发现片段组块中"篇末点题"的异同。

教学过程：

1. 片段欣赏，引出方法

（1）出示片段

【片段一】

一袭洗尽铅华的白衬衣，是我们享用得起的奢华，也是不可轻言拒绝的经典。恰似数尺银宣，任由日子浓墨淡彩地洇染，它依然是我们身心相恋、白雪屋顶的故乡。

——节选自陆苏《淡香弥久白衬衣》

【片段二】

面对一天天增多的书，想象着哪天把书和家谱族史一起搬到院子里，让太阳再来读。拥抱这份晒和被晒的感动，值得我一生领悟。

——节选自陆苏《晒书》

（2）组织研讨

师："读读这组句子，对照题目想想，陆苏笔下的两段结尾有什么特点？"

（3）教师总结

师："篇末点题，又叫画龙点睛，这里的'题''睛'既指篇末呼应题目，又指回归文章的主要内容、中心思想等。"

【设计意图】在赏析名家名篇语段的过程中引入、介绍篇末点题，意在引导学生的语文思维，让他们感知篇末点题的方法。

2. 拓展思维，习得方法

（1）出示片段

师："我们以教材为依托，对比下面四组结尾，探讨它们点题的方法有什么不同之处。"

【片段一】

手上的五指，我只觉得姿态与性格，有如上的差异，却无爱憎在其中。手指的全体，同人群的全体一样，五根手指如果能一致团结，成为一个拳头，那就根根有用，根根有力量，不再有什么强弱、美丑之分了。

——节选自丰子恺《手指》

【片段二】

青山处处埋忠骨，何须马革裹尸还。

——节选自晓年《青山处处埋忠骨》

【片段三】

当年的我，还过于稚嫩，并不懂得，我带走的，岂止是我慈爱的外祖父珍藏的一幅丹青、几朵血梅？我带走的，是身在异国的华侨老人一颗眷念祖国的赤子之心啊！

——节选自陈慧瑛《梅花魂》

【片段四】

二十来个勇敢的水手已经跳进了大海；四十秒钟——大家已经觉得时间太长了。等孩子一浮上来，水手们就立刻抓住了他，把他救上了甲板。

——节选自列夫·托尔斯泰《跳水》

（2）组织研讨

探究问题一：四组结尾，哪些点题方式比较相似？（片段一和片段三用自己直观感受点题；片段一、二、三都是通过总结全文点题）

探究问题二：片段一、三描写感受的方式相似吗？（直抒胸臆、巧用问句）

探究问题三：片段二、四结尾是怎么点题的呢？（前者引用名言总结全文，后者水到渠成直接点题）

（3）总结方法，生成思维导图

教师引导学生总结方法，生成思维导图（见图2.2）。

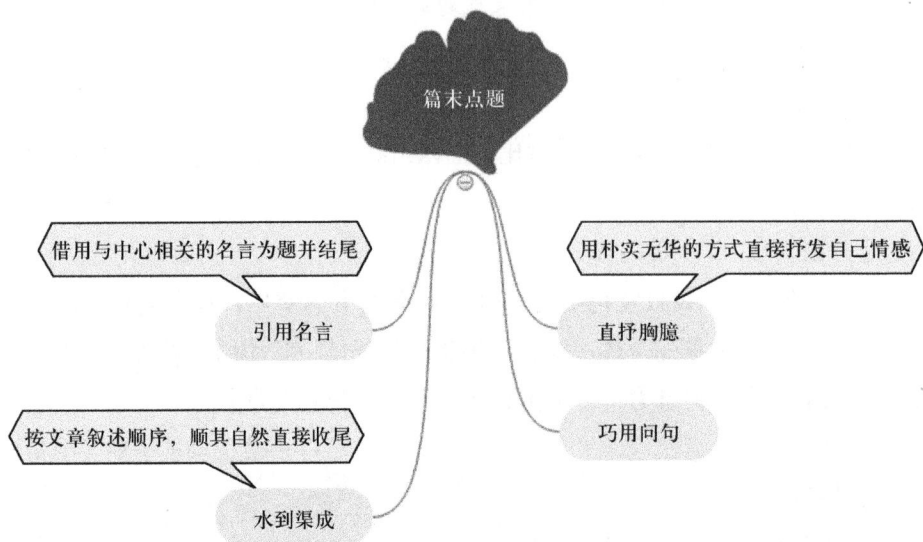

图2.2 篇末点题

【设计意图】教师以板块方式组合部编版小学语文五年级下册教材中的课文的结尾，引导学生从纵向的不同维度探究片段异同，在合作交流中习得篇末点题的方法。本环节意在利用学生共有的资源，兼顾不同阅读层次学生的提升——这是"情致"中"理"的环节。

3. 小试牛刀，运用方法

出示习作要求：任意选择自己的一篇文章，用篇末点题的方式，修改结尾。

4. 集体交流，扎根方法

教师组织学生集体交流感想，总结方法，以便指导之后的写作。

学生习作：

那一刻的欢喜

堂哥喜欢打水漂，每次回老家，都能看到他那道帅气的背影。从那时起，我最大的愿望就是学会打水漂。

说来也巧，那日去老家的路上正好碰上堂哥一家。我们边走边聊，不一会儿就到了。果不其然，午饭刚吃完，堂哥就兴致勃勃地去打水漂了。我连忙拿出笔和纸，悄悄地跟在他后面。他首先挑了一个又扁又平的石头，然后弯腰，弓背，抬手，"嗖——"那石头在空中划出一道美丽的弧线，落到水面上又弹了起来。就这样打了六七个水漂。我看呆了，连忙记下：弯腰，弓背，抬手……可再抬头时他已不见踪影。"哎，人呢？"正当我疑惑时，一个强劲有力的手拍了一下我的肩膀。我吓了一跳，回头一看，原来是堂哥，不知何时他已经来到我身后。正当我放松警惕的时候，他一手抢过我的纸，看了一眼，说："过来！"

"干，干啥？"

"偷师学艺也得让为师看看成果吧！"

我高兴地捡起一块石头，学着他的模样，朝河里扔去，"扑通"，石头并没有想象的轻飞如燕，而是像头象，"呼啦"一声掉进河里。我不服，又连续扔了几个，可都不理想。我气极了，把石子都踢进河里，旁边的堂哥指点道："像这样，手弯成90度，用力甩出，就行了。"我又振作起来，学着堂哥的模样，果然成功了。我高兴极了，经过不断的训练后，已经跟他有一拼了。

"堂哥！""嗯？""来比一场啊！""好啊！"我们俩各挑了一块心仪的瓦片，我摩拳擦掌。"3，2，1，嗖——"瓦片像芭蕾舞蹈者一样，在水面上旋转着、跳跃着。"嗒，嗒，嗒……"我的"舞者"一连跳了九个回旋，完美落水。我望着堂哥那边，他的瓦片像装了弹簧一样，轻巧又迅速，与我不分上下。我不禁咽了口口水，颤抖地数着："1个，2个，3个，4个……一共8个！8个！"

我大叫起来，内心的小欢喜、兴奋和激动，如同决了堤的洪水，浩浩荡荡，哗哗啦啦地从我的心里倾泻而出，藏也藏不住……

小欢喜
——逛庙会

大年初一，我们一家去逛庙会。

刚过了大桥，我就看见路边的汽车排成了长龙般的队伍，整条路被堵得水泄不通，就算下车步行，也是车水马龙，年味扑鼻而来。可大家还是愿意使出"洪荒之力"买几张门票，一饱眼福。

进了公园，映入眼帘的仍然是人山人海。景区路上人头攒动，彩旗飘飘。而我们，当然是被接踵而至的人簇拥着往里移动。首先，我们来到了儿童游玩区，里面有射击的、投球的、荡秋千的……最吸引小朋友的还是那个"热狗机"——巴掌大的地方，里三圈外三圈，再里三圈外三圈……小朋友无不垂涎三尺，伸长脖子张望着，期待着。小一些的孩子，直接骑在了大人的肩上。

接着，我们到了民间艺术展示街。看，各地的民间艺术应有尽有，剪纸、捏泥人、打糕、皮影……我冲到人群中，那因多年学国画而得来的小骄傲，受到了严重的打击——那老爷爷将糖稀倒入小勺中，在一块汉白玉石上轻描淡写地晃了几下，一个老虎头竟然就这样画出来了。更厉害的还在后面哩！他又行云流水般地勾出老虎的身体和尾巴。这老爷爷是把勺子当成画笔了。这，这，这也太厉害了吧？正当大家认为该结束时，只见那老爷爷用颜色深一点儿的糖稀，在小老虎的眼眶里点了两点，一个活灵活现、栩栩如生、虎虎生威的小老虎便跃然于眼前。许多人还未等那糖老虎干透，就开始抢购了："给我""我先来的""我第一个"……

我想假装矜持，但还是禁不住诱惑，买了一个。

在民间艺术厅，还有用竹子编的马、兔子、蛇……但最引人注目的还是用红纸剪的十二生肖。瞧，那剪纸老鼠在给你拜年、牛在耕田、虎在显威风……后来，我们前往文娱区看舞龙。哎呀！这么多人，哪怕地鼠也钻不进去啊，唯有靠敲锣打鼓声饱饱耳福。

大家似乎都忘记了寒冷，满心欢喜，享受庙会，不愿离去。

（此案例由淮阴师范学院附属小学沈向月老师提供）

（九）外貌助力

"外貌描写"即对人物的外貌特征（包括人物的容颜、穿着、神态、体态等）进行描写，揭示人物的特点，表达作者的情感，加深读者对人物的印象。外貌描写是人物描写中的重要角度，在刻画人物方面具有举足轻重的作用。

"外貌助力"指的是通过外貌描写，使人物的形象更丰满，给读者留下深刻印象。通过外貌描写，能揭示人物的身份，展示人物在特定场合的内心世界，表现人物性格、精神面貌和思想品质……最终达到为文章中心服务的目的。可见，外貌描写和人物特点、文章主旨紧密配合，能为鲜活人物形象起到助力的作用。

教学目标：
①使学生了解外貌描写的具体角度。
②引导学生探究外貌描写的具体方法。
③使学生体验外貌描写的乐趣。

教学重难点：
引导学生探究并习得外貌描写的方法。

教学过程：
1. 赏读，探究外貌描写的方法
（1）案例赏析
师："同学们，人物的外貌特征包括很多方面。可以从哪些方面入手来写人物的外貌呢？下面出示的是一些同学写的自我介绍，我们来看看他们是怎么写外貌的。"
教师出示例句：
例句一：书桌前的那位小同学是谁？对，就是我，我有一双大眼睛，小巧的身子……爸妈说我的表情如天上的白云一样多：生气的时候，就像一座爆发了的火山；哭的时候呢？就仿佛夏天的雷阵雨。

例句二：我的身体瘦瘦的，头发乌黑乌黑的，摸起来很舒服，是蘑菇头！我的眼睛大大的，水灵灵的，像颗黑宝石。我穿着粉红的衣裳，上面有一对雪白的毛球。我很喜欢笑，一笑起来，准会用手捂着肚子，有时候前仰后合，有时候弯腰闭眼发出"咯咯咯"的声音。

（2）方法探究

师："人物的外貌可以从容貌、体型、衣着、姿态、神情等方面去写，除此之外，还要注意什么呢？"

①写作要有重点。

案例出示：

例句一：我看见他戴着黑布小帽，穿着黑布大褂，深青布棉袍，蹒跚地走到铁道边，慢慢探下身。

例句二：老头子浑身没有多少肉，干瘦得像老了的鱼鹰。可是那晒得干黑的脸，短短的花白胡子却特别精神，那一对深陷的眼睛特别明亮。

②写作要有顺序。

案例出示：

例句一：玲玲不到两岁，胖墩墩的。她红扑扑的小脸蛋上，有一双水灵灵的眼睛。她的小辫儿朝天翘着，粉红色的发带在头上一颠一颠的，像两只飞舞的彩蝶。尤其逗人喜爱的，是她那张伶俐的小嘴。（整体—局部）

例句二：乍一看，她个子挺高的，虽人到中年，但身材匀称。细看，她留着齐耳短发，两边的鬓发紧紧地拢在耳朵后面，显出一张光滑白净的脸庞。她的眼睛不大，细细长长的，一笑起来，眼角的鱼尾纹就三三两两地跑了出来。鼻子微微上翘，显得有些俏皮。她穿着一条白色的连衣裙，裙摆又宽又大，走动起来，裙子就像云朵一样飞起来了。（整体—局部—整体）

例句三：他，古铜色的脸上镶着一双亮光闪闪的眼睛，尖尖的下巴上飘拂着花白的络腮胡须。个子高高的，说起话来声音像洪钟一样响亮，走起路来把地皮也踏得忽闪忽闪的。（局部—整体）

教师总结："外貌刻画要抓住主要特点来写，才能写出个性鲜明的人。顺序表达有整体—局部，局部—整体，整体—局部—整体这几种形式。"

【设计意图】教师带领学生赏析外貌描写的片段，先让学生习得描写的角度，再习得外貌描写要有重点、有顺序，循序渐进地帮助学生厘清思路。

2. 游戏，体验外貌描写的乐趣

（1）口头练习

师："我们一起来玩'你说我猜'的游戏，请一位同学背对黑板，老师在黑板上写上一位同学的名字，然后请同学说他的外貌特征，请背对黑板的同学猜。猜不出来其他同学可以补充。"

（2）实战练习

师："请同学们任选一位同学或大家都熟悉的老师写个外貌片段，玩'你读我猜'的游戏，之后我们来集体评议。"

【设计意图】教师以学生身边的人作为案例，以游戏的形式既激发了学生的参与热情，也在无痕渗透上一环节讲授的方法。

3. 提升，感受外貌描写的作用

（1）外貌描写能反映人物的性格特点

例句：他胖乎乎的脸上，长着一对调皮的大眼睛，眼帘忽闪忽闪的，那两颗像黑宝石似的大眼珠只要一转，鬼点子就来了。在他那黝黑的脸上，不论是那鼓鼓的腮帮，还是那薄薄的嘴唇，或者那微微翘起的小鼻尖，都使你感到滑稽逗人。

（2）外貌描写能反映人物的内心情感

例句：除夕晚上，儿子、孙子都来到她身边，她满脸的皱纹都舒展开了，就像盛开的菊花瓣，每根皱纹里都流淌着笑意。

今天，她的老伴儿病倒了，她脸上蛛网般的皱纹更深了，两道眉毛拧成的疙瘩锁到一块儿了。

【设计意图】此环节，教师借助案例的品析，引导学生明白外貌描写如何体现人物的特征和如何与作者的情感相融合，达到"助力"的效果。

4. 练习，扎根外貌描写的方法

师："请同学们抓住特征，描写一个人的外貌，表现出自己的喜爱或敬佩之情。"

学生习作：

我的弟弟

我的弟弟长得胖乎乎的，有一头乌黑光亮的头发，在太阳光的照射下光彩熠熠。一对调皮的眉毛挂在额头上，下面是一双水灵灵的大眼睛，好看极了！和眼睛做伴的是一双又长又翘的眼睫毛，真让人羡慕。他有两件法宝，分别是鼻子和嘴巴，虽然小巧玲珑，但是威力却大到惊人。他的鼻子可比狗的鼻子还灵呢，尤其是在找吃的东西时，百找百中。他的嘴巴可比熊的嘴巴还大，一天要吃好多东西。虽然他才5岁，但吃饭却跟11岁的我不相上下。不论何时何地，他似乎总是在吃，一回家就吃，一高兴就吃，一不高兴也吃，以至于脸上肉嘟嘟的。我问他："你的肚子里是不是有个黑洞啊？"他不语，却咯咯直笑，那肉嘟嘟的脸蛋又晃悠开来。

我的妈妈

我的妈妈爱读书诵词，我喜欢她这样。

一天清早，妈妈正在读跟苏轼有关的诗词。那双炯炯有神的大眼睛盯着词，入情吟诵："明月几时有？把酒问青天。不知天上宫阙，今夕是何年。我欲……"她眼睛散发着亮光，嘴角微微地翘了翘，一看就是在挑衅，想跟我比试比试。我果断答应挑战，号称"小书王"的我怎能轻易服输？可她一诵就是五首，有四首都是我的"王牌"（我最拿手、背得最熟的）。她看难不倒我，就又诵起来，这一诵就是半本，得意的柳叶眉时不时往上挑。果然，相对于她的知识量来说，我知道的只是沧海一粟。我赶忙拿一本书去读。她继续诵读诗词，那双眼睛更亮了……

我的爸爸

爸爸身高一米八，两肩非常宽，总让我担心会撑破了衬衫。他每天穿着运动服，看上去像一名运动教练。他的衣服总是一尘不染，就算有一点儿小小的灰尘，他也要掸掉。

爸爸的眼睛稍微凹陷，晚上回家时也总是微微发红，眼周围发黑，看到他我的眼前仿佛浮现出爸爸正坐在电脑前加班的身影：他时而眯起眼睛、身体往后倒，时而瞪大眼睛、身体向前倾，时而用手揉揉眼，恐怕是因为眼睛一眨也不眨睁得太大、太累而导致的。

爸爸的头发像烈火一般蓬勃向上，他对发型的要求非常高，脾气也像头发那样火暴。一次在给我理发时，我脱口说了句不得体的话，他二话没说，把推子开到最大给我剃了个"灯泡头"，真让我哭笑不得。

（此案例由淮阴师范学院附属小学孙海燕老师提供）

（十）重点突出

文章的重点，是指文章的主要内容，或是文章的精要之处。"重点突出"就是要使文章所要表达的主旨意义凸显，也就是能体现文章中心的部分要着力写，依托翔实的内容让读者一眼就看得出你主要想表达什么。本部分的教学内容是指导学生写好读后感。

教学目标：
①使学生明白什么是"读后感"。
②使学生通过多元评价和例文支架，发现习作技法，丰富感悟。
③使学生读写结合，对方法获得深入理解，提升阅读和表达能力。

教学重难点：
引导学生联系生活实际，抒真情、讲实话，自由表达，写出真实的感受和见解。

教学过程：
1. 话题导入，明确概念
（1）聊天导入
师："同学们，寒假期间，大家有大量的时间可以阅读，在读书的过程中你一定产生过很多的思考，有很多的想法。今天这节课，我们就一起学习写读后感，把读书的感受分享给更多的人。"

（2）明确概念

师："我们读书看报时会产生自己的感想，有时一些人物会给你留下很深的印象，比如《安徒生童话》里的拇指姑娘；有时一些事件会让我们产生触动，比如《祖父的园子》中'我'跟着祖父学种菜的情形；有时文中讲述的道理会让人深受启发，如《铁杵成针》揭示的做事要有恒心的道理……把读过一篇文章或一本书后的感想写下来，就是读后感。"

【设计意图】教师课初以聊天导入话题，唤醒学生表达的欲望，再从学生耳熟能详的故事入手，引发其共鸣，为后续打开话匣子做好准备。

2. 聚焦素材，言之有物

（1）学生交流

师："同学们都读过很多的书，其中肯定有一篇文章或一本书让你印象深刻。请同学们对照表格，说一说你最爱那本书或那篇文章的原因是什么，其中有哪些鲜明的人物、难忘的事件、精彩的场景、深刻的道理和经典的语句，或者还有没有其他让你印象深刻的地方。"

教师请学生写下最喜欢的书（文章），然后填写表2.1。

表2.1　我最喜欢的书（文章）

角度	感触最深的（选择一个）	我的感悟（一两个词语概括）	我的联想（联想到的人或事）
鲜明的人物			
难忘的事件			
精彩的场景			
深刻的道理			
经典的语句			
其他			

（2）教师小结

师："同学们能够将这些内容娓娓道来，说明你们已经沉醉于书中，还有了自己独特的体验和感受，真棒。"

【设计意图】教师以表格的形式引导学生抓住感想中印象最深的进行表达，直击重点，凝练集中，同时也是帮助学生梳理思路，回顾内容，发散思维。

3. 创设情境，激趣表达

师："'感想'光停留在'说'上是不够的，要通过笔写出来，分享给大家，才能让更多的人从中受益。瞧，'读书有乐'征文活动开始了，同学们是不是跃跃欲试啦？请同学们读一读征文比赛通知。"

教师出示征文比赛通知：

"读书有乐"征文比赛通知

一个热爱阅读的人，会拥有智慧和才华。阅读能丰盈生活，充实体验，带来快乐，特举行"读书有乐"征文比赛。

一、征文主题：读书有乐

二、征文时间：2023 年 3 月 1 日至 2023 年 3 月 15 日

三、征文对象：五年级学生

四、征文内容和要求：阅读一篇文章或一本书并写下读后感，将电子稿发送至邮箱：yangguangxiaoxue@163.com

五、征文评选与奖项设置：本次征文将评出一二三等奖和优秀奖若干名，并给予一定奖励。

阳光小学"读书有乐"组委会
2023 年 2 月 26 日

【设计意图】此环节，教师创设一个征文比赛的情境，点燃学生创作的热情，让他们更乐意走进今天的习作内容，这是落实"情致教学法"的"情"的做法。

4. 扣住重点，言之有物

（1）明确要求，探究写法

师："读后感该怎么写，才能既表达你的感受，又能引发其他人的共鸣呢？我们看一下习作要求。"

教师出示提示：

①简单介绍一下文章或书的内容，可以重点介绍那些给你留下深刻印象

的部分。

②选择一两个让你感触深的内容，写出自己的感想，感想要真实、具体。可以联系自己的阅读积累和生活经验，也可以引用原文中的个别语句。

师："从这两点要求中，我们很清楚地知道读后感要先简单介绍阅读内容，再重点介绍印象深的部分，然后写出真实、具体的感想，联系自己生活和引用原文都是写感想的好方法。"

（2）捕捉重点，体会写法

师："写读后感，'感'应该作为重点详细来写。那么，如何捕捉重点呢？读是感的基础，感是读的结果，没有读的感是无本之木、无源之水；没有潜心读书，不能把书读透，就不会有深刻的感受。我们来欣赏几段感受。"

感受一：一座众人皆知的皇家园林，世界文化宝库，就这样，在侵略者的魔爪下毁于一旦。如今，圆明园里就只剩下几根残柱了。我真想对侵略者说："你们这帮可恶的侵略者，太贪婪，太残暴了，竟把我们中国呕心沥血建造的圆明园毁灭了！"落后就要挨打，多么惨痛的教训！——读《圆明园的毁灭》有感

师："这是作者读过课文《圆明园的毁灭》之后的感受，我们发现他紧紧扣住事情的结果——圆明园只剩下几根残柱，发表议论，表达对侵略者的愤怒，发出'落后就要挨打'的呼喊。"

感受二：读纸月的时候，我常常在心里和她做比较，看我离她有多远。我也要像纸月一样，做个善解人意的小姑娘，珍惜现在，珍惜友情，无论做什么事情都严格要求自己，努力做到最好，对别人起到积极的促进作用，平时要谨言慎行，也许我不经意的一句话、一个眼神就能改变一个人。——《草房子》读后感

师："这段是作者读过《草房子》后的感想，小作者拿书中的人物纸月和自己做比较，联系实际发表感想，这样的感想很真实动人。"

感受三：我很喜欢《鲁滨孙漂流记》的作者笛福在书中的一句名言："害怕危险的心理比危险本身还要可怕一万倍。"事实上的确如此：一个具有大无畏冒险进取精神的人，即使在恶劣的环境中，也终将会成为一个成功者，一个英雄。——《一本男孩子必读的书》

师："这位作者扣住了书中的一句富有哲理的话引发自己的思考，这也是

一种写法。"

【设计意图】教师以例段作为范例，能给学生清晰的引导，让他们习得从三个不同的角度抓住重点，表达感受。只有多元的角度才能丰富学生语言的表达。

（3）例文赏析，掌握写法

师："刚才我们学会从难忘的事件、鲜明的人物、经典的语句中捕捉感受，当然感受是多元的，我们还可以从精彩的场景、深刻的道理等很多角度写自己的感受，别人读起来才饶有兴味。那么如何写好一篇完整的读后感呢？下面我们来读读小溢同学阅读名著《鲁滨孙漂流记》后的感受。请同学们边读边思考文章按照怎样的思路写了哪些内容？可以联系前面的读后感，进行比较阅读。"

出示例文：

做一个强者
——读《鲁滨孙漂流记》有感

高尔基说过："书是人类进步的阶梯。"这句话让我感到格外亲切。《鲁滨孙漂流记》这本书引人入胜，读后让我受益匪浅。

这本书主要描写了鲁滨孙从小酷爱航海冒险。在一次艰苦的远航中，他不幸遇上了狂风暴雨，其他人都葬身海底。他虽逃过了这场灾难，却流落到一座荒岛上。他靠着自己的机智、顽强，在岛上自力更生，在荒岛生活了28年后，终于回到了家乡。

鲁滨孙机智、勇敢、开朗、乐观，他正是凭着这些优秀的品质，战胜重重困难，最终看到希望的曙光。从他身上，我明白了人生的道理，受到很大的启发。

一年一度的大队委才艺展示，在主持人清脆的声音中拉开了序幕，"请14号选手上场。""什么？"我吃了一惊，"这么快就到我了？"我顿时紧张起来了，心像小兔一样"怦怦怦"乱跳，想起前面的选手表现得那么好，我感觉背上似乎压着一个千斤的大书包，口发干，腿发麻，不敢上台。这时，鲁滨孙勇往直前的形象在我眼前闪过，仿佛在鼓励着我。我硬着头皮上了台，用颤抖的声音唱道："哦，迎着月色……"唱着唱着，心中有一个声音告诉自己：要唱就要唱好，展现自己的实力。

所有的困难都不可怕，想着想着，我慢慢放松了，整个人都融入音乐中去了。"哦，迎着月亮散落的光芒……"结束了，我还意犹未尽。灯光打在我的脸上，舒服极了，我感觉全身温暖如春。通过坚持，我像"小鲁滨孙"一样战胜了紧张和害怕，品尝到了成功的喜悦。

阿斯图里亚斯曾写道："只有那些勇敢、镇定的人，才能熬过黑暗，迎来光明。"鲁滨孙伴随着我的成长，让我成为生活和学习中的强者，迎接我的是未来的一片光明。

（4）学生讨论，教师总结

师："用心的同学会发现，小作者是按照'五部曲'的思路，有条理地进行写作的。第一步是'点'——开篇点题引出感受；第二步是'介'——抓住重点介绍内容；第三步是'议'——围绕重点展开议论；第四步是'联'——聚焦重点联系实际；第五步是'结'——总结感受，首尾呼应。"

5. 斟酌题目，画龙点睛

教师出示范例给学生参考：

读《＿＿＿》有感、《＿＿＿》读后感、正标题＋读《＿＿＿》有感……

师："第三种题目是根据文章内容或者文章要表达的主旨来拟定的，比前两种题目更能吸引读者的阅读兴趣。"

6. 总结收获，内化吸收

师："同学们，通过今天的学习，你知道要怎么写读后感了吗？"

预设1："老师，我从今天的学习得到启发，写读后感不是大篇幅地抄录原文，而是简单地概括主要内容，应以写读后的'感'为主。"

预设2："老师，我觉得写读后感要有真情实感。所写的感想应是发自内心深处的，如果能够联系生活实际，就更能引起读者的共鸣。"

……

7. 得法成文，锤炼精品

（1）出示习作要求

选择读过的一篇文章或一本书，运用所学的方法写一篇读后感。

（2）教师总结

师："同学们，读书可以使人充实，大量的阅读能够丰盈人生，而写下读后感则让人更加明智。愿每一位同学在阅读和写作的道路上更加充实、更加明智。"

正义的力量
——读《水浒传》有感

迎着皎洁的月光，心跳像树影婆娑，沉寂无边的夜里，点一盏明灯，将一本厚厚的旧书，平铺在这亮亮的灯光之下。

时间仿佛卷起了它的书脚，让不起眼的它积满了灰尘，隔了这层灰尘，宛若隔了很久很久似的，轻轻擦去灰尘，一本《水浒传》呈现在眼前。

闻着丝丝缕缕、若有若无的油墨清香，想起爸爸刚刚给我买来这本书的时候，我捧着它像宝贝似的，生怕跌坏了，在灯光下津津有味地读着，还拿支笔在上面圈圈画画。《林冲雪夜上梁山》《景阳冈武松打虎》《鲁提辖拳打镇关西》……这许多的故事中，让我最欣赏的便是《鲁提辖拳打镇关西》了。当时鲁达是个提辖，为帮助金老汉父女而打死了号称"镇关西"的郑屠。我再次细读这个故事，体会到了它真正的含义，虽然鲁达有超群的武艺和赫赫军功，又拥有极为重要的职务，凭着这些，他可以生活得很好，但是他从不摆架子，从不贪小便宜，他有一颗正义的心，爱憎分明，路见不平，拔刀相助，为金氏父女打抱不平，是一个疾恶如仇的人。闭目回想，仿佛眼前还能浮现行侠仗义的鲁达。

相比之下，《水浒传》里还有一个人物——高俅。他呢？一开始，只是一个到处游荡、不务正业的破落户子弟，只因踢得一脚好球，一次偶然的机会，与端王（宋徽宗）结识，被提拔为殿帅府太尉。高俅因为王进父亲以前教自己学习使棒时曾将自己一棒打翻在地，现在借着自己的身份报仇，逼王进走投无路，只好连夜奔走。这种卑鄙小人，与鲁达正义凛然的形象，简直是天差地别。

在我们的生活实际中，也有很多像鲁达这样疾恶如仇，路见不平拔刀相助的"行侠仗义"之士。我们要做鲁达，学习这种正义精神；不能像高俅那样，不务正业，内心卑鄙。

灯熄了，《水浒传》在洒满银光的桌上静静地躺着，但它已然将一股正义的力量传递到我的内心，让我做一个有豁达之心、有大格局的人。

纯洁的孩子

——读《蓝鲸的眼睛》有感

在午后温暖阳光的照射下，我的手指在书页间跳着舞，目光聚焦在一排排生动的文字上。那莽撞善良的少年，那善良的盲女孩……渐渐地，我爱上了书中纯洁的孩子，爱上了他们的善良、勇敢和纯真。

我喜欢鲁莽的少年。虽然他冒险抢走蓝鲸的眼睛，但只是为了让盲女孩能重见光明。然而少年并没有得到眼睛，反而引来了蓝鲸愤怒的反击，勇敢而冒失的少年低下头。他后悔了，又独自划船，来到蓝鲸的家，用满含歉意的鲜血和宝贵的生命平息了蓝鲸的怒火，他走了，再也回不来了……

我喜欢善良的盲女孩。她虽然看不见，但凭着勇敢，看见了她生命中第一抹光芒。她惊喜地飞奔到海边，捧起一颗晶莹洁白的"珍珠"——蓝鲸的眼睛。从此，盲女孩的世界充满了光明。但是，当盲女孩得知这是蓝鲸最珍视的眼睛时，她默默地抱着眼睛，坐在海岸边，望着一望无际的大海，静静地等候蓝鲸来取回它宝贵的眼睛。这是一个多艰难的决定，刚刚意外获得的光明，却是属于别人的。有的人可能会因为自己的私心独享光明，而她却选择毫无保留地把眼睛还给真正的主人。盲女孩坐在岸边，夕阳的影子越来越短，盲女孩眼中炽热的火光越来越淡。

我喜欢这本书里的人物，他们都是善良的、可爱的。我始终坚信世界是美丽的，人类是善良的，孩子们更是纯洁的。

（此案例由淮阴师范学院附属小学魏青老师提供）

第三重境界：通感化

　　习作教学要在理性和情趣中并行。若只有"情"，学生的内心有的只是盲目的、难以持久的冲动；只有"理"，习作就会变得冰冷枯燥而令学生望而却步。只有情理交融，才符合生命成长的规律。在此基础上，为促进学生发展更加个性化的语言表达和更有创意的框架结构，需要一个新的支架——通感化。

第一节 "通感"指向"习作"的要素解读

一、概念的界定

"通感"应属于"具身认知"的范畴，阐述生理体验和心理体验之间有着极大的关联，生理体验能激活心理体验，反之亦然。"通感"最先属于心理学范畴，后多运用于文学修辞，亦称为"移觉"。"通感"是一种比较复杂的现象，它是指某一种感官系统受到外界事物的刺激，引起自身的反应，同时触发其他感官系统出现反应，彼此打通，互相交织融合，产生共鸣。

"通感"常常和"联觉"并行，"联觉"是一种感知体验，指一种通道的刺激能引起该通道的感觉，这种刺激同时能唤起另一种或多种通道的感觉。这种唤起最初一般是非自主的，也没有经过大脑有意识的处理，后期可以通过训练让其变得更为敏锐。

"通感联觉"在小学习作训练中是指充分调动学生的视觉、听觉、嗅觉、触觉等各种感官积极参与到习作创作之中，把不同感官的感觉沟通起来，借联想引起感觉转移，进而更为鲜活地记录生活中的所见、所闻、所思。运用通感体验时，要在教师"有意注意"的作用下，充分发挥学生的主观能动性，使其运用创造性思维，注入情感，在心理上"移情"，这样才能达到多种感觉的相互沟通。在这样的通感体验中，学生就会感知到带温度的颜色、带形象的声音、带重量的冷暖，各种器官有机融合了，身体和心灵就交融了。"通感联觉"是一种有意识的心理活动，它需要通过表象的组合与转化而创造出新的意象。

"通感联觉"是多维度的、全方位的，它将听觉、视觉、嗅觉、触觉等不同的器官接受到的感受融合并进行转化，从而真实地表达内心的情感。学生在写作中由于联想和想象的作用，思维高度发散，必然会突破单一的感觉经验，而表现为各种感觉建立起相应联系并达到沟通，各种感觉、表象交叠、转化、渗透、互通，会很容易地形成一种"感觉挪移"，以至于"鼻有尝音之察，耳有嗅息之神"。习作创作是一种语言艺术。语言艺术形象的间接性与意象性（或称"心象性"），更需要学生有效地联系各种感觉去感知他们所描述的对象。写作中，学生只有最大限度地发挥想象和联想的作用，使自己的各种感觉相互沟通、相互作用，才能真正感受到文学描声绘形的妙处。

二、理论依据

"通感"指向"习作"的理论依据是具身认知理论。具身认知也称"具体化"，是心理学中一个新兴的研究领域，代表了认知心理学研究中的一个新取向，主要指生理体验与心理状态之间有着强烈的联系，即生理体验"激活"心理感觉，反之亦然。简言之，就是人在开心的时候会微笑，而如果微笑，人也会趋向于变得更开心。

"认知"是包括大脑在内的身体的认知。身体的解剖学结构、身体的活动方式、身体的感觉和运动体验决定了我们怎样认识和看待世界，我们的认知是被身体及其活动方式塑造出来的。它不是一个运行在"身体硬件"之中并可以指挥身体的"心理程序软件"。具身认知强调的是身体在有机体认知过程中所扮演的角色，它同传统认知视身体仅为刺激的感受器和行为的效应器的观点截然不同，它在认知的塑造中赋予身体以一种枢轴的作用和决定性的意义，在认知的解释中提高身体及其活动的重要性。认知不完全依赖于身体，其功能是独立的。

"心智锁在身体之中，在任何时候，它都占有一个特殊的空间，且面临一个具体的方向。"具身认知的思想家主张思维和认知在很大程度上是发端和依赖于身体的，身体的构造、神经的结构、感官和运动系统的活动方式决定了我们怎样认识世界，决定了我们的思维风格，塑造了我们看世界的方式。

认知是具身的，心理学家认为认知的内容是身体提供的，即人们对身体的主观感受和身体在活动中的体验为语言和思想提供了基础内容。认知就是身体作用于物理、文化世界时产生的东西。人类抽象思维大多是隐喻性的。所谓隐喻就是用一个事物来理解另一个事物。例如，把爱比作旅程。以旅程隐喻爱，意味着爱有一个开端，但是不一定有一个尽头。旅程有欢乐，有辛苦，有意外的发现，爱也同样如此。人类的抽象思维大多利用了这种隐喻性的推理，即利用熟悉的事物去理解不熟悉的事物。但是如果穷根溯源，人们最初熟悉的事物是什么呢？那就是身体。身体以及身体同世界的互动为人类认识世界提供了最原始的概念。例如，上下、左右、前后、高矮、远近都是以身体为中心，冷、热、温、凉也是身体感受到的。以这些身体中心的原型概念为基础，可以发展出其他一些更抽象的概念，如形容情感状态，人们使用了热情、冷淡、兴高采烈、死气沉沉、精神高涨、趾高气扬等表达。以身体为中心，把上面的、接近的视为积极的，把下面的、远离我们的视为消极的，所以有了提拔、贬低、亲密、疏远、中心、边缘等表达。

认知是具身的，而身体又是嵌入环境中的。认知、身体和环境组成一个动态的统一体，认知过程或认知状态适应并扩展至认知者所处的环境。之所以如此，是因为外部世界是与知觉、记忆、推理等过程相关的信息储存地。认知过程是个"混血儿"，既有内部的动作，也有外部的操作。研究者们通过实证研究还发现行为强化态度，行为左右情绪，这从某种意义上来说正是习作教学中所倡导的"生活化""体验式"的本心。

这样的理论构建就是我们把"通感"引进习作教学的初衷。

三、实施路径

（一）问题中缘起

长期行走在小学语文教学的田地，笔者深切地感受到当下小学生习作存在的问题，如下笔艰难、描写枯燥……长此以往学生便会丧失兴趣，心生畏惧，要不就为了完成任务胡编乱造，要不就选材单一化。学生的童真、童趣无法体现在文字中。面对这样的现状，教给学生一些捕捉素材的策略，引用一些学生身边真实可感的案例，让他们消除顾虑，逐步对习作产生兴趣，进而使其习作"脑洞大开"，这是每一位语文教育者和家长共同的期待。

习作问题大致可以归纳为这样几类：一是总是在重复老套的故事，缺乏习作素材；二是胡编乱造，缺乏真实性；三是情感不细腻，细节不鲜明；四是不能自如运用提炼的习作技巧。

笔者在小学有三十余年的工作经历，接触了各年段的学生，笔者特别担心没有方法的引领，会使学生产生畏难情绪，而且也常常听到家长反映在指导孩子习作时苦不堪言。

（二）思索中孕育

基于这样的问题，笔者边教边想：怎样才能让学生轻松地走进习作？怎样才能让学生在生活中学会捕捉素材，写出真实的心声？怎样给他们的习作插上会飞翔的翅膀？归根结底，就是学生缺少一双"慧眼"。可怎样才能让学生有这样的"慧眼"呢？于是，笔者想到给学生"安装器官"的策略。日常说的"五官"一般指"耳、眉、眼、鼻、口"，笔者从习作的角度进行了取舍，将习作中要用到的"五官"定为"眼、耳、鼻、手、脑"。为何选取这"五官"呢？笔者期望学生在生活中能充分利用视觉、听觉、嗅觉、触觉和想象，更多地去看、去听、去闻、去尝、去摸、去想，提醒学生在生活中多实践，让思维更有广度、深度和创造力，继而消除对习作的顾虑。

怎样鼓励学生正确使用"五官"呢？策略有很多，教师可以把学生领进大自然，和他们一起去捕捉，去感受。学生一定很快乐，一定会回报给教师惊喜。然后，教师再由走进自然慢慢地引导其走进生活，带他们捕捉一些素材，提供一些他们身边真实可感的案例，还可以多做做游戏、共读一本书、共听一首歌、共看一部动画片，让师生、生生一起碰撞，擦出火花，抓到灵感，让学生有话要说、有情可抒、有感可发，何愁写不出东西？长此以往，不仅学生的习作水平会提高，他们也会更加热爱生活。

此外，为了让所有学生都能感同身受，教师要善于选择习作素材。教师应对身边的人、事、物、景进行观察，选择贴近生活的、学生易于理解的素材，锻炼学生的习作能力。事实证明，传授方法，给予信任，学生就会回报给教师惊喜，学生的语言素养就可以得到提升。教师应引导学生在生活中多从视觉、听觉、嗅觉、触觉等多种角度去大胆展开想象，用一双"慧眼"去捕捉生活中更多真实的习作素材，用习作去记录自己真实而独特的美好生活经历。

（三）尝试中呵护

在这一环节，教师需要特别关注两点：一是"等待"，二是"呵护"。作为教育者，不要太急，静待花开是一种智慧。笔者认为，小学生写习作，犹如娃娃学步。每一个做父母的，绝不会因为孩子学步的跌跌撞撞而横加责备，而是一次次激励与呵护，让孩子不断尝到成功的喜悦，体验行走的快乐。反观习作教学，教育者对学生的文字，总是习惯精心修改。其实，对于习作初学者而言，最需要的是教师真诚的鼓励和赞美，而这往往是容易被忽略的一点。

笔者特别欣赏张祖庆老师的观点"成功是成功之母"，这符合儿童的心理需求。

有一本有趣的绘本叫《点》，值得教育者细细品味。就像绘本中所呈现的，我们每个人都曾经是瓦斯蒂。瓦斯蒂最需要的，不是老师教她绘画技法，而是激发她内在的创造动力，以一次又一次的鼓励，唤醒潜藏的创造天赋。

其实，表达是每个人的本能。尤其是儿童，未入学之前，无论是口头的叽叽咕咕，还是纸上的信手涂鸦，常常展现出惊人的想象力和创造力。正如毕加索说的"我14岁就能画得和拉斐尔一样好，之后我用一生去学习像小孩一样画画"。作为语文教师，要千方百计呵护儿童这份与生俱来的创造力，激活儿童的表达本能，帮助他们发展自己的创意天赋。

然而，事实上，在日常教学中，一些教师总是习惯以自己的言语规范去"修剪"儿童的语言；规范是规范了，但灵性也往往随之消失。

在习作教学中，"成功是成功之母"。如果一个学生经常在习作中遭遇挫折，他会感叹写习作是多么痛苦。这种痛苦的体验，会加剧他对习作的恐惧感。因此，教师不能把自己当作"质量检测员"，而要把自己当作学生习作的"第一读者"——在第一时间，用真诚的赞美，点燃他们的习作信心。

教师作为学生作品的"第一读者"，肩负"第一重要"的责任。教师在"第一时间"发出的信号，将有可能影响学生的终身，不只是习作层面，还涉及学生成长的方方面面。假如每一位教师都能以"第一读者"的身份出现在学生面前，都能热情洋溢地赞赏他们的每一次进步，分享他们的每一次成功，那么，学生便会在"第一时间"获得前行的信念和动力。

所以，面对学生的作品，教师要好好地欣赏而不是武断地指责，要平等地建议而不是粗暴地改写。因为，学生尚小，他们需要呵护，需要教师的耐心。对他们而言，安全、宽松的表达氛围，也许比写作技巧和规范更加重要。关于习作技巧，教师最好做到无痕渗透，要让学生的习作技能逐步提升。

所以，笔者期待所有教师的每一次习作评讲课，都能成为鼓舞人心的"庆功会"，而不是"批斗会"。应让每一个学生因为每一次的成功体验，对自己的写作能力充满信心，并跃跃欲试地期待下一篇习作，这才是习作评讲课的最高境界。

当然，习作评讲课也并不排斥规范、修改、提升。必要的语言规范还是需要的。教师要做的是，先给学生一颗甜甜的糖，在他们回味甘甜的时候，温柔地指出其中的"美中不足"，并引导他们发现自己的问题。赞科夫说："当一个孩子终于回过来再读自己的作品，而且有不满意的地方的时候，那就是伟大突破来临了。"所以，作为教师，不要急于当学生的语言医生，而应在学生充分享受成功的基础上，帮助他们发现自己的不满意之处。

马克·吐温也曾说过："一句赞美的话，让人灿烂三个月。"在习作教学的路上，希望教育者多一些真诚的赞美，慢慢地等待，小心地呵护。

（四）惊喜中前行

经过半年多的实践，笔者终于等来了许多惊喜。

1. 文笔细腻了

教师在方法上引导，在过程中呵护，批阅习作就成为一种享受。

一个学生写奶奶："奶奶看着我狼吞虎咽地吃着，脸笑成了一朵怒放的菊花。她笑得越欢，我吃得越多；我吃得越多，她笑得越欢。"看到的、想到的一融合，画面感就扑面而来了。

学生写春游："小河水流很急，就像无数水珠在赛跑"；"看到优雅怒放的郁金香，他们想到那是一场春天的盛宴，而那一朵朵郁金香就像举着典雅的高脚酒杯，在庆祝百花的聚会"；"听到雨打落树叶的声音，他们以为那是雨点与树叶的细语"；看到柳枝与池水依偎会说："柳条洗绿了一池湖水。"……这样的经典佳句实在太多太多。

学生点与句的提高，慢慢地就会扩展到全篇。一个学生写《妈妈的三看》特别有趣，一"看"似乎有话要说，二"看"有责备和不满，三"看"有赞扬和欣慰。学生能用独特的角度去捕捉细腻的情感，新颖而有创意。

2. 角度多元了

三四年级可以以"我的发现"为主题训练学生的习作能力，这也符合这个年段学生的认知特点。学生在"通感"的调动之下，开始了自己的归纳：实验中发现、动物中发现、植物中发现、游戏中发现、环境中发现、情感中发现、生活中发现……虽然归纳不够严谨，但角度多样，想法多元，已经足以让教师惊喜了。几乎每个学生都有属于自己的独特的发现，"相克的水果、藏起来的父爱、会装死的甲虫、水火相容"……一篇篇精彩的习作就这样诞生了。

3. 视角独特了

笔者常常会在课堂上带着学生做游戏或给他们看几个小视频，引导他们发表自己独特的见解或抒写自己的感受，让教育资源发挥更大的效用。

比如笔者曾带学生做许多人都熟悉的游戏，后来我们一起将其命名为"逢7闭口"。这个游戏特别有趣，大致规则是报数时逢"7"的数字和"7"的倍数都拍桌子跳过，别的数字要大声说出来。游戏过程中，学生非常快乐，最后他们从游戏中悟出：做什么事都要专注、大意失荆州、在同一个地方不能栽两次跟头等。不同的学生有不同的视角，在游戏中每个人都能尽情表达自己的想法。

这就是笔者所期待的教育状态——学习可以是快乐的，成长可以是无痕的，教育可以是轻松的。

4. 感受深刻了

笔者有一次这样的亲身经历，给大家讲述一下这个教育故事：

笔者从苏州出差回来，给学生带来一份微薄的礼物——每人两粒糖果。在发放之前，笔者思考：怎样让这一礼物放大其教育效果？是什么都不说，还是给点暗示，哪个会更好呢？最后笔者决定还是提示一下："孩子们，这份小小的礼物，是老师对大家的一份心意，也许你们能品尝到不同的味道。你们可以拿到就吃了，可以实在忍不住了再吃掉，也可以坚持带回家与家人分享。若选择分享，要注意观察家人接收礼物时的表情、动作、语言和神态。"第二天到学校，笔者了解一下情况，47个学生，2个在学校实在没忍住全吃了，有10个左右的学生吃了一粒，大多数学生带回家与家人分享。课堂上大家你一言，我一语，叙述家人感动的场景。笔者又问："两粒糖都给家长吃了，自己一个也没吃的同学，请站起来。"有6个学生站起来，笔者又奖励了这6个学生每人4粒糖果，继而转身问那2个全吃了的学生："你们此刻感受如何？"他们表示很难过，十分懊悔，因为自己没有忍住，错过了一次感恩的行动。然后笔者就让学生以"一份礼物的故事"为题进行习作练习。第二天批改的时候，笔者真是忍俊不禁。有的孩子写下："我把糖捧在手心里，一种感动涌了出来，老师真是'身在他乡，心系我们'啊！"有的孩子说："我仔细地看着包装——椰子咖啡糖，头脑中尽情想象椰子碰撞到咖啡，那会是怎样的味蕾冲击呢？想到这里，我使劲地咽了咽口水。"还有的说："口袋里的两块糖整整折磨了我一天，嘴里的银河收了放，放了收，它散发的香甜气息，既折磨着我，又考验着我，我无数次拿出来闻闻，再闻闻。"一个说："我刚要剥开糖纸，突然想到我的妈妈，她每日无怨无悔地接送我，自己舍不得买一件新衣服，却对我的要求总是尽量满足。对呀，这块糖理应给妈妈。"

这样，多种感官一起参与，生命的个性化就会显现出来。教育者这样创设情境，不仅育"文"，而且育"人"，引导学生在生活中寻找爱，付诸感恩行动，习作素材就会源源不断。

5. 情感丰富了

有"通感"助力，学生的情感会日益丰富，心思会日益细腻，似乎每一个人的"情商"都在悄悄地提升。有个四年级的学生在课堂上四十分钟之内完成一篇《寒风中的等待》，带给笔者诸多感动和惊喜。

寒风中的等待

"丁零零"，好不容易盼到了放学，我漫不经心地看了一眼窗外的雪景。

外面狂风大作，鹅毛大雪正纷纷落下，路上的行人都变成了移动的雪人。此刻，风雪似乎更加猛烈，像是要摧毁地球上的一切生灵。一阵大风呼啸着将一根树枝卷起，然后重重地抛到路灯上，发出"啪"的一声。

突然，我看见了我的爸爸，他似塑像一样站在校门口纹丝不动，眼睛却紧盯着大门的方向，一定是焦急地等待着我的出现，可能怕错过我的身影，甚至都顾不上擦一下脸上的雪花。我的心，为之一怔，一股感动与愧疚涌上心头。

我边收拾书包边忍不住地向窗外张望。只见他不停地搓着手，跺着脚，我心里一急，匆忙下了楼。

　　风像针一样扎着我，雪也无情地向我扑来。我缩紧脖子，急匆匆地走出了校门。

　　我朝爸爸跑去。看到他惊喜又疼爱的眼神，我开心地笑了。爸爸似乎也很兴奋，把手高举过头顶，向着我挥动，脸上的笑容像是一轮温暖的太阳。当我走近时，只见他冻得面红耳赤，嘴巴轻微地哆嗦着，鼻子不停地抽动着，眉毛上铺上了一层薄冰，头发上也落满了雪花，像是一位白发苍苍的老人。爸爸拉着我，用纸擦干了电动车的座椅，亲切地对我说："快坐上去吧！"他又从怀里掏出一杯热气腾腾的奶茶递给了我。我喝着爸爸用体温保暖的奶茶，眼睛不由得湿润了……

　　一幕幕等待的情景浮现在我眼前：我学跆拳道，您等着我；我外出参赛，您等着我；我和小伙伴打球，您等着我……爸爸，在您一次次等待的眼神中，我读出了幸福，读出了期待，读出了辛苦，读出了爱的味道。

　　寒风依旧刮着，大雪也依然下着，可爸爸的等待却让我如沐春风。都说"母爱如水，父爱如山"，但我爸爸对我的爱既如水般温柔，又如山般伟岸。

　　这篇文章，小作者视角独特，能把司空见惯的"等待"写得如此细腻，真是让人欣慰。文中视觉、听觉、嗅觉连同想象完美结合，尤其是这一段"一幕幕等待的情景浮现在我眼前：我学跆拳道，您等着我；我外出参赛，您等着我；我和小伙伴打球，您等着我……爸爸，在您一次次等待的眼神中，我读出了幸福，读出了期待，读出了辛苦，读出了爱的味道。"会想象、会感受，真情令人动容。

（五）前行中反思

　　在理论上，一切优秀的文学艺术都具有"通感联觉"的情结，它可以促使人们以意象思维的方式在审美的心理时空再造一个理想化的意义世界。通感具有特定的"造境"功能，它可以在原有的感觉之外通过对感觉特征的追加和扩大创造出另一个新颖独特的感觉意境。这一方面是由于通感本身的生理和心理基础，另一方面是由于语言能够重塑人类经验，重构社会现实。把通感和联觉引入习作教学，丰富了习作教学理论研究的视角。习作教学，本身是学科研究领域的一个薄弱环节。长期以来，如何使学生受到更优质、高效的习作指导，一直是语文教育者不断探索的课题。通感联觉的运用，正是强化了习作过程中的各种感官体验，体现了以人为本的科学习作教育理念。因此将通感联觉运用到习作教学过程中，对改变教学观念、丰富教学内容、优化教学过程都能起到促进作用。

1. 需要进一步解读与梳理"教师、教材、学生、生活"四者的关系

要解决"教与学、读与写"的问题，首先要厘清基本关系，研究的方向感才能更清晰。"教材是教师教育学生的中间凭借物"，这句话确立了教育关系中的两个主体是"教师和学生"，而不是教材。每个教师，面对的都是具体的学生，教材是实现教育和支持的载体，是一种凭借物，是教育的资源。教师对学生的指导并不来自教材的安排，而是受到教师自身文化教育水平的影响，也受到被教育者的特征影响，这时候教师、学生、教材是相互影响的、动态的关系。学生是学习的主体，教师有责任关注学生学习的需要，并为他们选择和提供有价值的点拨。笔者对不同年段小学生习作的现状予以分析，对其表达过程中存在的优势与劣势以及原因进行整合提炼，对小学生习作心理予以探究，得出根据年段的不同分层次采取具有整体感、生长感、提升感的"通感联觉"的策略是语文教育工作者可以开辟的一条蹊径。教师活用教材，提供有价值的引领，其落脚点就是指向生活，聚焦日常，学生才可以获得真实的成长，习作才能捕捉到"原始而野生"的素材。

2. 需要巧用"刺激策略"唤醒学生的表达冲动

有了"刺激"，学生才会产生进一步探究的动机，从而积累经验，在丰富而零散的感知经验的积累中，慢慢产生持续探究、深入思考的意识。这是一个从无意到有意，从浅层到深层，从偶然到持续的过程。因此，不仅要求教师要注意观察、捕捉、发现那些能够"刺激"到学生的因素，而且还要学会创造"刺激"。仅仅有了"刺激"还不够，还要让那些"刺激"不断地延展、深入，要帮助学生养成主动思考，深入思考的习惯。这就要求教师在追随、持续支持和进一步激发上下足功夫，从而更好地利用这些"刺激"，重新唤起学生对生活的反应，使其经验日益增加，意识逐渐稳固。教师还要立足学生

实际，构建激励性评价体系，激发学生的言语潜能，激励其创意表达的冲动。

3. 需要借助想象和联想，开辟一条"人与自然"沟通的新渠道

教师要构建以学生生活实践为主旨，以调动各种感官体验为主导，以训练学生通过移情功能进行创造性思维为主线，开拓人与植物、动物、景物等沟通交流的通道，形成有利于促进学生成长和提升创意表达的习作教学新视角。学生借助广泛的读、品，聚焦通感联觉在小学语文课本及课外文学读物中的运用，逐步形成感知。教师借助读写结合，实践通感联觉在小学生习作教学中的转化运用。

教育的重要意义要体现在"育人价值"上。教育者应有意识地调动学生参与生活体验，引导他们解读花语、倾听鸟鸣，在通感联觉运用的过程中，培养学生的想象力。通感联觉能使他们更好地感受大自然，走进大自然，拥抱大自然。此外，教师还要努力营造"通感联觉"的氛围，教会学生"独处、独思"，学会安静地与自己对话，与大自然对话，培养学生细腻的心思，提升其综合素养并促进其个性的发展，激发学生对美好生活的热爱。

此外，针对小学生的年龄特征与习作状况，教师需要在三个方面着力。一是选题构文的通感联觉。在选题阶段，教师应引导学生将已有的知识、经验整合、优化，以学科为主向外延伸、联想，注重不同学科间知识的相互渗透。与绘画、诗歌、音乐等的联系，能使学生产生视觉想象，引导学生在选题时有感而发，这个"感"就是感想或者感动的事件。学生在选题时应该将自己的感官聚焦到生活中的一些具体的形象，根据不同的创作意图和想要表现的主体，对生活中的人象、物象、事象进行选择，从而获得素材来表达自己对生活的感受以及创作意图。二是修辞运用的通感联觉。修辞手法是习作创作中重要的方法。在习作中修辞的运用要符合人们对语言文字的审美需求。要做到这一点，教师在习作教学中调动学生视听感官或经验联想等因素的积极参与至关重要。现在的学生都具有一定的音乐、科学、美术等方面的知识，教师引导他们将这些知识与修辞的运用联系起来，让他们感受到文字中有跳动的音符，音符中又有诗情画意，主动引导学生张开自由想象的翅膀。三是情感表达的通感联觉。情感的表达是习作创作的灵魂。情感表达的真实与否直接影响着习作的成败。教师要鼓励学生在习作中调动各种感官，并能通过感官的相互转换，激发学生对内心情感的认识，从而使习作所表现出来的情

感更具真实性。学生在情感的表达上要高度自主，语言运用上要高度个性化，不要对其有任何强制性的要求。教师要让学生完全自主发挥、自由主宰，把思想和情感带到意识层面，把内心世界与外部经验联系在一起，在创作中发现自我、认识自我。

通过实践摸索，笔者发现将通感体验运用在习作教学中，对小学生具有深远的意义，其价值如下：

①教师借助通感体验可以更好地帮助学生寻求生活中的诸多习作素材，能够帮助学生表达真实心声，激发其对生活的热爱。

②小学生习作表现手法上适当融合多器官的通感体验，可以赋予文章更为生动、形象的色彩，使习作更加充满生活的气息。

③通感体验的运用能有效促使学生身体不同感官间的相互融合与转换，加深体验，达到事半功倍的效果。

④教师能够充分调动学生的各种感官，激发学生兴趣，唤醒其表达的欲望，提高其艺术审美能力、表现能力等艺术综合素质。

在习作训练中，恰当运用"通感联觉"，以视觉器官为基础，引发出多种器官的感觉经验，进而生成听声会意、随意幻形的审美意象，让各种感觉默契旁通，视觉意象暗示听觉意象，嗅觉意象旁通触觉意象……可以使学生开辟思路，提升素养，最终达到同声相应、移情共情，从而增强文字的感染力和创造力。

综上所述，小学语文习作教学的历程犹如一项工程，需要教育者有计划、分阶段去扎实推进。序列先行，情致跟进，通感助力，每一重境界都需要教师默默践行。

四、典型案例

（一）巧用"通感"，点亮语言

教学目标：
①使学生了解"通感"这一特殊的修辞手法，理解通感修辞的表达效果。
②使学生进一步了解写作中想象力的重要性，延伸到"通感"和艺术表

现中加以理解并运用。

③指导学生运用通感、比喻等修辞，提高艺术表现力和鉴赏力。

教学过程：

1. 激趣导入——词句之中引通感

师："同学们，每每到了春天，杏花盛开之时，我们都会背诵宋祁的《玉楼春》这首词。'红杏枝头春意闹，一句中的'闹'字是听觉的感受，而'红杏枝头'是视觉形象，作者把事物无声的姿态说成有声的波动，让我们从视觉中获得了听觉的感受。日常生活中，我们常说'甜美的歌声'，'歌声'是听觉感受，'甜'是味觉印象，'美'是视觉享受，为什么可以用'甜美'形容'歌声'呢？其实，这些句子运用了一种特殊的修辞手法——通感。"

【设计意图】教师课初从学生已有的知识经验中唤醒认识，变抽象的概念为熟悉的内容，降低学习难度，增加学生对学习的期待。

2. 走近定义——解释之中知通感

教师展示课件：

通感又叫"移觉"，就是在描述客观事物时，用形象的语言使感觉转移，使人的听觉、视觉、嗅觉、味觉、触觉等不同感觉互相沟通、交错，彼此挪移转换，将本来表示甲感觉的词语移用来表示乙感觉，使意象更为活泼、新奇。

3. 精彩回眸——文本之中现通感

（1）盘点教材

师："在我们所学过的课文中，哪些文章中运用了通感的修辞手法？我们来盘点一下。"

（2）交流示例

①我赶紧把"这也叫爱"这句话咽了回去。（听觉—触觉）

②我见从妈妈口中掏不出什么秘密。（听觉—触觉）

③它送来的缕缕幽香，袅袅地钻到我们的心中。（嗅觉—触觉）

④小院立刻飘满了她那芳香的音韵。（听觉—嗅觉）

⑤黄河留给家乡的故道，不长五谷，却长歌谣。（视觉—听觉）

……

师："在通感中，用形象的语言使感觉转移，颜色似乎会有温度，声音似乎会有味道，话语似乎会有重量，这些句子读起来是那么妙不可言。"

【设计意图】课文中有几处通感手法用得非常好的句子，学生非常喜欢，教师放在此环节让学生再来回顾，让他们既有熟悉感又有新鲜感，拉近学生与通感之间的距离，激发其表达的欲望。

4. 知识明确——通感的必要条件

教师出示构成通感的两个必要条件：相似性、有感觉的沟通和转移。

师："两个条件同时具备或者具备第二个条件，才是通感。"

5. 知识辨析——通感和非通感

师："请同学们分析下面句子是不是通感。"

例句一：冬天，大雪如芦花般纷纷扬扬地飘落下来。

预设：不是，是以视觉写视觉，没有感觉的沟通和转移。

例句二：你们的笑容真甜呀！

预设：是，笑容是视觉，甜是味觉，由视觉到味觉转移。

例句三：她的声音清晰甜润。

预设：是，将听觉与味觉连通起来。

【设计意图】教师引导学生通过辨析，明确通感和比喻这两种修辞手法的不同之处，进一步深化对通感这种手法的理解和感悟。

6. 体会感悟——作品之中品通感

师："通感修辞不仅仅运用在日常的口语中，还运用在各类文学作品中，一些名家的作品常采用通感的修辞手法。请同学们阅读、赏析。"

片段一：微风过处，送来缕缕清香，仿佛远处高楼上渺茫的歌声似的。（朱自清《荷塘月色》）

赏析：这一句把本是通过嗅觉得到的"清香"比喻成"歌声"，将嗅觉和听觉有机地融为一体，化嗅觉为听觉，写出了荷香的清幽、身心的愉悦，营造了宁静、闲适的美妙意境，便使迷人的境界增添了无限的韵致。

片段二："我沉浸在这繁密的花朵的光辉中，别的一切暂时都不存在，有的只是精神的宁静和生的喜悦。这里除了光彩，还有淡淡的芳香，香气似乎也是浅紫色的，梦幻一般轻轻地笼罩着我。"（宗璞《紫藤萝瀑布》）

赏析：作者在描写"淡淡的芳香"时，以通感的手法来描写，"芳香"本是嗅觉，"浅紫色"是视觉，作者以视觉写嗅觉，将两种感官交错起来描写，显得很有意境之美。

师："同学们，适当运用通感，能增强作品的新奇感，使不同感觉的形象互相融通，可以使文字产生特殊的艺术魅力。"

【设计意图】教师选取经典美文中的语段带领学生赏析，通过朗读、品味、讨论交流，加强学生的语感，提升其审美情趣。

7. 思维碰撞——训练之中用通感

师："同学们，了解了通感手法的内涵和作用，下面我们学习运用通感，请同学们根据示例和要求，发挥想象，调动感官，借助修辞，进行通感拟写训练。"

训练一：仿照示例，运用通感，完成下面的仿写。

示例：读老师的笑，如一缕花香，让你心旷神怡；读母亲的笑，如一缕暖阳，让你温暖；读朋友的眼神，如一捧溪水，让你感到舒服。

仿写：读老师的笑，如＿＿＿＿；读母亲的笑，如＿＿＿＿；读朋友的笑，如＿＿＿＿。

训练二：仿照范例，尝试以"叶"为对象，运用通感手法进行拟写练习。

示例：冷风托着雪花在空中荡来荡去，那优雅的舞姿伴着幸福的翻飞，在空中荡漾，一丝微甜的幸福飘然而下。

仿写：秋叶儿，＿＿＿＿＿＿＿＿＿＿＿＿。

【设计意图】教师在此环节安排句子仿写，是搭建一个过渡的支架，意在引导学生从会写运用通感修辞手法的句子到写整篇文章，获得能力的阶梯式上升。

8. 拓展延伸——写作之中践通感

师："学习通感，让我们知道了与美相遇，要用手、用眼、用鼻、用耳，更要用心。唯有用心，才能获得享受。"

教师出示习作要求：

请发挥想象和联想，运用一两处通感手法，以《早晨的树林》《暴风骤雨》《森林狂想曲》为题（选一或自拟），写一篇以听觉（或嗅觉、触觉）形象为主的作文。

教学反思：

本节课，教师在带领学生欣赏名家名作的基础上，从中捕捉典型的运用通感手法的句子，引导学生调动自己的视觉、听觉、嗅觉、触觉等各种感官，更多地去看、去听、去闻、去尝、去摸、去想，提醒学生在生活中多去实践，学会感受生活、反思生活，从自己独特的视角体验出发，在真实生活中发现、捕捉、提炼写作素材，活动多种感官，不断迸发灵感。教师以辨析、欣赏、仿写等多种途径，打开学生的"眼、耳、鼻、手、脑"，调动他们自主参与，让"五官"感应在创新思维和个性解读的不断融合中，达到共性碰撞和理性升华。

学生习作：

大自然的声音

喳喳、喳喳，这是小鸟在枝头欢快地歌唱；哗哗、哗哗，那是小溪奔向大海的声音；呼呼、呼呼，那是风婆婆跑累了，喘气的声音；滴答、滴答，这是小露珠从花瓣上滑落的声音……大自然的声音真美妙啊！

春天来了，万物复苏、生机盎然，让我们踏着春风去植树。春光染绿双脚，锹镐奏响欢闹，一只喷水壶便能滋润棵棵树苗，不用多想，寂寞多年的荒山，来年一定枝繁叶茂，那时定会有松鼠在快乐地"咕咕"直叫。美丽的大自然，需要我们每个人共同创造。

雷的轰鸣声、雨的滴答声、闪电的噼啪声汇成了一支摇滚乐曲；小百灵的啾唧声、啄木鸟的咚咚声、小麻雀的叽喳声，组成了一支动听的大合唱；树叶的沙沙，像妈妈轻柔的抚摩；风儿的呼呼，像绵绵的软糖；溪水的哗哗，像风铃的欢歌，那是最唯美的叶、风、水之歌，多么赏心悦耳的森林交响曲啊。

夜深了，虫子们也不甘示弱：蝉儿在树上倾情演唱，亮出了一副好嗓门；蟋蟀无法自拔地唱着只有它自己能听懂的歌曲"曜曜、嘘嘘、唧唧吱、唧唧吱"，先把自己陶醉了；甲虫调皮地敲着树叶鼓，"咚哩个恰、咚哩个恰"，为其他的虫儿伴奏；皎洁的月光洒下有清香的银辉……夜晚有了这些声音虽然不再宁静，却透着生机和愉悦。

让我们一起去亲近大自然，聆听大自然的声音。走进大自然的内心，你会发现原来世界的每一个角落都有生命，都有动听的语言。只要你用心去体会、去发现，自然是如此美妙。

暴风骤雨

六月天，孩子脸，说变就变，整个城市裹在苦苦的、闷闷的湿气里。下午四点多钟，天空渐渐暗了下来，不久便成了不见月色、不见星空的暗夜，给人带来"黑云压城城欲摧"的恐惧。甜甜的宁静，仿佛被巨大的黑洞吞噬着，刺亮亮的闪电照亮黑暗，"咔嚓咔嚓"的雷声划破长空。天空仿佛被捅出了一个大洞，顷刻间，雨点从天空砸了下来，旋即形成瓢泼大雨。

狂风就如一头咆哮的野兽，在狂妄地肆虐着，仿佛要摧毁这一切。一阵狂风猛扑过来，气势磅礴，仿佛有一只巨大而有力的手，推挤着我们。狂风夹杂着密集的雨点，打在匆匆的行人身上，汹汹的雨点，冷冷地钻进心底，让人透心凉。如注的暴雨冲淡了天空的黑暗，雨猛烈地扫荡着城市中的楼房、树木，那响声汇成巨大的声浪。风是雨的推手，风将雨吹成巨大的雨浪，从东向西，时而逆向，时而顺行。风像一个肆虐的怪兽，雨随着风的摆布，任其扯来扯去，风拥着雨，雨抱着风，化作白浪充塞着视野，仿佛眼前是白浪滔天的大海，那对面的楼房在雨浪中已迷失了踪迹。那场雨真大，仿佛撒开的千针万线，渐渐将天和地缝合了。千军万马、擂鼓呐喊的雨点，犹如利剑倾斜着射向地面。

此刻，我正站在窗前，看着这场惊心动魄的暴风骤雨，窗外的大树被狂风玩弄于股掌之间……突然，几只黑色的燕子被暴雨抛掷在这白色的雨浪中，上上下下，聚聚散散。大片的树叶在雨浪中翻飞，一次又一次地被暴风骤雨抛上了高空，撕裂成无数的碎片，卷裹在这一片白茫茫的雨浪中。地上一片汪洋，串联成明晃晃、亮堂堂的歌韵。

雨依旧在下，哗哗的雨声变成了沙沙的，时而又是淅淅沥沥的，黑云不时在天上滚过。伴着渐渐远行的雷声，暮色又成了天空的主角，万家灯火一盏盏点亮了夜的温柔，街灯也都亮起了甜蜜的酒窝，商铺广告牌的霓虹灯闪烁着光芒，街道上满满的积水被照得五颜六色。

雨还在时大时小地下着，听着雨声我进入了梦乡……

（此案例由淮阴师范学院附属小学魏青老师提供）

（二）"多感"融合，写活场面

教学目标：
①使学生了解场面刻画中点面结合的具体体现。
②使学生学会运用多感融合的方法刻画场面。

教学过程：

1. 精彩场面描写赏析

（1）谈话导入

师："所谓场面，就是在一个特定的时间与地点，许多人物活动的总体。我们在课文中欣赏了天鹅组队破冰、蚂蚁抱团逃离火海、羚羊协作跳跃悬崖等场面。在生活中，只要有事件发生，就会有场面出现，如一场比赛、一次大扫除、一个课间游戏、一家人一起吃饭、课堂上一次激烈的讨论……场面存在于时时处处。"

（2）语段赏析

【片段一】

教师出示曹雪芹《红楼梦》的片段：众人先是发怔，后来一听，上上下下都哈哈大笑起来。湘云撑不住，一口茶都喷了出来；黛玉笑岔了气，伏着桌子直叫"哎哟"；宝玉早滚到贾母怀里，贾母笑得搂着宝玉叫"心肝"；……地下的无一个不弯腰屈背，也有躲出去蹲着笑去的，也有忍着笑上来替他姊妹换衣裳的，独有凤姐鸳鸯二人撑着，还只管让刘姥姥。（曹雪芹《红楼梦》）

【片段二】

一堆人正拼命地拥挤着，只见一只只白皙的手、古铜色的手、粗糙的手、柔软的手，本能地向前伸，本能地挥舞着，都希望抓住车门。一位胖大嫂粗而短的右腿刚踏上车阶，左脚便不停地往外蹭，她使出吃奶的劲儿用力地扭动着肥胖的身躯，一双臃肿的大手拼命地抓住车门扶手。任凭她怎么努力，结果那屁股还是被车门狠狠地挤压了一下，疼得她直叫"我的妈呀！"挤车可真是一场不同寻常的战斗呀！

【片段三】

忽然，"嘟"的一声哨响，双方队员的身子一齐往后一倒，紧紧地抓住绳子往后拉。看，我们班的"小胖子"的表现可好啦！他两脚牢牢地蹬着地，好像被钉子钉在地上一样。他的脸涨得通红通红的，牙齿咬得"咯咯"响，脸上还流着汗水呢！

教师引导学生讨论喜欢的场面与理由：

第一个片段中，各个人物的笑各不相同。曹雪芹惟妙惟肖地刻画了不同人物的笑态，深刻而生动地烘托出人物的性格。（场面选取的点有典型性，不雷同）

第二个片段中从胖大嫂的动作描写看出挤汽车不容易。通过不同的"手"的描写，写出挤车的人多。（场面刻画中有点与面的融合）

第三个片段中对"小胖子"的动作、神态的描写，生动地呈现了他拔河的样态和当时的紧张状态。（场面描写离不开细节刻画）

……

【设计意图】教师将教材中的场面描写引入习作内容，再借助几个经典片段的赏析加深学生对场面刻画的认知，从而使学生习得具体的方法。

2. 场面描写中运用多感融合

（1）引出多感融合

师："'其间，开放着的一串串淡紫色的小花，正向四下里散发着甜丝丝的气味，引得许多蜜蜂在田野上嗡嗡欢叫。'这是曹文轩在《草房子》中对春景的描述。他把眼睛看到的、鼻子嗅到的、耳朵听到的，都用笔墨表现出来，让我们看到了一个丰富多彩的春天。写景可以多感融合，那么场面描写中运用多感融合会怎样呢？我们一起来探究。"

（2）体会多感融合

①教师带领学生进行对比阅读。

教师出示：

小旺已经开始喊口令了，我们赶紧跑了出去，可还在半路上，小旺就喊出了"三"，并马上回过头来。根据游戏规则，我们立刻停下脚步，并保持刚才的姿势一动不动。我打量了一下四周，大家的姿势各种各样：有的张大嘴巴，抬起了的脚悬在半空中；有的弯着身子，表情笑不像笑、哭不像哭；还有个同学用手指着旁边的窗户……

小旺已经开始喊口令了，我们赶紧跑了出去，可还在半路上，小旺就喊出了"三"，并马上回过头来。根据游戏规则，我们立刻停下脚步，并保持刚才的姿势一动不动，好像自己的身体在一瞬间突然被变成了僵硬的木头人。我打量了一下四周，大家的姿势各种各样：有的张大嘴巴，抬起了的脚悬在半空中，好像在边喊边追赶前面的同学；有的弯着身子，表情笑不像笑、哭不像哭，好像遇到了什么尴尬的事情；还有个同学用手指着旁边的窗户，也不知道她刚才到底要做什么……

②教师进行总结。

师："我们在写活动场面时，调动五官的体验，把自己的心情融入其中，使身体的感受和大脑的联想相融合，就能使活动的场面更精彩，文章更有活力。"

（3）运用多感融合

第一次练笔：

师："前一段时间，我们写了课间的踢毽子活动，你能学着这样的写法修改下面的片段吗？"

走廊上，同学们正热火朝天地踢毽子，有的神态自若，不慌不忙，好像_____；有的紧盯毽子，眉头紧锁，好像……

第二次练笔：

师："增加难度，踢毽子的时候，不同的同学有不同的神态，不同的动作。你发现大家有什么神态、动作？请再补充两个试试。"

走廊上，同学们正热火朝天地踢毽子，有的神态自若，不慌不忙，好像_____；有的紧盯毽子，眉头紧锁，好像_____；有的，好像_____；有的，好像……

【设计意图】此环节教师在场面描写的基础上传授给学生多感融合的方

法，从引出到体会再到运用，层层递进，力求让学生将场面刻画得更鲜活、逼真。

3. 习作训练，掌握多感融合

习作要求：运用多感融合，描写一个生活中齐心协力完成某一项任务的场面。

教学反思：

本节课是指导学生描写场面的专题习作练习。有两点做法值得借鉴。

一是赏析。教师意在让学生领悟人的感官是联通的，看一个景物的同时，耳朵也在听声音，鼻子也在闻气息，一个人在一个场景中的感受是多方位的。将这些多方位的感受描写得越全面、越精确，就越能让读者感同身受。教师引导学生在赏析中得"法"。

二是练笔。本学期开展的活动较多，教师重点结合踢毽子的活动进行指导，意在引导学生尝试将神态、动作、语言和心理描写融合起来，学会联想和想象，使得刻画的场面给人身临其境之感。

学生习作：

精彩的比赛

"加油！加油！加油！"在喧闹的呐喊声中，我们拉开了踢毽子大赛的帷幕。

随着刘老师的一声令下，参赛选手同时抛起毽子。五彩的毽子上下翻飞，既像在表演"脚上功夫"的演员，又像是一朵朵会"飞"的花。选手们有的不慌不忙，神情自若，好像稳操胜券；有的眉头紧锁，目不转睛地盯着毽子，好像担心毽子随时会被踢飞；有的边旋转边踢，眼里充满怒气，仿佛在抱怨毽子为什么如此不听话；有的屁股左右扭动，仿佛在跳"扭扭操"……真是憨态可掬！

只见，我们班的踢毽子高手小璐敏捷地将毽子向上一抛，脚一抬，有节奏地踢起来，那毽子就像一朵盛开的花朵，忽上忽下。"一，二，三……"同学们开心地数着数。小璐屏住呼吸，目光紧紧地盯着上下飞舞的毽子，丝毫不敢放松，毽子就像一根绳子似的随着她脚的动作上下翻飞。却不料，那毽子突然斜斜地向一米开外的地方飞去。"哎呀！"大家的心悬了起来，却见小璐一个箭步冲上去，右脚尖一钩，毽子又顺利地回来了，大家心中的石头又落了下来。

下一个是我们班"七怪"中的第一怪小旺。他把毽子往上一抛，眼睛死死地盯着毽子。那毽子就像小鸟一样，随时都会"飞"走。他踢的时候，一会儿手跟着毽子一起摆动，一会儿使用"扭扭法"，一会儿使用"鲤鱼打挺法，"真不愧是第一怪！"好戏在后头！"他忽然说了一声"三，二，一"，哇！好一记"头毽"！接着，他又开始倒地旋转式踢毽，那滑稽的动作伴着搞怪的表情，获得阵阵喝彩声。小旺愈发得意，尾巴就快要翘上天了。可就在此时，毽子即将要飞出很远，只见朱奎旺使出一个"凌波微步"抢回了毽子，真是有惊无险。

时间像飞箭，转眼间踢毽子比赛就结束了，但那个场面、那份刺激已然印在我的记忆中了。

快乐时光

我的校园生活丰富多彩，酸甜苦辣滋味俱全。然而，能留在我记忆深处的都是一些快乐的时光，就好比那次难忘的拔河比赛。

那天早晨，我们正在教室里安静地自习，简老师满面春风地走了进来。她告诉我们，今天我们将要跟二班举行一场拔河比赛。听到这消息，教室里立刻炸开了锅，同学们个个摩拳擦掌，热血沸腾。

来到操场上，我们在体育班长的带领下排好队，准备比拼一场。哨声一响，比赛开始了！我们还没来得及反应，就被对手拖过了中线。等我们反应过来想逆转局势的时候，大势已去，第一局我们以惨败告终。这一局的失利给我们沉重的一击。同学们个个垂头丧气，心灰意懒，完全没有了当初的自信和骄傲。这时，不知是谁大声地说道："同学们，别灰心，我们可是最强大的五（1）班！五一、五一，必得第一。"这句口号犹如一剂强心针，重新点燃了我们的斗志。是啊，最强大的五（1）班怎能轻言失败？只要我们正视对手，慎重对待，就能反败为胜，实现逆转！

大家带着紧张的心情，投入第二局的比赛。哨声一响，我们就拼命地往后拉！此时，对手还沉浸在第一局胜利的喜悦中，猝不及防。我方在此局中仅用10秒钟就轻松取胜。这一局的胜利给了我们莫大的信心，也让我们"满血复活"，投入第三局的比赛。

第三局是决定胜负的关键一局，胜负在此一"拉"。大家各就各位，早早做好了准备。只见，小萱和小帅两位主力战将憋足了劲，脸都涨得发紫了！场外的啦啦队员们扯着嗓子为我们加油、鼓劲！对方的啦啦队员也不甘示弱，拼命为他们的队员加油助威！烈日下，战况进入白热化，气氛火爆，仿佛一点就着！随着哨响，比赛开始了。大家都使出了浑身力气！我只觉得手心被绳子磨得火辣辣的，说实话，当时我真想放弃。可是当我看到身边的伙伴的时候，我的心里就注入了无穷的力量。绳子一会儿偏向我们，一会儿偏向对手，像一把锯子极限拉扯。因为天气炎热，力气用得多，我的头脑里一片空白，只有一个念头——使劲向后拉！恍惚间，我听到欢呼声："我们赢了！我们赢了！"随即，绳子从我手中滑落下来。"我们赢了？"我不敢相信！旁边的小昊一把抱住我，激动地说："我们真的赢了！"

这次拔河比赛真是跌宕起伏，扣人心弦。那胜利的喜悦令我至今记忆犹新，这段经历也成为我的一段快乐的时光。

（此案例由淮阴师范学院附属小学孙海燕老师提供）

（三）借助"通感"，走近万物

素材分析：

通感的习得离不开想象，而想象源于生活。树是学生日常生活中随处可见的。比如银杏树，秋天来临，它那金黄的叶子散发着秋的气息；柳树，春天一来便婀娜多姿；桂花树，金秋时节，香飘十里……这些树都是真实存在于学生生活中的有形之树，但是他们对树的认知仍有局限性，于是笔者在本节课中把目光放到了更加广阔的大自然，选择了长在悬崖上的松树，被掏空树心依然存活的树，长满红苹果的果树，还选择了满树粉红花朵的一棵树，从外形上给予学生更大的想象空间，用丰富的颜色拓展学生的想象力。笔者借助这些素材，引导学生用心感受，让想象自由驰骋。利用树进行教学时，教师可以启发学生由一棵树联想到快乐的童年，联想到父母的辛勤培育，联想到取得的累累硕果；由一棵树联想到一个人，一种品质，一处景物，一段记忆等。本节课，笔者意在用树作为引子，架起学生与自然的对话桥梁，从而培养学生留心观察身边事物的能力和丰富的想象力。

教学目标：

①读：品读片段，使学生学会抓住树的外形特点，调动多种器官参与，让想象角度多元化。

②写：引导学生学会用文字，由树的外形走进树的"内心"，想象与一棵树进行心灵的沟通。

③悟：使学生由一棵树走向更多的树，走向大自然的万事万物，搭建人与自然交流的桥梁。

教学过程：

1. 课前积累

师："请同学们诵读下列词语与古诗，期待你们既能读出词句的韵味，又能想象相关的画面。"

（1）教师出示词语

遮天蔽日　根深叶茂　俊秀挺拔　饱经风霜

古树参天　玉树临风　树大根深　枯树生花

（2）教师出示古诗

绿树村边合，青山郭外斜。

碧玉妆成一树高，万条垂下绿丝绦。

宝剑锋从磨砺出，梅花香自苦寒来。

泉眼无声惜细流，树阴照水爱晴柔。

【设计意图】课初教师用与"树"相关的词语、诗句，唤醒学生对自然中各种树的感知，为后续写"心中的树"做铺垫。

2. 走近那棵树

师："有一棵生长在青海高原上的柳树。让我们从走近这棵树开始今天的学习。"

（1）出示例文

这株柳树大约有两合抱粗，浓密的枝叶覆盖出百十余平方米的树荫；树干和枝叶呈现出生铁铁锭的色泽，粗实而坚硬。叶子如此之绿，绿得苍郁，绿得深沉，自然使人感到高原和缺水对生命颜色的独特锻铸。它巍巍然撑立在高原之上，给人以生命伟力的强大感召。

我便抑制不住猜测和想象：风从遥远的河川把一粒柳絮卷上高原，随意抛散到这里，那一年恰遇好雨水，它有幸萌发了。风把一团团柳絮抛撒到这里，生长出一片幼柳，随之而来的持续的干旱把这一茬柳树苗子全毁了，只有这一株柳树奇迹般地保存了生命。自古以来，人们也许年复一年看到过，一茬一茬的柳树苗子在春天冒出又在夏天旱死，也许熬过了持久的干旱却躲不过更为严酷的寒冷，干旱和寒冷绝不宽容任何一条绿色的生命活到一岁，这株柳树就造就一个不可思议的奇迹。

我依然沉浸在想象的世界：长到这样粗的一株柳树，经历了多少次虐杀生灵的高原风雪，被冻死过多少次又复苏过来：经历过多少场铺天盖地的雷轰电击，被劈断了枝干而又重新抽出了新条；它无疑受过一次摧毁又一次摧毁，却能够一回又一回起死回生。这是一种多么顽强的精神。（陈忠实《青海高原一株柳》）

（2）组织研讨

师："这几个自然段从外形、想象两个角度描述了这棵高原柳。此时，若你就站在这棵树前，凝视着这棵树，看着看着，你会想到什么？"

预设：这棵树的生长过程、一个命运坎坷的人、一处相似的景、一段刻骨铭心的记忆……

【设计意图】叶圣陶先生说："教材无非就是个例子。"教师在习作之前带领学生品读范文中如何描写高原柳的外形，以此引导学生生成描写树的多元维度。

3. 走近一棵树

师："由树的外形展开想象，想象角度还可以如此多元化，真好！其实，生活中，有很多树值得我们走近它们，最触动你的那棵树是怎样的？或者，提到树，你的脑海中浮现出的是什么树？"

（1）说

师："哪一棵树触动了你，你能通过这棵树感受到什么？"

预设：由一棵生存环境恶劣的树想到与生长条件优越的树进行对比；由一棵银杏树能闻到秋天的味道，想到一次秋游的经历；由一棵古老的树能触摸到岁月的沧桑，想到一个百折不挠的人；由一棵沐浴阳光的树苗，想到父母的养育……

（2）选

师："交流之后，请同学们选择最倾心的那棵树，这棵树也可以是你心中想象出来的，如果你能用简笔画把它画出来，那就更棒了。"

（3）想

师："面对你最倾心的这棵树，你会怎样展开想象呢？请你用上独特的器官，用耳朵去听一听树的心声，试着和它对话；用鼻子去闻一闻树的气息；用手去摸一摸树的历史；用大脑让思绪飞扬……"

（4）议

师："同学们想好了之后，先在组内分享，之后我们集体交流。"

（5）创

师："灵感往往转瞬即逝，赶紧拿起笔与你心中的树交流吧。"

学生创作，教师巡视，个别指导。

（6）评

教学讲评学生习作。

【设计意图】《语文课程标准》指出：联想加想象的运用，在写作中不仅能把景物特征写具体，还能融入自己的真情实感。虽然高原之柳距离学生的生活较远，但是凭借学生已有的生活经验，他们可以自己选择印象深刻的一棵树。就这样，由一篇范文走向一个广阔的生活空间，由一棵树走向更多的树，走向大自然的万事万物，搭建人与自然交流的平台。

4. 走近万物

师："同学们，生活中，一草一木都有心事，一事一物都有声音，期待你们能够运用各种感官走进大自然，走进生活，开辟一条人与动物、植物的交流通道。"

教学反思：

本案例，教师借助树来调动学生运用多种感官去感受世界，旨在引导学生在生活中寻找自我与自然的联结。教师从范文中的一棵"高原之柳"链接到生活中形形色色的树，为习作内容打好基础。由一棵真实的树进行写法迁移，走近更多真实或想象中的树，调动学生的眼睛、耳朵、鼻子、触觉等各种感官，让想象多元化。从模仿到创生，意在引导学生对生活中的物要多观察，多触摸，多想象，进而走向更加广阔的大自然，发现生活中更多的美，获得更多的感悟，从而培养学生用心观察、用心聆听、用心感悟生命的可贵。

学生习作：

那棵胡杨

生而千年不死，死而千年不倒，倒而千年不朽，说的正是胡杨。一棵胡杨屹立在沙漠中，见证了几千年的岁月，这难道不是生命的奇迹吗？

去年国庆期间，我和妈妈有幸来到内蒙古的沙漠游览。沙漠里几乎寸草不生，黄沙滚滚，火辣辣的太阳照着沙地，蒸腾出了滚烫的热气。在太阳的照射下，我们也大汗淋漓，热气缠身。一直向前走，一片胡杨林映入了我们的眼帘。其中一棵胡杨尤其吸引我的眼球，她形态十分奇怪，树心像是已经被掏空，树干上也布满了深浅不一的划痕。看向枝干尽头，我惊奇地发现，她竟然萌发了充满生机的、嫩绿的新芽。这一抹嫩绿在灰黄斑驳的枯枝上尤其显眼，就好似整棵胡杨用全部的营养供养了嫩芽的生长。即便沙漠中的环境如此恶劣，即便她已经遍体鳞伤……我伸出手轻柔地抚摩着这株胡杨，细细感受着她沧桑的纹理，微微俯身用耳听来自心中的她声音，闭上眼用心感受她的世界。我想，面对如此恶劣的环境，这棵难以供养自身的胡杨在孕育幼芽时肯定也想过放弃，但她也一定不止一次地告诉过自己：再坚持一下！再坚持一下！就是这样坚持的力量，让我们看到了带来生机的幼芽。幼芽的萌发，给了胡杨活下去的勇气和信心。即使是那毒辣的太阳也不能让她放弃最后一丝希望，信念与坚持最终孕育出了生命的奇迹！

我抬头仰望着这棵胡杨，从心底里发出了赞叹，赞叹生命的奇迹。我不由想到了满天下的母亲，她们承受着十月怀胎的艰辛、分娩的痛苦，还担负着随时失去生命的危险，只为迎接那一声啼哭。在她们孕育生命的过程中，肯定也像胡杨一样，曾遇到艰难的抉择，也像胡杨一样想到过退缩，但是她们最后坚持了下来，这才造就了生而千年不死、死而千年不倒、倒而千年不朽的胡杨。

活成一道光

我见过许多树，却从未有一株令我如此震撼。

这是一株常见的柳树，生长在一条河水边，可它却又如此不平凡。丰子恺先生曾赞美柳树"高而不忘本"的精神，而我则为这株柳树顽强的生命力深深地折服。

这株生长在水边的柳树，有接近一半的树根，完全暴露在外，看起来有点儿张牙舞爪。即使是身处这般恶劣的环境，它也仍然努力地生存在这个世界上。它的树皮坑坑洼洼，十分粗糙，布满了岁月的沧桑。用手轻轻一碰，木屑就纷纷掉落在地上，消散在泥土中。我轻耸鼻翼，轻轻一嗅便闻到了它的树干与枝叶间似乎都弥漫着古老与新生混合的气味。

凝视着这株树，我仿佛看见它从一团柳絮开始，艰难地破土而出，在阳光与雨水的滋润下，不知经历了多少个年头，不知经历了多少电、火、风、雪的磨难，才长成眼前的这株大树。

也许在成长过程中，它也想过放弃希望，就此安眠，再也不要醒来。可它并没有这样做，而是选择拼尽一切力量去与自己的命运对抗。被闪电劈断枝条，就再长出一根；被火烧成焦炭，就再冒出新芽；被大雪掩埋，就顶穿雪面；被大风刮倒，就重新挺立……

相比起其他"根深叶茂""玉树临风"的柳树，它却独享"饱经风霜"。它使我想起许许多多身残志坚的人，他们也像这株柳树一样，努力在这个世界上生活着，散发出耀眼的光芒。

面对生存的艰难，这株柳树毫不抱怨，而是努力地活成一束光，照亮了我的整颗心。

（此案例由淮阴师范学院附属小学姜静老师提供）

第二节　"通感"指向"习作"的学生作品

一、通感"人物篇"

第一篇：

我发现我变得爱美了

我发现，我最近总是不自觉地撩撩头发、理理衣角。路过服装店，脚步总是不由自主地慢了下来……以前那个不拘小节的我去哪儿了？

大清早起来，我下意识地拨弄了几下头发。刷完牙，洗完脸，忍不住瞟了几眼妈妈的化妆品。

站在衣柜前，我难以抉择地看着棕咖色的毛衣和纯白的毛衣，嘴里嘟囔着："这件比较可爱，那件显瘦。"心中的天平来回晃动着，时间从指缝间溜走。眼一瞟，我看见件粉色毛衣，便丢下这两件，又试起了那件。我对着镜子又是拉拉袖口又是理理衣角。看了一眼镜子里的我，说了句："衬得脸好黑啊！"于是，我又把这件毛衣脱了，开始了下一件的试穿。直到把整个衣柜给翻了个底朝天，我才心满意足地下了楼。

记得有一次去买书，我走在路上，一家卖饰品的店进入了视线。看呀！那系着大蝴蝶结的发卡让我心动不已；还有个小兔子皮筋，我不由眼睛发亮；那里有个小夹子，我想赶快试戴一下。我迫不及待地冲进去，试试这个，又试试那个，对着小镜子戴了又戴，放了又拿，拿了又放，流连忘返于饰品店。我终于满脸洋溢着笑容，一蹦一跳地回了家，举手投足间都带着轻快的气息。阳光洒在脸上，我不由感叹了句："真暖！"

哼着小曲来到了家，敲门都敲出了愉悦。爸爸一开门，看我头上"花花绿绿"，两手空空，问："书呢？"这时我仿佛才从点点记忆中找出一点儿要买书的记忆，"呵呵！"笑了两声，我灰溜溜地进了门。

想想以前，换衣服那就几秒的事，我更不会被饰品所吸引。究竟发生了什么，仿佛一眨眼间，我就成了个爱美的女孩，但是可不能因为爱美耽误了学习。

第二篇：

孩子气的外婆

那是外婆手心的温热……

外婆年纪大了，年过七旬的她不愿和我们一起住在市中心。她喜欢她的小院，爱着小院里的一切。小院里有很多花，外婆喜欢穿梭在花间，像一个少女，扎着两个麻花辫，戴着玫瑰红的头巾。她会像小孩子一样躺在花间，躺成一个"大"字形，有时还躲在花间，叫我去找她。偶尔她藏得深，我找不到她，于是装模作样地喊："妈妈，外婆的花真好看，我要摘一朵！"外婆一听就慌了，一下子站起来，急急地叫嚷着："不能摘，不能摘！我的小祖宗哟！"她拍着我的肩，俯身捡起一朵掉落的花儿，小心翼翼地别在辫子上，晃晃脑袋，转了个圈儿，兴奋地问我："好看吗？"看着她的样子，我乐不可支，连声答："好看！"她便又乐呵呵地跑回花间，跳动着，嘴角上扬，轻巧地脚尖点地，仿佛回到了十八岁。

许久，外婆从花间慢慢起身，她回到小屋，打开电视，看见一个频道里正在播放孙女送给奶奶礼物的画面，便嘟起嘴，叫着："小菲，你看！"我探头出现在门口，她指着电视，嚷道："你看你看，别人奶奶都有礼物，我就不能有礼物了吗？"我想开个小玩笑，假装没有听到。她见我没有回应，双手一叉腰，气鼓鼓地说："你看看你，也不管我，我不重要了吗？"我连忙跑过去，安慰道："当然重要，您想要什么？"她却把头一扭，似是生气，又像在撒娇："哼！"我四处搜寻，拿来她爱吃的酥糖："别气了，您看！"外婆一看是酥糖，脸上的表情一下舒展开来，喜滋滋地捧着糖盒，妥协了："好，我不生气，你给我做一束花！"说着，她指了指茶几上的彩纸。我拿起纸，慢慢折了起来。她双臂抱在胸前，时不时插一句话："哎，这里要对齐，对，这样才好！""太慢啦，折快点，我等不及啦！""嗯，就这样，加油加油！"……我好不容易折好了一束，她欣喜地捧着花，又想到了什么，回房拿来一瓶香水，喷了一点儿在花上。"嗯……真香！"她闭着眼，闻着纸花，陶醉地亲吻着纸花，一双大手抚上我的脸颊……

我这孩子气的外婆啊……

第三篇：

钢琴天使

我们班有一位钢琴天使。她，就是小菲。

她有着一对散发着智慧光芒的眼睛，一双修长而又纤细的手，她的身姿挺拔而又窈窕。每当经过她的身旁，一股艺术气息就会扑面而来。她的钢琴弹得顶顶好，我一听到她的琴声，就情不自禁地为之倾倒。

她参加钢琴考级时，我也去了现场。她的表演开始了，琴声起初委婉连绵，有如山泉从幽谷中蜿蜒而来，缓缓流淌；又如皎洁的月光，那么轻柔。随着旋律的升腾跌宕，步步高昂，乐曲进入了高潮。琴声以势不可当的力量，表达她对美好生活的无限憧憬。她的琴声时而活泼灵动，时而浑浊雄厚，似飞瀑落入深涧，如惊涛拍打岸滩。她的十指交错在钢琴的黑白键上，是那么灵巧，那一个个动人的音符，从她的指尖流泻而出，宛如天籁之音，已然达到了炉火纯青的境界，令观众如痴如醉。

在她的琴声中，一幅美妙的画面在我眼前徐徐展开：在一片大草地上，流动着无数美妙的音符，舒缓而又起伏，恬静而又激荡。花听了，笑了，饱含着快乐的泪水；柳条醉了，摇动着纤柔的腰肢；小溪乐了，漾起了笑的涟漪……"此曲只应天上有，人间能得几回闻。"我不由得赞叹。琴声戛然而止，所有人却还沉醉在琴声中。过了好一会儿，观众才爆发出雷鸣般的掌声，这声音仿佛能震破屋顶。评委们个个拍案叫绝，连呼："好！好！太好了！"置身这样的场景中，我对她的敬佩之情如排山倒海而来。

还有一次，她妈妈将她练习弹校歌的视频发到了班级群里。那琴声，欢畅活泼，一个个旋律在她的指尖上跳动，活跃得宛如一个个调皮的小精灵。到了高潮部分，琴声忽高忽低，令人激动、紧张，我的心也随着她的节奏跳动，渐快渐慢。我好似又看见了一幅场面：一缕缕春风，伴着丝丝春雨，哺育着刚刚苏醒的大地。春雨是彩色的，染红了桃花，漂白了柳絮，描青了山峰，绘绿了秧畦，滋润着五颜六色的花儿。雨水滴滴答答落在河面上，小鸟在巢里张望，那叽叽喳喳的叫声，那么的清脆，那么悦耳。此情此景，多像一幅生动活泼的校园交响乐啊！

透过这琴声，我好似看见她努力练琴的场景：端坐琴前，她一直在弹奏。夏天，我们吃着冰棍，看着电视时，她在认真弹琴；冬天我们吹着暖气，缩在被窝里时，她仍在用心练习节奏……手累了，甩一甩；腰酸了，晃一晃。然后，继续……好琴声就是这样练出来的呀！

今年她就要考钢琴十级了，凭着她炉火纯青的钢琴技艺，我坚信她必能一举通过，如囊中取物一般。

第四篇：

粗糙的手也美丽

妈妈那双粗糙的手，在我心里是最美的。

一次，我在家写作业，写到英语作业时，突然发现英语试卷没有带回家，急得脸都红了。这时，妈妈走了过来，面带微笑，说："怎么了？"我双手紧贴身体两侧，低下头，吞吞吐吐道："我……我的……英语……试卷……没带回家。""我还以为是什么大事呢！我问问老师有没有电子版的试卷题目，在纸上给你抄一份。"妈妈摸了摸我的头。之后，她要到了电子版，拿起一支笔，就开始抄题了。

我看着妈妈一笔一画，一个词接着一个词地抄着，是那么认真。突然，妈妈拿胶带修改错误时，她粗糙的双手出现在了我的眼前：那双手上写满了岁月的痕迹，也写满了妈妈的辛劳。透过这双手，我仿佛看见了妈妈每天早出晚归，辛苦地上班……那双手也许是在打教案时，在键盘上来回敲打，渐渐地磨出了老茧；也许是在黑板上书写板书时，双手过于用力……我的内心不禁感到一阵酸楚。

我赶紧对妈妈说，应该由我自己来抄写。我接过妈妈手抄的试卷，心中十分内疚，看着妈妈那刚劲有力而一丝不苟的字迹，以及那一个个规范的字母，她每天努力工作的情景又浮现在了我的眼前：站在三尺讲台上用粉笔描绘出最动人的诗篇；耐心帮助学生，给予他们和风细雨般的爱；下课了，拖着疲惫的身体回到办公室里准备下一节课的内容……也许，这就是妈妈的手粗糙的原因吧。泪水再也抑制不住，顺着脸颊流了下来，一股感恩和惭愧的情愫在我体内盘旋。

在我心中，花儿再鲜艳，蝴蝶再优雅，月亮再明亮，树儿再高大，也没有那双粗糙的手美丽。

第五篇：

爷爷牌乌鱼

我的爷爷是个渔民，以在洪泽湖捕鱼为生。

暑假，我都在老家度过。每天清晨，爷爷总会用他的那双布满老茧的手牵着我走向湖边。虽然我多次请求，他总是不答应带我出湖。到了湖边，他利落地跳上他的渔船，冲我挥了挥手，说："回去吧！"而我总是站在那里，舍不得离开，目送他驾驶着自己略显破旧的小船，启动了发动机，然后飞驰而去。看着他披着阳光远去的高大背影，我总是不由自主地说："我爷爷好帅啊！"

大约十点，和我一起在湖边等候的还有许多鱼贩和周围的居民。爷爷如约而归，大家一拥而上。爷爷洪亮的声音传来："莫急，等会儿！"于是，他就开始根据品种、大小对鱼进行分类。一旦看到乌鱼，他就会将其扔进船头备着的一只红桶内，朝我会心一笑。接下来，就开始销售了。每次总有人提出请求："老杨，卖条乌鱼给我，我要给孙子熬碗汤。"爷爷总是果断拒绝："不行，那是我孙子的专利！"说完，还调皮地冲我挤挤眼。每当这时，我的自豪和喜悦就会从心底漾出来。

鱼卖完了，爷爷右手拎上红桶，左手牵着我回家。路上，湖风徐徐吹来，我的心里忒爽，偷偷地侧头瞅瞅爷爷，他的脸上挂着快乐而满足的笑容，我不禁抓紧了他的手，心里可美了。

到了家里，爷爷把桶递给我，让我可以尽情观察乌鱼。我看着乌鱼睁着机灵的眼睛，时而探出脑袋，时而潜入桶底，我就跟它们对话。这时候，爷爷就坐在旁边，点着一根烟，乐呵呵地看着我。

之后，爷爷会给我熬一锅浓浓的乌鱼汤。那汤的味道啊，是任何人也做不出的。

爷爷牌乌鱼——我的专属乌鱼！

第六篇：

有奶奶相伴的日子

有奶奶相伴的日子，我的嘴角总是漾着甜甜的笑容；有奶奶相伴的日子，我的眼眸总是弥漫着脉脉的情丝……

晨光普照着大地，慈爱地抚摩着茁壮成长的小草。丝丝甜意从厨房的门缝钻出，我不禁探头朝里望去：日渐弯曲的脊背，晶莹闪亮的白发都诉说着奶奶的苍老，她舀水的手一颤，浸湿了衣角。我噘着嘴，上前略显生气地说："奶奶，您一大早又忙什么呀！快去休息休息。"奶奶笑眯眯地端出一盘玉米，额头和嘴角两旁深深的皱纹里似乎也蓄满了笑意，连一举手一投足间都带上一种轻快的节奏。"大孙女，看奶奶刚刚从地里摘的嫩玉米，可甜了。"此情此景，惹得我的心不由一抽，鼻头微微发酸，强忍着流泪的冲动，责怪道："以后不要这么早给我弄吃的了。"

只见，奶奶小心翼翼地拿起根玉米，滚烫的玉米，令奶奶的手抖了一下。然后，她将一根根细小的玉米须捏了下来，整个手掌心烫得通红。我赶忙让奶奶别弄了，她却说凉了就不好吃了。奶奶的额头渗出细密的汗珠，阳光洒在身上，仿佛想安慰奶奶，让她不再劳累。

拔干净玉米须的玉米，那么嫩，那么香，我忍不住想咬上一口。奶奶将那根玉米递给我，欣慰地看着我，说："快吃吧。"语气中都流淌出浓浓的爱意。

我咬了一口，丝丝甜蜜弥漫在整个口腔。一刹那，我的心仿佛被那蜜水融化，整张脸上洋溢着幸福，眼睛眯成一条线，有种飘飘欲仙的感觉。奶奶看着我吃玉米，脸上全是笑意，里面仿佛藏着大把大把的阳光气息，温暖着我。

有奶奶相伴的日子：我出去玩时，家门口总有个等待的身影；吃饭时，碗里总是被夹满吃不完的菜；睡觉时，总有一个微弱灯光下的背影，给我唱着歌谣……

有奶奶相伴的日子，连空气都是甜的！

第七篇：

夕阳下的背影

沐浴着夕阳的余晖，我感受着秋风吹拂。伴随着此情此景，爷爷的背影又走入了我的记忆。

九月天，凉爽的秋风扑面而来。今天是爷爷来接我，我在校门口等了老半天，爷爷终于蹬着那辆破旧的自行车朝这边驶来。我忍不住发了一阵牢骚，他只是带着歉意地笑。一语不发地听完我的抱怨之后，他拍了拍后座，和颜悦色地说："坐吧！"我一屁股坐了上去，惊讶地发现爷爷的后背竟全是汗！当下已是秋季，流那么多汗有点儿不合常理啊。我心生纳闷。

纳闷间，爷爷已经开始蹬自行车了。他艰难地使劲踩着脚踏板，每蹬一下他的背就得往前吃力地弯一下。不一会儿他头上便汗珠滚滚，后背因汗太多而浸湿了大片衣服。是啊，再大、再凉的秋风也无法消除爷爷的疲惫啊！爷爷的背已微微驼，不再像以前那样挺拔。每一次弯腰都好像电影里的慢动作，他那么吃力，那么艰难；我那么自责，那么酸涩。

夕阳照在爷爷的身上，将他微驼的影子拉得老长老长。我后悔刚才冲他发牢骚，痛恨自己的任性……

好想回到小时候，那时候爷爷的身板比树干还直，比钢板还硬。他好像力大无穷，一只胳膊就可以把我抱起来。他那时蹬自行车哪像现在这样吃力？他载着我，双腿飞快地蹬，上再大的坡，后背都不会弯一下。夕阳同样将他的影子慢慢拉长，与如今的背影却形成鲜明对比。

爷爷，岁月虽偷走了您的健朗，但留下的，是您对我永恒的爱和我对您深深的感激。

第八篇：

踢毽子，她最厉害

"1、2、3、4……"同学们团团围着小璐。他们在干什么呢？与我一起来看看吧。

原来，我们班和二班正在举行一次踢毽子比赛。比赛采用的是车轮战的形式，每班最终选派一员"猛将"参加决赛。我方派出了"常胜将军"小璐，与二班的踢毽子高手比试，真可谓棋逢对手。

只听刘老师一声令下，两位同学便开始了激烈的角逐。我们先把镜头转向小璐，只见她一脸从容，志在必得。我们再来看看她的毽子，就好像有根无形的绳子牵着似的，稳放稳收。我们再把镜头转向二班的同学，他也是一脸平静，一副稳操胜券的样子。总体来说两位不相上下，旗鼓相当。那么到底谁更厉害呢？我们兴奋又忐忑地期待着。

不好！小璐一脚踢歪了，毽子向一米开外斜飞出去，"哎呀"——大家齐声呼喊，心都悬在了嗓子眼。这可难不倒小璐，因为小璐还有一个美称叫"救场王"。只见她冲上去右脚一钩，又顺利地把毽子钩了回来，继续比赛。这时只听"啊"一声惨叫，二班的毽子就像一只霜打的茄子软软地趴在了地上。按照规定，小璐已经赢了。可她还没有停下来的意思，她要挑战极限。最后我们一起帮她数数。她一共踢了四百多个，破了她的纪录。厉害！

空气那么热烈，散发着欢乐的味道。我也从中获得启示：做任何事情都要坚持到底，不轻言放弃，玩也不例外。

第九篇：

寒风中的领跑人

那个冬天，那棵松树，那个奔跑的穿着白衬衫的身影，成为我记忆中抹不去的一道风景。

忆及1986年，我正值初一，就读于离家很远的一所农村中学，是一名住校生。每天早晨，班主任会在五点半左右在楼下吹响哨子，呼唤我们到楼下操场集中晨跑。

那是一个冬天，很冷。听到哨声，我们迅速坐起，但真没有勇气立刻掀掉被子。但哨声一声比一声紧，我们只好哆哆嗦嗦地穿起厚实的棉袄，厚实的棉裤，还不忘加上一条厚实的围巾。打开宿舍门，风像尖刀一样刺过来，寒气果断地穿透层层包裹，直抵肌肤，我们个个冻得咬牙切齿。

临近操场哨声传来的方向，远远看见一个穿着白衬衫的身影在原地不停跳动，我知道那是我的班主任王老师。可是，他，只穿着一件白衬衫吗？我加快步伐跑近，因为个子矮，站在第一排，我得以更清晰地看到他果然仅穿一件洗得发暗、纤薄的白衬衫。我不敢想象……

只见他双脚不停地在踩踏，双手不停地在交替搓揉，嘴里呼出的白色气息似乎随时都能结成冰霜。看到我们到齐了，他说："孩子们，跑起来就不冷了。"我不知道他这句话是对我们说的，还是对自己说的。继而，他就开始在班级的最前端领跑。他跑得很快，很有力量，风时不时掀起他的衬衫，隐约可见他裸露的肌肤。

我小声询问身边和老师同村的一个同学："王老师怎么不穿棉袄？"他小声说："老师家里太穷了，母亲和妻子身体都不好，还有三个孩子。"我的鼻子顿时就好酸。王老师继续领跑，步伐有力，背影坚挺，我突然就生出感悟：寒冷可以被打垮，贫穷可以被打败。

无意瞥见操场边一棵老松，清冷而孤独地站立着。不对，应该是坚忍而有力地挺立着。

30多年过去了，我确信，王老师领的不是晨跑，而是人生。

（此篇为教师范文）

二、通感"动物篇"

第一篇：

"双商"都很高的点点

点点——我家的一只兔子。要问它名字的由来，那就得从把它带回家那天说起了。

初见它时，它只有我的掌心那么大，相当可爱。它的毛色以白色为主，唯有耳朵是纯黑的，肚皮上有两三滴黑点，滚圆的身子一跑起来仿佛芝麻汤圆露了馅，让人忍俊不禁。那点点黑色，那闪亮的眼睛，让我脱口叫出"点点"。从此，它有了自己的名字，我有了新的家庭成员。

点点对食物的渴求令人叹为观止。不论晨昏，不论昼夜，它的嘴巴总是不停。那小小的三瓣嘴，嘎吱嘎吱，眨眼之间一根胡萝卜就不见了踪影。各类水果，各类叶片，各类主食……它都不放过。我上学的时候，会把它放到笼子里，可是它每次都能成功"越狱"。最近它盯上了家里的那几盆吊篮和绿萝，每次一逃出"监狱"，就会直奔它们而去，昂起头，张开"血盆大口"，向绿萝和吊兰发起猛烈的进攻。没几日，绿萝和吊兰就所剩无几，不久就"国破家亡"。

点点的"情商"可不低。每天傍晚，我放学回家，远远就见它蹲在门口，一看见我便向我冲来。我知道它是渴望爱的怀抱，就有意逗它不予理睬。只见它身体转圈、眼神讨好，一看还没奏效，就索性立起前腿巴拉住我的裤腿再也不松开。我忍不住抱起它。你瞧，它躺在我的臂弯里，温顺极了，眼睛直直地看着我，那眼神让我的心瞬间融化。

点点的"智商"也很高。每次到了饭点，它都会在笼子里到处乱窜发出声响，仿佛在责备我照顾不周。有一次，我在嗑瓜子，它直直地看着，充满好奇。我优雅地捏起一粒，优雅地放进嘴里，它走到我身边，扒上我的腿，鼻息扇动，忽闪着眼睛要求来一粒。我哪里忍心拒绝，剥开瓜子壳取出瓜子粒递给它。却见它一改往日贪婪的吃派，侧着脑袋，张开三瓣嘴，伸出门牙轻轻从我手里叼去瓜子，慢慢咀嚼。那动作，那神态，优雅至极。我想，它一定认为这样的吃法才是瓜子的标配吧？

"双商"都很高的点点，已然成为我生活中不可或缺的一员。你瞧，那滚圆的露馅汤圆又来了……

第二篇：

我与仔仔的日常

仔仔是我养的一只小狗，它来到我的身边已经一年零八个月了。在这段时间里，它给我的陪伴、欢乐和惊喜数不胜数。

早上它是闹钟。只要妈妈一叫："小森起床啦！"它就立刻跟着"汪汪汪"地大叫，随即冲到我的床前，狂吠不止。如果我不搭理它的话，它就会跳上床来，麻利地掀开我的被子，不停地用嘴拱我；如果我仍不搭理它的话，它就开始舔我，直到我坐起来穿衣服。那一刻，它是安静的，用尽心又尽职的眼神看着我。你说，它是不是闹钟一个？

遛弯时它是"醋坛子"。每天傍晚，我和妈妈带它下楼去遛弯，只要我和妈妈抱起其他的小狗，它就会上蹿下跳，急不可待。我们不予理睬，它就不依不饶，嘴里不停直叫，我知道它是说："你们怎么能抱别的狗呢？我才是你们的仔仔啊！"它的这一招，屡试不爽，从不失手。

仔仔对我们的爱早已融进了生活的细节之中。平常只要我一拉起牵引绳，它就直奔大门而去。可最近我们出门都要戴口罩，有一次我忘记了，它就赖在地上不肯出门，拖也不起，冲着我"汪汪"直叫。我心生纳闷："仔仔怎么了？生病了？"我顺着它的眼光，看见了挂在衣架上的口罩，方才恍然大悟。果然，等我戴上口罩，它如脱缰的野马般直冲下楼。看着它撒欢的背影，我内心涌动着感动和快乐。

仔仔虽然是一只狗，现在已经成为我们家庭中必不可少的一员。

第三篇：

飞蛾扑火

那天夜晚，两只飞蛾飞进了我的房间，扇动着深灰色的翅膀在台灯附近转着圈，我本来就怕虫类，火速从椅子上弹了下来。

"啊，好可怕！"我大声疾呼。它们却对我不理不睬，一直在转圈。它们有着深灰色的大翅膀，头上晃着两根长长的触须，发出"呼呼"的声音。也许终于累了，它们收起翅膀，整个身体呈现出一种类似三角形的形状，停歇在桌角边，像黑灰色的污垢。我越发厌恶，它们却不知趣，又开始不停地飞，有时还落在我的头上！我害怕得大声尖叫。

突然，一只飞蛾飞出了房间，而另一只绕着屋顶的电灯，忽而盘旋，忽而上下，忽而飞走，忽而回来。就在这时，奇迹的一幕发生了，它开始奋不顾身地一头撞向屋顶的电灯。要知道，那灯泡早已被烧得滚烫，撞上去肯定是死路一条。我虽然很讨厌它，但也不愿意这残忍的悲剧发生在我的房间里。眼看着飞蛾还往里冲，我想去制止它，可显然已经迟了。只见它在飞翔的过程中，像跳了一段极为凄美而惊心动魄的舞蹈，然后扑向灯泡，只听见"啪哧"几声响，飞蛾坠落。它掉落的过程很慢，也许它知道这是一生中最后一次飞翔。

我目瞪口呆，就在这短短几秒之内，我竟然目睹了一场飞蛾扑火的壮烈情景，心中百味丛生。我蹲下来看它，小小的身躯竟然勇敢地往那极烫的灯泡上撞，到底是怎么想的？我陷入沉思，千百年来，飞蛾一直追求光明，也许这是它们的理想，它们种族的使命。虽然一直被人们嘲笑愚蠢，但信仰却不曾改变。我久久凝视它，仿佛看见了飞蛾飞翔过程中的那份信念与执着。虽然一直没有结果，虽然从未成功，但就是不能放弃。人们都嘲讽它的愚昧与无知，也有人会认为飞蛾是顽固而可笑的，但是又有多少人能体会到飞蛾内心的执着与坚定呢？一个内心笃定地追求梦想的人，即便没有成功，又何错之有？我彻底改变了对它的看法，不禁仔细观察它那弱小的身体，它的翅膀毛茸茸的，上面被灼烧的伤口是它们在这世上努力过，奋斗过，追求过理想的证明。在那一刻，我感受到了它内心的那份倔强，哪怕是葬身火海也无悔，粉身碎骨也无畏，只要证明存在过，战斗过……我终于明了飞蛾对所钟爱的灯火的追求，也感受到它的不后悔和不退缩。就像人们曾经不理解哥白尼，他为何宁愿被火活活烧死，也不愿改变自己的观点；就像人们也曾不理解三毛，前往条件恶劣的撒哈拉沙漠，去过另一个世界的生活。人们不理解，是因为他们不理解对梦想的那份追求与向往，这种追求与向往不就是飞蛾扑火的精神吗？他们心中的理想，如一颗璀璨的明珠散发着无形的魔力在召唤他们，而他们追求梦想不仅仅是"众里寻他千百度"，而是用生命去追随。

就这样，我在不经意间已经在地上蹲了好久，这只飞蛾久久地震撼着我，我愿意给它举行一个隆重的葬礼。

第四篇：

锦鲤驾到

锦鲤，因为其长相出众，存活率高，且自带吉祥色彩而深得爱鱼之人的喜爱。我家也养了两条橙红色的锦鲤。一条脑门上有一抹红，得名"眉心红"；一条身上有金色斑纹，得名"肚皮黄"。

都说鱼只有七秒钟的记忆，可我并不这么认为。自从锦鲤来到我们家，我每天都坚持给它们喂食，时常逗引它们。时间久了，只要我一靠近鱼缸，它们就兴奋得不停地在鱼缸里游来游去，用尾巴掀起一阵阵的水花，时不时地吐出一串串晶莹剔透的小泡泡，好似跟我打招呼一样。那副小样子，别提有多么可爱了。看来，在我的真情相待下，我已经深深地融入小家伙们的心里去了，打破鱼的七秒记忆啦！

去年的暑假，我和爸爸妈妈去旅游，整整一个星期，我的内心一直充斥着对它们的担心和愧疚。推开家门，我连东西都没有来得及放下，就直奔鱼缸一看究竟。却见缸内的水混浊不堪，浓浓的腥味扑面而来，两只橘红色的身影模糊不清，若隐若现，游动有气无力，它们都还活着！惊喜从心底涌出来。我连忙换水，洗刷鱼缸，它们的家重新变得晶莹剔透。我怀着赎罪的心情抓了一把鱼食小心翼翼地轻轻撒在水面上，希望能够以此来弥补我犯下的错误。但它们却耍起了小脾气，对那些鱼食视而不见，咕噜咕噜地吐出了一串又一串的小泡泡，似乎在向我抗议："把我们扔在家里这么久，自己跑出去到处游山玩水，你于心何忍？你可知道我们有多害怕？有多饥饿？"看着它们委屈的小样子，我忙向它们道歉，保证下次再也不会这么做了，一定好好照顾它们。就这样，足足过了二十多分钟，它们似乎才肯原谅我，狼吞虎咽地吃起朝思暮想的鱼食来。

从那以后，我对眉心红和肚皮黄更用心了，除了每天喂食和定期换水外，还喜欢跟它们说说心里话，不管是开心的还是不开心的，它们都安安静静地听我唠叨，时不时还摇摇尾巴，吐吐泡泡，好像在回应我一样，我们成了"无话不谈"的好朋友。

听说，锦鲤还是好运的代名词，希望我们能够成为彼此的小幸运，让我们的生活充满阳光。如果你想拥有一个自己的宠物，请让锦鲤驾到！

第五篇：

家有"萌"犬

每个人到我家，一推开门总是眼睛放光地喊："柠檬呢？柠檬呢？"然后，一只毛茸茸的贵宾犬，也不看是谁，就兴奋地扑上来，然后抬起头傻愣愣地看着你，那可爱的表情，让你不由得心生怜爱又忍俊不禁。

没错，就是这只可爱的贵宾犬，带给我无穷的欢乐。

柠檬来到我家是三年前的一个年初，因机缘巧合我把小小的它抱了回来。它圆头圆脑，耳朵很大。它是个捣蛋鬼，啃拖鞋，叼袜子，磨茶几……将家里搞得天翻地覆。当你忍无可忍想收拾它的时候，就会看到一双水汪汪的大眼睛盯着你，那眼神，是那么灵动，有愧疚，有祈求，也有自责，好像在说："对不起，我再也不敢了，原谅我吧。"看着它楚楚可怜的样子，你只有放下高举的手，轻轻拍拍它的脑袋，就当教训过了，它就如释重负般地围着我打圈来表达它的欢欣。

只要我在家，小柠檬总是跟我形影不离。我写作业时，它一定要霸占书桌底下；我睡觉时，它一定要自己叼着狗窝，吭哧吭哧拖到我的床前；我吃饭时，它一定紧紧抱着桌脚，不时伸过头来讨块肉吃……这常常让我感觉到我是它生命中重要的人，其实它对我而言又何尝不重要呢？

相处久了，我们之间就会有许多无形的约定，比如饭前需要一次抚摸，类似于主人的恩准。每到饭点，柠檬乖乖地蹲在饭盘前，等着我上前把狗粮倒出来，接着摸摸它的头，就会听到"嘎啦嘎啦嘎啦嘎啦……"的咀嚼声。如果那天你不摸它的头，它就会一直跟着你走，拼命把脑门塞给你求摸。有天我把吃的放好，忘记摸它，就急匆匆出了门。几分钟过后，一打开门，一阵"嘎啦嘎啦嘎啦嘎啦……"的声音传来。哈哈！看来柠檬等不及了，已经开吃了。我咳了一声，假装生气。却见它猛一回头，吓呆了。我还没说话，它就把狗粮"哗啦哗啦"吐了出来，还偷偷往旁边扒拉，好像在说"主人，误会啊，这不是我吃的……"看着它可爱的表情和动作，我忍不住哈哈大笑起来。

柠檬，谢谢你给予我的快乐，我离不开你。

第六篇：

树下一课

我在一棵树下，上了一课……

那天，因为考试失利，我内心沮丧，烦闷地来到小区内散步。走着走着，看到了令我震撼的一幕：一棵粗壮的老树下，有一块不知谁丢弃的馒头，一群小蚂蚁正在搬运。对于蚂蚁而言，馒头定是庞然大物，它们之间，形成了那么鲜明的对比。

看着忙碌的蚂蚁，我心生疑惑：就靠你们，能将馒头搬进洞穴？简直就是痴人说梦！原谅我对你们的蔑视，你们和我一样，常常自不量力，结果跌得鼻青脸肿。一股不甘和惆怅涌上心头，不争气的眼泪汩汩而落。

第二天，我不自觉地又来到树下，想看看这群和我同病相怜的"失败者"。然而，我看到的是——草地上的馒头不见了踪影，一群蚂蚁守在洞口，悠闲地晒着太阳。不会吧？一块那么大的馒头，一夜的时间，它们居然把"不可能"变成了"可能"？我不难想象，在这一夜，它们是怎样努力！看到"我"的嘲笑，不予理睬；面对夜色，无所畏惧；疲惫不堪，咬牙坚持；路遇障碍，绕道而行；不达目的，决不罢休……而我，一次失利让我灰心丧气，继而怀疑自己。与它们相比，我相形见绌，感谢它们给我上了深刻的一课。馒头那么"大"也可以被搬运，困难再多也可以被攻克，我也一样可以的。

我低头看看它们，一股敬意油然而生。小蚂蚁，你们是我的恩师。往后的人生，我定如你们一般坚韧，永不言弃。

大树，发出哗哗的称赞声……

第七篇：

黄金伴侣

我有着一个黄金"伴侣"，它是一个名叫"肉肉"的小狗，我和它简直是天造地设的一对！

我和肉肉的相识也算是一种缘分。那天我回家，发现家里多了一只狗，妈妈说："我看它流浪在路边，长得和你一样圆滚滚的挺可爱，就带回来了。"我很欢喜，因为终于有伴儿了。因为它很喜欢吃肉，我们就给它取名为"肉肉"。

有一次，老爸老妈外出，我和肉肉总算有机会在家"放肆"一回了！我打开电视机，调到体育类频道，拿出我俩都爱吃的肉脯，开启快乐时光。每当球进的时候，我们俩一起高兴地欢呼；当球没进的时候，我们会异口同声地发出沮丧的声音；当球要到球门的时候，我们的眼睛会不约而同聚精会神地盯着屏幕，心都悬到了嗓子眼。可快乐的时光总是短暂的，听到妈妈的脚步声，我连滚带爬地从沙发上下来，赶紧把电视给关了，给它降温。肉肉熟练地将沙发边的零食碎屑清理完毕。我用眼神示意它赶紧到我的身边来，它立刻趴在我身边，装出一副岁月静好的样子。我也从书架上抽出一本书，装作津津有味地在看。妈妈打开了门，充满怀疑地问："你一直在看书？""对啊，不信你问肉肉！"我一脸无辜地看向老妈。"汪！汪汪！"肉肉在一旁也用诚恳的眼神看着妈妈。过关了！我和肉肉相视一"笑"。

还有一次，我专心地照镜子，肉肉在一旁用那水汪汪的大眼睛看着我，我立刻领会了它的意思。我来到卫生间，先用温水给它洗了个澡，然后把它全身的毛都梳顺溜了。我对着干净清新的它打趣道："咱俩真是趣味相投！你喜欢看电视，我也喜欢；你喜欢吃零食，我也喜欢；你喜欢臭美，我也喜欢！"肉肉竟然好似听懂了一般，先是点了点头，然后傲娇地扬起眉毛，抬起头："汪！""哈哈！"我和肉肉心照不宣地"笑"了，那笑声回荡在我心里的那片"天地"里……

肉肉是我的快乐源泉，带给我无尽的欢声笑语；肉肉是我的小太阳，带给我温暖与惬意；肉肉是我的好搭档，带给我甜蜜与快乐；肉肉是我的黄金"伴侣"，带给我暖暖的回忆……

第八篇：

"战斗鸡"

我外婆家有很多鸡，其中有一只十分帅气、威武，代号"战斗鸡"。

这"战斗鸡"有多帅气呢？它有一张十分锋利的嘴巴，一对金黄色的眼睛中透着一股傲气，它全身有着高贵的黄色羽毛，头上一顶红色的鸡冠像燃烧着的愤怒的火焰，还有一对所向披靡的尖锐爪子。

"战斗鸡"和"战斗机"没什么差别。有一次，我步步向它逼近，满以为它会被我吓跑。可是，它恐怕早就注意到我了，不仅没有要逃跑的迹象，反而用挑衅的眼神望着我，好似在说："有本事过来啊！"于是，我飞跑向它，只剩一米了，仅剩半米了……只差一点儿了，就在我伸手的那一瞬，它立即飞上了那高高的屋顶，用它那金黄的眼睛瞪着我，就像在说："来，你继续抓。"我揣着一肚子沮丧回房间里了。

"战斗鸡"战斗不需要理由。吃食时，它总是第一个开吃，最后一个吃完。一天，外婆向鸡群撒米时，一些鸡不满意它的"霸道"，便立刻包围了它，而它在一瞬间便爆发出那"战斗"的野性。只见它临危不惧，上来就"开大招"——四处疯啄，很快啄跑了其中一半的鸡。它飞速奔跑，可新来了几只鸡，把唯一的出口给堵得严严实实的。于是它再次"开大招"，吓得其余的鸡落荒而逃。它唯恐再来几只鸡堵路，于是，高鸣一声，那声音威武雄壮，又一些鸡被吓跑了，只剩下最后三只鸡了。它用翅膀用力一扇，一只鸡就这样被扇跑了。面对剩下的两只鸡，它一阵狂抓，一口气赶跑了它们。正当它享用"霸王餐"的时候，突然，一只个头儿特别大的公鸡飞奔过来，一下子把它撞得远远的。"鸡战斗"立刻火冒三丈，像是在说："你竟然抢我的食物和位置，我绝不饶你！今天不打你，我就不是战斗鸡！"就见它用迅雷不及掩耳的速度冲向个头儿大的公鸡，直接把它撞个四仰八叉。接着，它用爪子用力抓，用嘴使劲啄。然后，它雄赳赳、气昂昂地吃米去了。而那只公鸡呢，躲在拐角处，胆战心惊地吃着它剩下的米。

看，这就是我外婆家的"战斗鸡"，是不是名副其实？

第九篇：

家有"大侠"

家有大侠？什么大侠？你一定很好奇吧？没错，我家有一个"大侠"——小仓鼠。

大侠长着一双乌溜溜的大眼睛，如黑宝石一般，总是闪着光芒，让人一看就生怜爱之心。它有两颗大门牙，专门用来消灭坚果一类的带壳谷物。一双小爪子总是提在胸前，常常抓着玉米片。由于它长得像一个小皮球，我就叫它"球球"。

球球是个贪吃大侠。每当我打开袋子要喂它吃东西时，它就立刻从木屑中钻出来，飞快地跑到笼子边。这时，它俨然就是一只"飞毛腿大侠"。只见它抓起食物，用它的特有工具——两颗大门牙，飞快地啃食起来。一眨眼工夫，美食就被它一扫而光。享用美食之后，它用舌头舔着小爪子，一副惬意的样子，看得我忍俊不禁。

球球是个钻洞大侠。当它吃饱喝足后，就开始钻洞了。你瞧，它用前爪刨，后爪蹬，使出吃奶的劲。不一会儿，就钻到了另一边，探出脑袋，四处张望，好像在给自己选择合适的住处。发现没什么危险后，就重新钻回去，"闭关修炼"起来。

球球还是个"夜行侠"。一天晚上，我突然听到了"吱儿吱儿"的声音。咦？什么声音？我赶紧起床，向声音走去。开灯一看，原来是球球在它的滚轮跑步机上跑步呢！只见它胖胖的身体像个小绒球，在滚轮里滚来滚去。见我来了，它立刻停下跑步，眨巴着眼睛，好像在说："多运动有益于身体健康哟！"我走过去，点了一下它的脑袋，说："你半夜运动，不利于我的健康，知道吗？"它又冲我眨巴眨巴眼睛，似乎听懂了，乖乖地回窝睡觉去了。

瞧，这就是我们家的"大侠"。虽然它给我带来一些麻烦，但我还是很喜欢它。

三、通感"植物篇"

第一篇：

秋日菊花之美

秋来谁为韶华生，总领群芳是菊花。

菊花开在九月，满湖菊香。行至白马湖，菊花在萧瑟的秋风中玉立，随处可见，开得随意又随性，大朵的、小朵的、高个的、矮个的，清秀、不施粉黛、五彩缤纷，宛如个个小欢喜充盈着我的内心。艳丽的红色，似火似霞；赛金的黄色，金光闪闪；胜雪的白色，纯洁无瑕；娇嫩的粉色，清淡高雅……仿佛一群群闹腾的孩童，挨着挤着在看热闹，一张张小脸张开，兴奋着，欣赏着，憧憬着最初的美好。恍惚间，我宛如走进了菊花的仙境，置身在这虚幻之中：有的菊花似婴儿那肥嘟嘟的脸蛋，有的似少女那婀娜的鬈发，有的像毛茸茸的绒球，有的像造型别致的小灯笼……菊花幻化成一个个可爱的精灵，在游人面前尽显风姿。

风起，菊花随风舞动，闹腾极了。阳光下，花与叶的倩影如跳动的音符，合成一支轻柔的小调，别有一番情趣。菊花随着风，携着断断续续的清香，悠悠地走进了游人的胸怀。我凑近低闻，那香气虽不浓郁，却使人在寂寥空旷的时节心旷神怡。

"东篱黄酒为谁香，不学群葩附艳阳""宁可抱香枝上老，不随黄叶舞秋风"。我爱菊花那不慕荣华、谦谦君子之气，更爱菊花那傲霜迎寒的铮铮铁骨。在秋风中，菊花灿烂、恬静地微笑着，用自己娇艳的身姿渲染秋色，为秋增添无限的生机。

待到秋来时，我想我会再来，还会为菊花驻足，为菊花着迷。

第二篇：

闻得一缕香

窗外正下着淅淅沥沥的小雨，我卧在窗户边，望着天空，天边升起了朦胧的雾，越来越浓，淹没了城市的花、草、树木，平时汽车的喧闹声和小鸟叽叽喳喳的欢叫声也被淹没了。雨天使我心烦气躁。忽然，一股浓香袭来，沁人心脾，我不禁心中一阵惊喜。

"是什么香？"我连忙寻找，原来在阳台不惹人注意的僻静角落里，有一株茉莉在绿得发亮的叶子之间，正在悄悄地开着花呢！那么小，那么不引人注目，几个洁白的花瓣拥抱着一簇嫩黄的花蕊。仔细看那白色的小花，就像那些谦逊、害羞的小姑娘一样，不喜欢在别人面前夸耀自己的颜色，只有在大家看不见时，才轻轻舒开那洁白的花蕾，从纯净的花蕊里吐出一缕缕芬芳，使你很难相信这浓郁的花香，竟出自这么低矮的灌木丛中。我不禁想起清代有一位画家，写下了一副颇有韵味的对联"月在荔枝树上，人行茉莉香中"，那是一种何等高雅的情调呀！正如陆游的"零落成泥碾作尘，只有香如故"。平心说，茉莉的香，没有玫瑰的甜、梅花的清、兰花的幽，但却朴素自然、平易近人。比起牡丹、芍药、玉堂春来，茉莉只是花这个大家族中的小人物。然而它却是有一分热，发一分光，有一粒花蕊，放一分浓香，这或许正是茉莉花的可贵之处吧！

"好一朵美丽的茉莉花，好一朵美丽的茉莉花，芬芳美丽满枝丫，又香又白人人夸……"听到这支歌，我仿佛又闻到那茉莉的香味……

第三篇：

冷梅

梅花，好一株高傲的梅，好一株清冷的梅。

梅花，你为什么在冬天开？也许只有皑皑的白雪，才能映衬你娇美的身姿吧？也许只有凛冽的寒风，才配得上你清冷的气质吧？

无论是熙攘的人群还是入云的高楼，都挡不住你那幽幽的清香；无论是无边的黑夜还是飘扬的大雪，都挡不住你那娇美的姿态。

我趴在窗口欣赏风景时，你便是我眼中的焦点：你那呈流线型的腰肢又多出许多交错的小枝丫，你的全身被一丛丛小梅花簇拥着。远远望去，像一片火红的云彩飘在天边。白天，你是美丽的化身；夜里，你是安全的代表，你在我心中有着多高的地位，也许只有你能知道。我的梅花，我的小小的梅花。

还记得前一段时间下雪了吗？你被压折了枝，吹落了花，但还顽强地挺立，是因为你想让别人知道在这寒冷的冰雪中还有希望，是吗？

我的小梅花？

冬日，美丽的梅散发着幽幽的清香……

其实，冷梅不冷。

第四篇：

美若月季

在我国，月季是一种妇孺皆知的看似很普通的花。北京、天津和郑州的市花都是她，我想她平凡的背后一定藏着独有的魅力吧？

我家的阳台上一直都种有月季。三四月份是她开得最茂盛的时期，蜜蜂、蝴蝶成了不速之客，唱着歌儿、跳着舞儿，袅娜而至。

记得三月末的一天早晨，我忽然发现月季茎上绽出了四个小小的花蕾，花蕾穿着一件绿色的外衣。又过了几天，我发现花蕾顶破了外衣，露出了粉红色的花瓣。一开始，由最外层的花瓣向外伸展，整朵月季花终于完全绽放。你瞧，花瓣舒展，多么像一个穿着粉红色衣裙的少女。花朵在晨光的照耀下，又像一只粉红色的蝴蝶在微风中扑打翅膀，翩翩起舞。我忍不住把鼻子凑近花朵，扑鼻的清香迎面而来。再仔细一闻，花香里还有像蜜一样的甜味……

四月份的又一个早晨，我看到了一棵满是大花朵的月季。那月季花朴素大方，花瓣层层叠叠，微微下卷，在阳光的照耀下，犹如涂上了一层明油，光泽而明亮。整株花长得弯弯曲曲，枝叶繁杂，我决定把她修剪一下……可是，花枝上的尖刺毫不留情地扎到了我的手。我怔怔地看着她，喃喃细语："你是用这样的方式保护自己吗？"我又想到她不选择居所，路边、野外无处不见她的身影，即使是在悬崖峭壁也依然无私绽放她的美丽，将"美"与"爱"传递给我们。

感动，顿时从心底涌出来……

第五篇：

走近那株甘做配角的花

我爱满天星，她不同于那争奇斗艳的玫瑰，又红又大；她不同于那香气四溢的百合，又白又美；她不同于那五彩斑斓的野花，又艳又奇……她只是心甘情愿地做着配角。

一次偶然，我看见了摆在花店门口的满天星。那紫色的花朵，虽然娇小，但看上去那么生机勃勃，很是有趣。一蓬蓬玲珑细致，松松散散的小花聚在一起，宛如点点繁星。我走进花店，拿起一束，店长很热情地为我介绍满天星。仔细看看，一朵一朵的小花，犹如一个个五角星，虽然不是很妩媚，却让人觉得很清新，很清纯，气质更胜于那些硕大的花朵。她在花店里似乎很不起眼，只是默默地衬托着其他的花儿。但我仍从她清纯的笑脸中感受到她的无怨和无悔，似乎只做配角，便是她的使命与职责。

又进来一位顾客，买了一束玫瑰，店长建议带几枝满天星，于是我又看到了在艳丽的玫瑰旁的那份淡定与无争。她本有姿态万千，也许会有人替她觉得委屈，可我分明从她的笑脸中读到了满足与自豪。看着看着，我的眼前就出现了荷叶，出现了小草，出现了星星……想着想着，我的脑海中就闪过护士，闪过教师，闪过环卫工人……朴实、低调是他们的本色，任劳任怨、无悔无怨是他们的胸怀。我的耳际似乎飘来满天星的心声：不争当主角，默默做好平凡的自己。我想，一个国家正是有了如此多的"满天星"，才显得更加可爱，他们甘做配角，奉献自己微薄的力量，终于用平凡成就了伟大。

我挑选了一大束满天星，店长追问主花用什么，我告诉她不用了，因为今天我想让她成为我的主角。低头再看，她似乎更美了，美到极致，美到了我的心里。

请你走近那株甘做配角的花儿，感受她那迷人的内心。

第六篇：

幸福树

我家的楼下有一盆幸福树，其貌不扬，这让她在百花丛中显得平凡无奇。可平凡，并不意味着平庸。

一天，我独自在小区溜达，回来的时候，不经意间看到楼下的花园里有一盆看上去似乎死了的幸福树，并没有太留意。过了几天，我们小区的外墙油漆翻新，我看着那些有毒的油漆，一大滴一大滴地落在了花园的植物上。我想起了几天前看到的那盆幸福树。唉，本来就岌岌可危，现在肯定最先被毒死了！有点好奇，我连忙下楼去看，原来生命体征最旺盛的玫瑰、月季都耷拉着脑袋，可唯有她，反而冒出了几片绿芽，那么小，那么绿，那么亮，像小眼睛一样召唤着我！

我感觉很不可思议，从那之后，每天早上、晚上我都会去看看她。她似乎对我的殷勤和欣赏心领神会，非常努力地生长。伴着春天的第一缕春风，她吮吸着阳光、雨露，越长越高，越长越蓬勃，终于褪去一冬的沉默，重获生机。

我靠近她仔细观察，叶子里一层，外一层，层层包裹着，每一层都是一次新生。每片叶子都是那么精致、翠绿，仿佛在释放着力量。她虽身居劣势，但不影响生命的激情。下雪了，她就默默地忍受着透心的凉；开春了，她就顽强地重现生机。她无声地告诉我，我们每一个平凡的人也可以将日子过得精彩。

所以，她在我心中是名副其实的"幸福树"。她告诉我，把平淡的日子过出激情，把精彩的瞬间永记心头。如此，幸福；幸福，如此。

第七篇：

半岛海棠

老家有座湖，周围尽是海棠……

我每次回去，必定会在傍晚时去湖边看海棠。我最喜欢抱着最大的那棵树的树干，微微侧头，小声倾诉自己的心事，而且我坚信它听得懂我的每一句话。偶尔落下几片花瓣，花瓣又偶尔拂过我的脸颊，馨香四溢，绕在心里，让人不骄不躁，一切烦恼烟消云散。胭脂红的花瓣被青绿色的花托包住，星星点点缀在枝头，整个湖畔都被晕染成了淡红色。那轻如云、薄如纸的花瓣像用琉璃雕刻而成，月光下更是显得美丽而缥缈。花瓣的表面如丝绸般光滑，如那少女的蓬蓬裙，显得纯洁而干净，不带一丝杂质。花瓣上那看似尘俗的点点胭红，展现了极致的美。云鬟花颜的海棠在摇曳间无不勾起红尘春光。海棠不需要花魁牡丹的雍容加身，不羡慕玫瑰仙子的天资容颜，在不经意间吸引我的视线。它的魅力让人陶醉，令人痴心。

记得八岁那年的晚春，我有幸看到海棠花开。先是花托微微张开，形成一个小碗的形状，然后最外面一层的花瓣跟着展开，里面的花瓣随即舒展……整个过程缓慢却时间不长，在生机勃勃的春天里又增添一抹艳丽的颜色。温暖的阳光下，海棠花引来蜂舞鸟鸣，开得浪漫而洒脱。偶有花瓣随风飘落，翩翩起舞后又落在湖畔的水面上，激起微微涟漪，轻柔而不失风度。

"只恐夜深花睡去，故烧高烛照红妆。"宋朝时，苏轼曾这样赞颂海棠。"只愿夜宁花静立，故熄红烛留花颜。"现在，我这样讴歌海棠。抚上海棠的树干，我闭起眼睛，嘴角微扬。

似有半岛海棠，留香……

第八篇：

水杉

在师范学院里，长着几行水杉树。它们陪伴我成长。

一年四季，不论春夏秋冬，它们都与众不同。

在春风的吹拂下，水杉树充满了生机。一场春雨过后，它们刚冒出的嫩叶，给我们带来春天的希望。

夏天的水杉树像是披上了一件绿色的大袍子，长满了绿叶，茂盛极了。许多知了在上面唱歌，像是比赛似的，一个比一个响亮。水杉树也成了我和小伙伴们的大遮阳伞，任由我们在下面欢乐玩耍。

秋天的水杉树特别美，别有一番姿态。水杉树像是披着金色的盔甲，再配上高大的树干，像是一个个凯旋的战士。到了深秋，金黄的落叶随风飞舞，像是蝴蝶一般，让我感觉仿佛置身于童话世界。我和小伙伴们在风中追逐着，欢笑着，想要逮住这些"蝴蝶"真不是件容易事。

到了冬天，北风像一头怒吼的狮子，不停地发出咆哮声。一旁的梧桐树早已使劲地摇摆着，仿佛在乞求风爷爷温柔一点。可水杉树却依旧笔直地站着，一如巨人，昂首挺胸，不在困难面前低头，不向严寒妥协。它们挺拔的树干，在北风的映衬下显得格外高大。

走在水杉林中，四季风景让我驻足流连，它们的高大挺直给了我信仰的力量，它们记载了我童年欢乐的时光。阳和风起，水杉翩翩，我笑了……

第九篇：

第一次走近一棵树

人生有许多第一次，而我最难忘的第一次是用心走近了一棵树，那是一次神秘而神奇的独特体验。之前，树在我的心目中是没有语言、没有心思、静止不动的一物，而那一次却让我知晓树也有感情。

北风肆虐，树叶漫天飞舞，像一只只折翅的蝴蝶纷纷而下。一会儿，风又卷起一根树枝，重重地打在电线杆上，发出"啪"的声响。我走在路上，看着似猛兽一样的狂风，不由得裹了裹身上的衣服。

突然，远处的一棵树吸引了我的目光，那棵树既没有浓密的树叶，也没有粗壮的枝干，光秃秃的树枝和纤细的树干让它看起来是那么孤独无助。我不由自主地向这棵树走去，走近了才发现它纤细的枝干上早已千疮百孔。我的思绪随着这千疮百孔展开了想象——多少个大雨倾盆、雷电交加的夜晚，豆大的雨珠将它的树叶全部打落在地，闪电将它的树干全部劈断，重重地摔落在地。可它毫不在意，毫不畏惧，依然顽强地生长着。它刚挺过雷电和雨水，又要面临持续的干旱，又一次让它陷入了水深火热的环境之中。火球般的太阳让大地万物面临着极大的威胁，庄稼被烧死，家禽被渴死，考验不断升级。而它，拼尽全力向下扎根，汲取大地深处的水分，力图让自己活下去。突然，一阵阵疼痛让它从汲取水分中回过神来，原来是一条条饥渴的虫子正在咬它的树叶，吸取它体内的汁液。它见状赶紧晃动全身的树叶，让虫子从身体上离开。经过几番周折，虫子终于掉落，而它也已经累得精疲力竭……最终，它以那绝不言弃的精神和顽强的生命力生存了下来。个中艰辛，它懂，这一刻我也懂了。

是啊，人生不也是如此？总会面临磨难和挫折，但只要心中一直充满希望，凭借自己的毅力和韧劲去努力，生命就会产生奇迹。

这是我的第一次，不同寻常的第一次，因为我走进了这棵树的内心世界。

四、通感"状物篇"

第一篇：

心中的狼图腾

与《狼图腾》这本书结缘，始自这个寒假。就是从这本书开始，我迷上了草原，迷上了草原狼，并且深深地迷上了这本书。

刚拿到这本书，看到竟有300多页，且每一页都是很小的字，密集如蚁，我天生对这样的书比较排斥，感觉会看不下去，就漫不经心地随意翻了几页便束之高阁了。可一次偶然的机会，我翻开了第一页，第一行接着下一行，就想停也停不下来了。渐渐地，我看了一页又一页。一波三折的故事情节，鲜活生动的人物形象，粗犷、豪迈的表现手法像磁铁一样将我吸引，让我欲罢不能。

我情不自禁走进每个情节里，在嘎斯迈、巴雅尔与狼徒手搏斗时，我仿佛也来到他们面前，看着当时那惊心动魄的一幕；我与毕格力老人一起去捕捉黄羊，我们一起奔腾在草原上追逐着羊群，充满了野性。在碧蓝纯净的天空下吃着干粮，大口咬着黄羊肉，在小山丘上放声歌唱，嘹亮的歌声响彻草原……我与他们一起经历，一起用心感受，书中的人物犹在眼前，我俨然也是其中一员。

置身于大草原之中，我结识了草原狼，跟草原狼一起感悟草原的魅力，也渐渐明白了狼图腾的含义。当我看到它们为了保护自己的家园，保护家族所做的一切时，我不禁心生佩服。当我读到小狼死去，毕格力进行天葬时，我眼中已不觉噙满泪水，我明白了狼图腾的意义，我的心与这本书深情碰撞。我猛然间醒悟，真正的草原狼图腾里没有残忍，有的是仁爱，自由和淳朴。

看完这本书后，我久久回味。五十余万的激情文字，让我找回了心中那份对自然之母的崇敬和热爱，也让我获得了草原狼图腾的洗礼，我身体里似乎被注入了一股新鲜血液。相信这本书会令每个人得到这样的启示：我们皆来自自然，都是大自然的平等众生中的一员。我们不应用任何力量去主宰自然，主宰万物。万物皆有生命，我们应多一分敬畏，怀着对自然的崇敬，以团结、勇敢、智慧、顽强、坚忍而仁爱的心走入多彩的世界，启迪无限的智慧，永不畏惧困难，勇敢去创造，自强不息。"百灵唱了，春天来了；獭子叫了，兰花开了；灰鹤叫了，雨就到了；小狼嗥了，月亮升了……"让童谣中的情境在现实生活中世代流传吧。

第二篇：

台灯

我望着眼前的台灯，心事涌上了心头……

它，通体金黄。三年了，它身上依然闪着金黄的光泽。虽然岁月在它身上留下了痕迹，可它尚未年老，发出的光芒依然明亮。

这个台灯，在我八九岁时来到我身边。从那时到现在，我除了假期和星期天，几乎每天都在它的陪伴下写作业、看书或者画画。它无怨无悔，勤勤恳恳，默默为我服务。当我写作业感到眼睛干涩的时候，它仿佛在提醒我："小主人，用眼不要过度，先去休息一下再过来写吧。"当我夜晚感到害怕的时候，它仿佛在说："小主人，别怕，有我呢！"我常常痴痴地看着它，它也痴痴地看着我。在那一刻，我就是最懂它的，它也是最懂我的，我常常觉得我们之间已经交流了千言万语。

有一天，家里突然停电了，可我总不能用蜡烛来写作业吧？这时，我脑海中突然闪过一个念头：对呀，我的台灯没有插头，不需要交流电，它只需要电池！我立刻把它打开，一如既往的光亮带给我温暖、快乐和满足。就这样，无数个枯燥单调的日子因为有了它而生动丰富起来。它用它的光亮，点亮了我整整三年的学习时光。

三年过去了，我知晓，它照亮的不仅仅是书本，更是我的学习生涯；它的光芒，不仅是物理之光，更是精神之光；它或许是平凡的，但在我心里却是无可替代的存在。我突然联想到社会上那些默默无闻的人，那些马路上的清洁工，那些十字路口的交警，那些建筑工地上的工人……他们用自己平凡的人生，成就了不平凡的岁月。

于是我借着这盏台灯的光芒，写下了这篇文章，以此表达我的感动与感激。

第三篇：

我的"土肥圆"小猪

　　我有一个金色的小猪储蓄罐，是我爸爸去年春节送给我的新年礼物。至于为何要送我一只储蓄罐，我心知肚明，他是要"治疗"我花钱大手大脚的"病"。

　　记得爸爸刚把它送我时，看着包装完好的快递盒，我满心欢喜，在脑海中猜想着它将会是什么颜色、什么样子的。怀着激动的心情打开盒子，我的心立刻就跌到了无底深渊，居然是一个土到极致的"土肥圆"金色胖猪！唉，虽然跟我想象的相差甚远，不过也在意料之中，因为这已经是爸爸不知第几次送给我这种"土里土气"的礼物了。为了不让爸爸尴尬，我还是强颜欢笑，把多年的积蓄放了进去。

　　自从有了这只"土肥圆"，我再也没有乱花过钱。每一次跑腿干活"赚"来的钱、每月的零花钱，以及每次打扫卫生时从床底、墙角等犄角旮旯抠出的钢镚儿，哪怕仅仅是一元钱，我也会十分郑重地悉数存入"土肥圆"的肚子里。随着时间的推移，我看"土肥圆"愈发顺眼了起来。于是，我存钱的兴致愈加浓厚，"土肥圆"的身体也愈发沉重。

　　记得那一天，我特别想买一套娃娃套装，爸爸妈妈说要"杀"了我的"猪"，用我自己的钱买。我一听，吓得一激灵，紧紧护住"土肥圆"，说："为什么要'杀'我的猪啊？它那么可爱，还可以帮我存钱，你们平时不是总嫌弃我乱花钱，一点儿钱都存不住的吗？现在有了它，我的钱全都存住了，你们又反过来要打它的主意。不行不行，小猪是我的好朋友，你们不能动它，我不要娃娃套装了！"看着我的反应，他们"狡黠"地相视一笑。低头一看，我的"土肥圆"小猪似乎已被吓得"花容失色"。可能见我将它紧紧抱在怀中，那小胖脸才又变回平日的光鲜亮丽，耷拉下去的嘴角也重新扬了起来。经此一"劫"，我发现我对"土肥圆"已经从越来越顺眼到深深地喜欢上了它，每天不遗余力地给它找"食物"，把它喂养得胖胖的，它成为我最亲密的伙伴了。

　　现在，这只"土肥圆"已经陪伴我多年了，金色的外套也斑驳了许多。但丝毫不影响我对它的爱，我们会相互守护，一如往常。

第四篇：

一幅画与"摩托梦"

梦想，从不分年龄……

周末待在家的我，实在无聊，眼角随意瞥到了书房角落的一幅画，立刻勾起了我的好奇心。我走到这幅画前，心想：之前，我怎么没有关注到家里的这幅画呢？

我细细欣赏着这幅画。画分为了两部分。一部分是一位意气风发的少年，神采奕奕，一手叉腰，一手抱着头盔，得意地笑着，在他的旁边停着一辆崭新的摩托车。这位少年的眼睛坚定地看着前方，仿佛充满着活力与热血。他的心中好像有一团火，欲释放而蠢蠢欲动。还有一部分是一位已近迟暮的老爷爷，他有着花白的头发，深深的皱纹。他的旁边也停着一辆摩托，只是这个摩托没有那么新，油漆已经掉落，是一辆破旧的摩托。我的目光又聚焦到了他的眼睛，一种熟悉的光彩再次映入我的眼帘：爷爷的眼睛里透露出一种渴望，一种希望，一种梦想。眼睛里的光让他本显苍老的脸，流露出一种非凡的光芒。

此刻，我的内心就像被滔滔江水不断拍击，我体内的热血在翻腾，我的心灵和这幅画产生了撞击。我久久地站在这幅画前，看着两边的对比。这个老人和这个少年，年龄相差迥异，但他们有着相同的梦想和追求。可以想见，老人年轻的时候，一定也曾像这位少年一样，追逐过，热血过，激情过。如今即使老了，他追逐梦想的脚步也没有停下。又或许他和这位少年本是同一个人，即使年近花甲，也无所畏惧。是啊！一个内心笃定追求梦想的人，即便没有成功，又何错之有？

或许有人会嘲笑这个老人的梦想和他的执念，认为这是不切实际的白日梦。但老人并没有放弃，依旧坚持着自己的追求。即便一直没有结果，即便从未成功，但就是不能放弃。也许人们嘲讽他的固执，但是又有多少人能体会到老人的执着与坚定呢？

我伸出手，去触摸老人的心灵，与他进行一次灵魂的交流。抬起鼻子，我仿佛闻到了拼搏、奋斗、努力的味道，感受到了他内心的那份倔强，哪怕是头破血流也无所畏惧，因为存在过，战斗过，拼搏过。人们不理解，是因为他们不理解对梦想的那份追求与向往。画中老人心中的理想，如一颗璀璨的明珠，散发着无形的魔力，在召唤着他，而他追逐梦想不仅仅是"众里寻他千百度"，而是用生命去追随。

我久久地站在这幅画前，敬意油然而生，我要向老人学习——大胆地追逐梦想！逐梦，无惧！

第五篇：

手机的自述

我是手机，现在家家户户都有我的身影。我体型娇小，种类繁多，功能强大，今天我就来介绍介绍我自己。

自从有了我，人们的生活就发生了翻天覆地的变化，我给大家带来了极大的方便。生活中，人们可以利用我查阅资料。你想要知道什么，问我就对了，你只要轻轻地对我说一句话，我就能在短短的几秒钟之内帮你找到想要的答案，不用再像以前一样翻阅那么多厚重的书籍。怎么样？是不是比原来方便多了？我的肚子里装满了学问，人们可以利用我读书，不管是什么书，只要你要，我就能快速呈现给你，让在你外出的时候也可以随时阅读，不会让你负重。我不仅知识渊博，还可以给你带来通信上的方便，你可以通过我，利用 QQ 和微信给身在天涯海角的朋友们发消息、拍视频，还可以用电话和远方的朋友诉说自己的心里话。如果是在古时候，传个书信一个多月也不见怪，而现在只需要几秒钟就可以和对方说上话了，而且还那么流畅自然，就算相隔十万八千里也可以实现无障碍交流，多方便啊！我还有很多很多娱乐项目，丰富你的业余生活，给你带来快乐。

虽然我有很多的优点，但有时候也是罪魁祸首。有人因为我夫妻吵架，有人因为我工作出错，还有人因为我成绩下降……更有甚者，有人因为我和家人反目，就算挨打挨骂也要盯着我不放。悄悄地告诉你，如果你长时间盯着我不放的话，那么我将会把你的视力从5.0一直吞噬到戴500度的眼镜也不够。你有可能因为我而沉迷于游戏不想学习，导致成绩一落千丈，曾经就有许多人因为沉迷于我而放弃了大好前程。不仅这样，我身上还有游戏的充值入口，任你有多少钱财也不够挥霍。这还没有完呢，还有人因为走路也看着我，一不小心失足跌入水中失去了宝贵的生命……怎么样？你还敢沉迷于我吗？

对，这就是我，一个让你又爱又恨的手机。

第六篇：

我是一颗流星

我是一颗流星，一颗调皮、灵动的流星，我会实现你们许许多多美好的愿望。听，有位小朋友说出了他心里的愿望："流星啊流星，希望你能让我有个小弟弟或小妹妹，有了他们的陪伴我就不会寂寞了。"

我很美丽，我不像其他星星那样在天上待着一动不动，只会傻傻地眨眼。我像一位舞者，在划过天际那一刹那，我调动自己所有的能量和热情，为万物献上一支最美、最有震撼力的舞曲。有人说，我们如昙花，虽美丽，但稍纵即逝。我承认，这是事实。我们的确是这样，只有在陨落的那一刹那，别人才能看见我的美丽，一旦这一瞬间过去，黑夜依然是黑夜，我不会改变任何东西。因此，有人认为我们的生命是不值的，但我们倾听了每个人的心声，给他们带来幸福和宽慰。我认为，这样就够了。

我在我们的世界里开心而充实地生活着。听见一位小朋友说会好好待他将来的弟弟妹妹后，我欣然一笑，转眼我划过天空，帮他实现了愿望。瞧，又有一位乖巧的小女孩双手合并，闭上眼睛诚恳地说："我只有一个小小的愿望，希望妈妈的病能好起来，我保证以后一定听妈妈的话，不惹她生气了！"她的这番感恩的话深深地打动了我，我在她小小的愿望里撒下一颗希望的种子，然后快乐地飞走了。看，还有一位三岁的小妹妹也在喃喃地说着什么，好像想让自己快快长大，好帮助父母，她许完愿还快乐地向我吐吐舌头。她的这个小小的愿望也被感悟到了，我赶快划过去，圆了她的梦。作为流星，我为能为人间做点什么感到很自豪。

为了滋润人们的心灵，帮助人们走出困境，我潇洒陨落……

第七篇：

路灯日记

我是一盏路灯，每天都干着同样的事，格外无趣，也格外孤独……

今天，我站在街边，看着川流不息的人群。夜幕悄悄降临，远处走来了一个穿着时尚的女子，她手提垃圾袋，戴着耳机。我本以为她要将垃圾扔进垃圾桶里，可她却偷偷地扔在我的脚下。我多想把她拉回来，好好教训一顿。可是，纵使我喊破喉咙，她却浑然不觉。我的头好晕好晕，那股臭味真让我快要窒息了。

过了一会儿，又来了一个男子，不知手里拿着什么东西向我走来。只见，他四下窥探一下，然后以迅雷不及掩耳之势，在我身上贴了几张小广告，然后扬长而去。我的身体奇痒无比，我大喊一声："你回来，赶快帮我清除！"可我的声音不受我控制，再怎么努力都是徒劳，伤心与愤怒一起涌了上来……

我有气无力地站在街边，被垃圾熏着，被胶水捆绑着，随时可能晕倒。忽然，有一个小孩子踏着愉快的步伐向我走来，我以为她又一次想对我实施"酷刑"，可她却轻轻拎起我脚边的垃圾袋扔进垃圾桶，又看了看我身上的小广告，停顿了几秒后跑开了。

我看着她的身影越来越远，燃起的希望之火又灭了。可是，不一会儿，她又回来了，还带来了一桶水和一块布。她先将广告纸慢慢地撕掉，我感到了那刻骨的疼，广告纸背面的胶水仿佛在撕扯着我的每一寸皮肤。那个孩子，轻轻地抚摩着我，仿佛在安抚我，给我力量。也真奇怪，她那简单的动作竟使一秒前的疼痛立刻消失了。接着，她将布浸湿，贴在我的皮肤上，轻轻地擦了起来。她的动作是那样轻柔，又是那样仔细，污点慢慢地消失了。那个孩子看了看我，然后满意地走了。看着她渐行渐远的背影，我努力地释放出光芒，为她照亮前方的路。就在那一刹那，我突然觉得自己不是那么孤独，人情也不是那么冷漠……

她踏着愉快的步伐走远了，那背影，成了我心底最温柔的一首歌，成了夜晚最美的一道风景……

第八篇：

一支笔的命运

我是一支笔，一支受宠的钢笔。

主人每次写字都用我，因为我写出来的字十分美观。有一次，主人夸我："这支笔真好，不仅外形好看，而且出墨流畅，特别好用。"我一听这话，心里美滋滋的，比吃了蜜还甜。

但令我没有想到的是，主人好久不用我写字了，我只能整日待在冰冷的桌子上。我孤独、寂寞，很不开心，笔尖开始微微漏墨了，这时我身旁同样被主人忽略的数学书说："你别伤心了，主人经常丢三落四，说不准过两天就想起你了。"听了这句话，我漏的墨少了，整日等待着那个熟悉的声音。

忽然我听到了那个声音，近了，近了，主人快到我的身边了。房门打开的那一瞬间，我心花怒放，头上的乌云散了，散发出全部的光彩召唤着主人。但是，下一秒，主人拿走的是书，而不是我。我沮丧失落，但主人又回头了，我又燃起了希望之火，用尽全身的力气大声喊叫着："主人，我在这儿。"她似乎听到了我的呼唤，终于拿起我，但却立即把我狠狠地摔在地上，嘴里还说道："这笔质量怎么这么差？还漏墨了！"听到这句话，我的心碎成一地玻璃碴，我委屈极了，我多想拉住她那曾经温暖的手，告诉她："主人，我没坏掉，这墨是我思念你流下的伤心泪呀！"可是，我的主人毅然决然地离我而去。

看着主人远去的背影，我的心在滴血。头上不仅有乌云，还下起了倾盆大雨。墨流得更快了，在这个寂静的房间里，只有我——一支钢笔躲在角落里伤心地哭泣，只有我这支"坏掉的钢笔"，只有我这支被主人遗忘的钢笔。

下午太阳已经偏西，快到主人放学的时间了，我擦干眼泪，又恢复到了以前的样子，本以为恢复原貌就可以让主人再次青睐我，然而又一次的失望迎接了我。

过了几天，我依然待在那个黑暗阴冷的角落，身上布满灰尘，周围被蜘蛛网笼罩，许多泪滴在地上汇成了"汪洋大海"。又过了几天，我看见主人又有了"新欢"，彻底忘了我。我顿时悲痛万分，真是"只听新人笑，不闻旧人哭"。之后，我被无情地扔进了垃圾桶里……

其实，我多么想告诉我的主人，告诉全世界——我，还可以为大家继续服务的！

第九篇：

梨花赞

忆起那次赏梨花，只觉得阵阵香气扑面而来……

那天，我去梨园赏花。梨树边，微风过处，送来缕缕清香，连空气都是那香香甜甜的味道。花瓣小小的，白中渗出淡淡的一点儿黄。我轻轻地走得近些，再近些，就像被勾了魂儿一样，眼中只剩下那一朵朵小小的梨花，美得那样纯粹。不可否认，我爱上了那一树的洁白。

我弯下身，拾起脚边的一朵梨花，轻轻地托入掌心，然后又轻轻地抚摩那雪白的花瓣……我借着直射而来的暖暖阳光静静端详她。阳光下，叠印在我眼前的是一曲舒缓、温馨的歌儿，我不由得陶醉在了那片花、那首曲中了。

微风拂来，花枝随风而动。远看，宛如一位多谋的儒生，轻摇羽扇，潇洒飘逸；近看，又像一位素衣剑客，衣袂飘飘，随风轻舞。较之樱花的娇贵，桃花的妩媚，梨花所呈现的灿烂是质朴的，是单纯的。置身其中，细细地体味这鸟语花香的春的气息，我似乎进入了梦幻的仙境。

梨花千姿百态，有的羞涩地打着朵儿，像一颗颗洁白无瑕的小珍珠挂满了枝头；有的已经张开了几片花瓣，像一个个白色的小喇叭，花瓣环抱细绒花蕊，甚是可爱；有的已经完全盛开了，雪白的花瓣就像仙女那白色的纱裙，随风飘舞，又像是蝴蝶在空中翩翩起舞。

我顿感自己像走进了一幅画，走进了一次视觉、嗅觉、听觉的盛宴，可以醉了。

第十篇：

有棵柳树叫"活着"

那天之后，一棵名为"活着"的柳树，无论是白昼还是黑夜，无论是顺境还是逆境，一直陪伴在我身边。一如阳光，照进了我心底的每一个角落，带给我的不只是温暖，还有力量。

犹记得，那是一个下午，我忙里偷闲地来到柳树湾，散步、赏景、放空。清幽的花香，调皮地钻进我的鼻孔，大片雪白的梨花和金黄的油菜花，给了我视觉上极大的享受，如入仙境。

沿着曲径，我来到河边的一座木桥边，高大的柳树林一览无余。桥边拐角处的一棵，一下子将我的眼球吸引。她的枝干无疑是粗壮的，只是像扭了腰一样将身体横跨在桥的上空，靠着一根木桩支撑身体。出于好奇，我疾步上前，她的树干虽弯曲，但却异常坚挺，树皮很粗糙，颜色是棕褐色的，身体上的"伤痕"清晰可见。我仰头看去，却见她的枝条上缀满了绿色的叶子，微风拂过，唱着一首生命的赞歌。

低下头，我的血液似乎一下子凝固了，那是怎样的树根啊！树根完全裸露在外，也许靠近水边泥土无法扎根，所以这是一个几乎无土的树根，每一个根系都似她的血管触目惊心地裸露在外。因为没有土，所以就需要更广阔地去寻找机遇；因为没有土，所以就需要到更深的地方去发现可能……

久久站在树下，我无法想象，严冬她是怎么熬过来的，烈暑她是怎么挺过来的，她所经历的一定是我们无法想象的煎熬。她有成千上万个理由选择放弃，然而却依然选择了坚持，钦佩与敬畏排山倒海而来。我在心底，给她取了一个名字——活着！

我知道，从今以后，我再也没有资格说"放弃"。

第十一篇：

秋叶

一个秋日的清晨，我漫步在色彩绚烂、充满诗情画意的公园，观赏着五颜六色的秋叶。

最引人注目的当数枫树叶了。远远望去，一大片的枫叶就像一团团在树上燃烧的火焰。那火焰不停地燃烧着，摇摆着，点燃秋的激情。近看，那团火焰又变成了一个个可爱的小手掌，不停地在向我招手。我捡拾一片放在手心里仔细观察，它的边缘长满了小锯齿，摸起来微微有点儿扎人。再摸一下，感觉痒痒的，像是调皮的孩子在挠着你的手心，让你忍不住想"咯咯"地笑出声。叶子上的"五根手指"分布得是那么匀称，生得那么精巧别致。望着这小巧的枫叶，我好生喜爱，难怪杜牧也感叹"停车坐爱枫林晚，霜叶红于二月花"。秋天的枫叶啊，你是如此热情似火，凝望着你，让我心里涌现出的分明是如睹春花般的喜悦！

秋风吹来，一片银杏树叶飘飘悠悠地飞了起来，轻巧地落在我的脚边。我抬头望去，一个个小扇子轻盈立在枝头，俯视大地。那高贵的黄色，活脱脱是在吟唱一曲不沾尘俗的经典。初秋，它还只是深绿色，几阵秋风过后，叶子就变成金黄色了。叶底下那一条形似波浪的弧线，使这片片树叶更加妩媚，像是古代女子手中的折扇，娇羞极了！你看，好多的银杏叶，在阳光的照耀下，像美丽的蝴蝶翩翩起舞。它们落在大地上，铺成一条金黄色的地毯，给秋天增添了一道绚丽的色彩！

秋天是多彩的，有黄澄澄的槐树叶，红彤彤的乌桕叶……真像一幅美丽的油画。捡起几片树叶把它们拼成一幅幅美丽的图画，将秋的美，送给自己最爱的人，这是多么美好的事啊！

人人言说秋天是悲伤的季节，可我恰恰相反。因为我觉得它美丽娇艳，它五颜六色，它硕果累累。"自古逢秋悲寂寥，我言秋日胜春朝。"我爱这美丽的秋天，更爱这秋天的树叶。

五、通感"景物篇"

第一篇：

我是风

我俯瞰着大地的景象，不禁狂笑一声："呼——"

地上的人们便知道了我的到来。我好生得意，可以为所欲为，遮天蔽日，飞沙走石……我自豪，因为我是风！不信？那就请跟我走。我漫步到一片沙漠，对着沙石兄弟们大声喊："喂！兄弟们，不要总局限在一个地方，别怕没有落脚的地方，跟着我一起搬家吧！"

于是我和沙石们踏上了迁徙的路。我一口气将沙石们吹到大山脚下，可就连我都被这山的样子吓了一跳——原先这里是一片葱绿，如今怎么变成光秃秃的了？咦？这里倒着一块木牌，上面写着："严禁伐树，违者重罚"八个大字。哼！也不知是给谁看的，太有意思了！管它呢，先翻过这山再说吧！

告别了大山，我们晃悠悠地飘到了一座城市。我低头一瞧，人们一个个都戴着眼镜，围巾扎得紧紧的，难道这就是防范我的措施吗？我看了看这座全部是钢筋水泥的城市，觉得沙石在这里安家不错，便下达了指令："安家吧！"

我用嘴一吹，顿时天昏地暗。看街头那唯一的小树，孤零零地摇头晃脑。我的声音在高大的建筑群中回响。人们一边裹紧头巾，搂紧衣服，一边大喊："沙尘暴来了！"我趾高气扬，鼓起腮帮，又呼出一口气："呼——"街头的小树卧在地上向我求饶，但树欲静，我才不会停止呢！

我在街头肆意地破坏：人们迅速地往家里跑，小树早已折了腰，庄稼已被我吹倒……我在空中肆意地笑，看着地上的生物被欺负的样子我格外开心。于是使足了劲，连吹了好几口气，沙石们也跟在我的后面一路搞破坏……啊！我的身体一阵剧痛。是什么在撕裂我的身体？我慌忙减慢速度，低头一看，这是什么？我用手一摸，是树！

这怎么可能？地球上不是几乎没有植被了吗？那些树和草不是被人们砍伐掉，被牛羊吃光了吗？我的伤口好痛，我痛苦地呻吟，我只好停下脚步。瞧！许多人在挥着镐头，扛着树苗，他们是在拯救地球，"保护绿色家园"是他们的计划。要知道植被是我们风沙最怕的敌人啊！有了它们，我将再也无法肆无忌惮，逞强施威了！

这里我已经无法生存，我只好离开城市，回归沙漠、荒山，暂时到那里安营扎寨。只怕有一天，绿色在脚下蔓延，我和沙子将再无容身之地！

第二篇：

云的自述

我是一朵云，天族的一员。纯洁飘逸、自由随性、豪放洒脱是我的天性，蔚蓝的天空是我的家，"制乐机"说的就是我——云。

我是一位天生的魔术师，我的身姿可谓是千奇百怪、变幻莫测。当我急速前行，飞快穿梭在天际，酷似一匹脱缰的野马；安静下来时，我变成了一只温顺的小绵羊；狂躁起来时，我变成了一只凶猛的狮子。紧接着，我摇身一变，又聚成了一块诱人的棉花糖，馋得人间的小朋友垂涎欲滴……正当地面的围观者纷纷陶醉其中，忘乎所以时，我就调皮地带着这些赞叹的声音躲在太阳身后。刹那间，广阔的天空一碧如洗，万里无云。

我还有一件秘密武器——调色板，这让我成为时间和天气的"预言家"。太阳渐渐高升，射出了一束束金光，给黑夜画上了句号。我的身上也被镶上了一条灿烂的光纹，成了朝霞，迎接黎明。在晴朗的高空，我悠闲地散步，远看是那么轻盈，那么洁白，让愉悦的心情立刻涌上人们的心头。夏日炎炎，大地如火炉般，庄稼们都弯下了腰求救，雷公公只好召集我们为人间造福。瞬间乌云密布，我率领一团团云兄弟姐妹变成墨汁般的黑云，雨珠从天空的裂缝中倾斜而下。不一会儿，大雨下完了，清新的空气扑面而来。转眼间，我成了一抹火烧云挂在天边，把天空装扮得格外迷人。

我是一朵云，一朵给天空美景，给大地生机，给人们童趣的云。

第三篇：

我的旅行记

我是风——来有踪去无影的快乐行者，喜欢跟无数同伴到处旅行，欣赏沿途风景。

我喜欢躲在云端里，在云海里休息、散步、奔跑，享受那软绵绵的巨毯。每当我在云海里遨游时，云朵们都会挤在一起，抢着听我的趣事，我各种奇特的经历让他们大开眼界。晚上，他们陪我一起看星辰、大海，看星辰在海水里播下亮闪闪的种子。

我喜欢随候鸟南飞。每到秋天来临，我都会跟着他们一起出发。一路上他们时高时低，忽快忽慢，有时候还亮开嗓子唱上几句。我抚摩着他们那柔软的羽毛，为了减轻他们的旅途疲惫，我轻轻助力，把他们送去温暖的他乡。看着他们远去的身影，我知道我的眼里流露出的是长者的慈爱。

送完候鸟，我又来到了陆地，和小伙伴们一起玩耍。我看见一群可爱的孩子们在放风筝，我悄悄加入，积聚力量，帮孩子们吹风，使风筝越飞越高，孩子们的笑容也越来越灿烂。看见孩子们的笑容，快乐就会从我的心底漾出来。告别了孩子们，我又开启了新的行程。大自然是个神秘的巨匣，里面藏着无穷无尽的秘密等待着我去探究。不一会儿，我飞到了一个长满蒲公英的地方。我亲吻着蒲公英，他们就分散成了许多小种子，跟我一起去旅行。我将这些可爱的小种子带到各个地方，让他们把家安在每一个心仪的处所。

最后，我又来到了我最爱的大海。我和海水们赛跑、冲浪，卷起了一个又一个美丽浪花，鱼儿也在浪花间舞蹈。在那一刻，我们融为一体。累了，我们就促膝谈心，时而窃窃私语，时而豪言壮语，天空见证着我们的深情厚谊。

我是风，我愿带你到浩瀚的世间，带你到每一个想去的远方……

第四篇：

蝶恋花

我短暂而又微不足道的生命里，却见证了家园被摧毁。我曾因快乐而起舞，也常因流离而悲伤。

我飞过原野，飞过村庄，只为寻找那心中的伊甸园。我低飞、回眸、留恋……昔日的家园随着那机器的升升降降逐渐消失。转瞬间，百数株花朵已失去光彩；展翅间，又多了许多流离的伙伴。狂风啸、百花残……我不得不去寻找新的天地。我们低飞着，路过人类的小村庄，分散在小院里打算稍作休息，可他们却拿着网"欢迎"我们；我们飞过农家的田园，却因他们机械的轰鸣而不得不遁逃；我们经过林间的小溪，小溪散发出的气味让我呼吸困难。一路上，我认识了很多无家可归的伙伴，亲眼见证了许多生命离我们而去，我的心情压抑极了。

突然有一天，我的眼前豁然开朗，那是一个大花园，园中种满了雏菊，还有一棵桐树。

有一个扎着双马尾的女孩，总喜欢坐在桐树下，读着一本很厚的、密密麻麻写满字的书。

在我眼里，她好美，眼神里总是流露出对我们的喜欢，就连走路都小心翼翼，生怕踩到一朵花。她看到了我，轻轻伸出手，让我停在她的指尖。我翩然而至，她笑了，笑得好美，两个酒窝圆圆的，一双眼睛弯成半月形。她总是下午来，黄昏走。每次她来，我和同伴们就追随着她。直到她向我们挥手告别，我们便心领神会。看她一蹦一跳的背影，我幸福极了。后来，有一天，一个人从花园里接走了她，她再没回来过。

每到下午，我就总习惯性地立在那朵紫色的雏菊上等待。我望向门口，期待那个俏皮的身影再一次出现，可是……花园里的花慢慢被采走了，又慢慢地有新的小芽长出来。外面的人，里面的我们，两个世界，两种心境。我亲眼看见小芽的生长速度远不及花被采走的速度快，园里的花越来越少了，哽咽着，我缩进了花蕊中。很久没哭的我，躲在一朵花里，哭了。

天阴沉下来，淅淅沥沥地下着小雨。迷失的乐园，缺失的美好啊！但是，蝶，却依旧恋着花。

第五篇：

星空遐想

"明月几时有，把酒问青天"。这是一个银色的夜晚，月亮高高挂在空中，月光如流水一般穿梭在云隙间。我和妈妈坐在院子里的椅子上，星空一览无余。凝望着那圆月，我的思绪插上了幻想的翅膀……

我的身体仿佛如鸿毛一般，穿过云层飞向银河大剧场。前方热闹非凡，欢呼声跌宕起伏，不时有星星从我身边匆匆闪过，有的星星又大又亮，有的则又小又暗。它们如此匆忙为哪般？我感到不解，抓住"北斗七兄弟"询问。原来，它们正在举行一年一度的"月牙儿"艺术大赛。走进现场，星友团们都在为选手加油鼓掌，呐喊声如潮水般涌了上来。鼓手们可真有创意，他们居然以月为鼓，击得正欢呢！

比赛开始了，星星选手们各自表演了节目，有的跳舞、有的唱歌、有的画画……选手们八仙过海，各显神通。其中最让评委拍案叫绝的是八号舞蹈团跳的孔雀舞，十分奇特。星星们将银杏叶插在自己身后，随着节奏翩翩起舞，两边动作很整齐，而且秩序井然，真像一群美丽的孔雀。第十五乐团的表现也十分精彩，乐曲一会儿高昂，一会儿委婉连绵，抑扬顿挫，高潮部分轻微时如春雨绵绵，响亮时如群狮怒吼，江水咆哮，真是"有韵之离骚，星家之绝唱"。我的目光锁定到了二号选手的画作《银河相会图》，不禁眼前一亮，他把牛郎、织女相会的感人场景描绘得栩栩如生，我仿佛听到了牛郎的衷肠、织女的柔情，还有王母那不近人情的责难……

比赛结束了，八号舞团荣获团体第一，二号选手获得单项第一……比赛结果还没有宣布完毕，月亮突然"砰"的一声爆了！原来是鼓手兴奋过度而用力过猛，把月亮打爆了。我大惊失色，众人却哈哈大笑，嫦娥悄悄告诉我："没事，这样的事每月都在发生……"我恍然大悟，怪不得月圆月缺，原来如此啊！

我醒了，从无限遐思中醒来，看着美丽的星空，我们约定了再次相会的时间。

第六篇：

雨天让我着迷

我最着迷的是雨天，雨天有三种，其中暴雨最为美丽，它总是来无影、去无踪的。每到暴雨，我总要跑到窗前，黄豆大的雨滴打在玻璃和窗台上，噼里啪啦，噼里啪啦，不知不觉中奏出了一首首旋律欢快而活泼的曲子。听着，听着，我不禁入了迷，忘记了时间，忘记了地点，忘记了世界，仿佛全世界就剩下我和雨滴了。那雨的精灵，带我飞向高山，飞向天涯，飞向海角，飞向世界每个角落。这让我想到了苏轼的"黑云翻墨未遮山，白雨跳珠乱入船"。眼前虽然不是西湖，却有着可以与西湖媲美的景观，怪不得苏轼写下"还来一醉西湖雨，不见跳珠十五年"，我醉了。

暴雨像赶集一样走了，取而代之的是中雨。中雨不及暴雨猛烈，但比暴雨柔美、细腻，空中布满了像珍珠的雨滴，大地的每一寸土地都被它亲吻过了。地上有许多小水塘，雨滴落在上面，发出了滴滴答答的响声，这声音仿佛在向我祝福，仿佛在向我诉说，仿佛在向我发送邀请，仿佛在向我讲述它的故事……雨滴在空中舞蹈，一会儿，这几个跳一跳；一会儿，那几个跳一跳；一会儿，这几个抱成团；一会儿，那几个抱成团。地上的雨点在唱歌，美妙无比的歌声为空中跳舞的雨滴助兴。

中雨也默默地走了，紧接着小雨悄声无息地来了。它轻轻地、轻轻地，轻到不能再轻地抚摩着花草树木，花草树木在它精心的呵护下，展现了生机勃勃的活力，这让我体验到了孟浩然的"随风潜入夜，润物细无声"的境界。此时再想起这首古诗，我仿佛穿越到了唐朝，与孟浩然共同欣赏着润物细无声的好雨。这细雨不仅滋润了植物，还平复了我的心情。一丝丝细雨滑了过来，像探亲一样，既温柔又热烈。

再回过头来看一眼我们生机勃勃的大地，雨后，大树好像更绿了，小草似乎更青了，花儿仿佛更美了。全世界如同换了一个面貌，更美、更有生机了，更让人着迷了。这都是雨的功劳啊！

我沉迷于雨天，沉迷于雨的热烈，雨的温柔，雨的无私，感谢雨给我们带来的一切美好。

第七篇：

打磨

我对那一处悬崖记忆深刻。

那是一座千疮百孔的悬崖，临海处如同蛋糕般被切去，向里深深地凹下去，沉在水中的部分显得孤立无援，不但被海水团团围住，还被它们当作了垫脚石，一波又一波的小浪花从它身上一跃而起，原本尖锐的石头也渐渐变得圆润。视线上移，能够站人的平台已是窟窟窿窿，积水的地方也已被打磨得光滑发亮，究竟是怎样的力量才能将岩石打磨得如此残缺不平？

这时，远处卷起一股海浪，翻滚着，越来越大的气势令人胆寒，原本的低鸣逐渐变成了嘶吼，那一排浪花如猛兽那泛着寒光的利齿，朝我们冲来。终于，浪已经近在咫尺，它再一次昂起头，比悬崖略高的身躯展露无遗。它猛地向下一扑，以磅礴的气势，铺天盖地地涌来，悬崖的身体仿佛被禁锢，只能抬头看着巨浪要把自己淹没。

突然，天地间发出一声巨响，海浪与悬崖狠狠地撞在了一起。霎时间，海浪便涣散成了颗颗小水珠，那声巨响便是他的怒吼。悬崖依然挺立。可不多时，海浪便卷土重来，一次次与悬崖碰撞在一起。悬崖似乎渐渐呈现出了疲态。终于知道为何它会如此千疮百孔了，海浪的一次撞击可能对悬崖来说微不足道，可一次次微不足道的撞击汇集在一起，纵使是坚硬如岩石，也会一点点地被打磨。

悬崖，曾经是那么坚不可摧但经过海浪无数次的撞击，悬崖却被打磨、被抛光。悬崖如此，美玉也如此，被打磨后晶莹剔透，人皆爱之。自然如此，人亦如此，再多的棱角也经不住岁月的打磨，都会变得温润平和。

打磨，有时是一种改变，被打磨后的美玉珠圆玉润，被打磨后的人更加内敛深沉。物如此，人如此，需要打磨。

第八篇：

春醉

几番春雨之后，溪水涨了几分；翠绿的柳条，吐出了新叶；金灿灿的朝阳，从树枝的缝隙里，洒入涧中……美丽的春，踏着轻盈的步伐来了。

我漫步在公园里，寻找着春的踪迹。吸一口气，空气中散发着青草的气息，像刚刚挤出的牛奶那样清新，沁人心脾。

春天的公园，同样是动物的乐园。你听，云雀在高声鸣叫，鸽子在咕咕低语；你看，燕子在静悄悄地飞掠，猫儿在慵懒地晒太阳，狗儿没有发出吠声，站在一旁温驯地摇着尾巴……

路边的花儿都在争先开放，姹紫嫣红的。但映入我眼帘的不是清香的桃花，不是俏皮的杜鹃花，而是那雪白的樱花。樱花树上挂满了花朵，它们的花芯是黄的，而花瓣是那样洁白，连雪花都自愧不如。灰尘更是敬而远之，怕玷污了它们的纯净。

一阵水流声传进我的耳膜，越往里走，声音越清晰。我拨开灌木丛，来到公园的最深处——有一条小溪，它正欢快地向前奔跑着，恢复了从前的活泼和欢乐，边跑还要和沿途遇见的水草、鱼儿淘气一番。

"哈哈哈……"忽然，传来了小孩子的嬉笑声。原来有几个孩子在草地上玩耍。他们用野花做成几个美丽的花环戴在头上，在碧绿的草地上打滚、玩耍。

我久久地流连其中，沐浴在绿色里，沐浴在生机勃勃中。人，就像飘浮在绿色之中，每个细胞都灌满了活力，感受大自然的无限生机。

沐浴其中，我，我们都醉了。

六、通感"记事篇"

第一篇：

春游取消了？！

春游，令人无限向往……

昨天早晨，重磅消息传来——要春游了！大家嘴上纷纷说着春游，心里纷纷想着春游，欢呼声仿佛可以把屋顶掀翻，每个人的脸上都写着欣喜若狂……好不容易熬到了晚上，同学们个个和家人奔去超市，购买自己喜欢的食品。我购买着物品，每拿一个，春游的情景就在我脑中浮现一次，我情不自禁地哼起了小曲儿。

今天一天的课程，是那么轻松又是那么晦涩；今天一天的时间，是那么短暂又是那么漫长。走在回家的路上，春风拂过我的脸庞，传达喜上眉梢的讯息；花儿竞相开放，送来的缕缕幽香，袅袅地钻到我的心中。看着，闻着，春游的美景立即映在了我的眼前：红的火红，白的雪白，青的靛青，绿的碧绿，仿佛仙境，让所有人流连其中；那一泓泓清泉，一点一点地浸润我们的心田；大家的赞叹声、欢呼声不绝于耳……想到这里，我步履轻盈，内心雀跃。

到了家，我便开始收拾东西，将所有我能想到的东西全部塞入包里。看着鼓鼓的包，我又不禁想到了大家一起分享美食的画面：同学们围坐在一起，你吃我的薯片，我喝你的酸奶；你唱一曲，我吟一段……兴奋与幸福无遮无拦地涌进我的心头……

突然，妈妈的手机响了。她眉头一皱，我蹦蹦跳跳地跑了过去："妈，怎么了？"妈妈看了看我，似乎欲言又止："春游，春游……""春游怎么了？""春游取消了。"妈妈声音那么低，对我却如同炸雷一般。我不敢相信，以为妈妈是在骗我，于是我漫不经心地说了一句："怎么可能？"妈妈将老师发的短信给我看……"不，不可能！"我用力地掐了一下自己的腿，努力地瞪大眼睛。"这是事实，春游真的取消了。"我一下瘫在了地上，看着门外的世界，仿佛一下子失去了光泽，灰蒙蒙的，铅笔画似的。我不禁冷笑了几声，满面的无奈取代了满脸的欢欣。我真想对窗外大声倾诉："为什么，为什么要这样对我！"一阵风吹了过来，使我原来就已经凉了的心更加凄凉了。我的眼前仿佛飘满了落叶，心碎了一地……

窗外的明月升了起来，但我辗转反侧，彻夜难眠。春游的画面再一次浮现在我的眼前，快乐、幸福全都化为泡影，从我的世界中消失了。我满心悲伤，每个细胞都在呐喊：为什么？为什么？那花香与那清泉仿佛都失去了光泽，被黑暗笼罩着。就在那一瞬间，我的心枯萎了……

春游取消了，真的取消了，我这过山车一样的心，何处安放？

第二篇：

第一次坐过山车

人生的第一次总是可贵的，有了第一次，才会有无比精彩的第二次，不是吗？我们的第一次，或酸、或甜、或苦、或辣……但我们仍然享受着个中滋味，哪怕它是一场心惊胆战的体验。

一个星期天的上午，爸爸要带我去感受樱花园新的游乐项目——过山车。我开心得手舞足蹈。到了樱花园，我直奔过山车。可当看到过山车纵横交错的轨道时，我感觉有一股冷气从我的脊背上窜了出来，心里也打起了退堂鼓，爸爸却不由分说地拉着我买了票。我俩坐上座位，做好各种安全准备，却看见爸爸眼睛直勾勾地盯着轨道，手紧紧地握着安全杠。我朝爸爸做了个鬼脸，以嘲笑他的胆小，而自己本来紧张的心却缓和了一些。

"丁零零"发车铃响了，我倒吸了一口凉气，心紧张得提到了嗓子眼。过山车先是在地上绕一圈，然后渐渐加速向上，像是一条巨龙在空中盘旋，它似乎想要甩掉附在它身上的"不速之客"。我惊呼一声，热血顿时涌向我的头顶，我的双脚像两个紧张的小娃娃，紧紧地靠在一起。过山车转了几圈放慢了速度，再一次渐渐上升，我的心也平静了下来，双脚也自然地放松下来。而爸爸却还是一副紧张的样子，张着嘴巴，连握安全杠的手都不住地颤抖。几秒的时间我们已经到达了最高点，放眼望去，樱花园的景色尽收眼底。还没来得及欣赏完美景，突然来了一个180度的转体，我们像一个个倒挂着的蝙蝠，同伴们的尖叫声此起彼伏，透过耳膜敲打着我的心。我感觉自己已经停止了呼吸，心脏也逃离了身体，唯一能做的就是用喊声来宣泄我感受到的刺激。落下来的过山车又像孙悟空一样连续翻了几个跟头，我只觉得一阵眩晕，已分不清上下左右。

渐渐地，车子慢了下来，驶进了出口。这时，我才松了口气，在爸爸的催促下摇摇晃晃地下了车，但心却还在刚才刺激的旅途中。

是呀，人生中的每一次体验都见证着我们的成长。勇敢尝试有意义的第一次吧，它会让你的生活更精彩。

第三篇：

三号楼的回忆

坐在出租车的后座，我透过车窗看到那写着"拆"的三号楼，鼻头一酸……

清晨，阳光普照大地，万物吮吸着阳光的馈赠。我背个小书包，快乐地跑着、蹦着，眼角间尽是喜悦。三号楼传达室的爷爷朝我走来，我迈着小短腿跑过去，拉着爷爷眉飞色舞地说："我要上一年级了！"爷爷一下把我抱起，我淘气地玩起了他的白胡子。爷爷爽朗一笑，刮了刮我的鼻头，说："调皮蛋，到学校好好听老师的话。"说完，他从口袋里掏出一块巧克力。巧克力已经被捂得变了形，一看就知道他已经等了我好久。爷爷乐呵呵地说："昨晚别人给的，爷爷给你留着呢，听别人说可好吃了。"我拆开来塞进嘴里，满嘴甜蜜，唇齿间都流淌着爷爷的疼爱。爷爷看着我，笑容里多了满足和欣慰。

我家对门有对双胞胎，他们俩仿佛是从一个模子里刻出来的，连他们爸妈有时都会分不清，但我从来不会。每次下跳棋，哥哥总是拿红的，弟弟总是拿绿的，我总是拿黄的。我们对视了几秒，都哈哈大笑，调侃几句："这是约定好的吗？"剪刀石头布时，哥哥总出"石头"，弟弟总出"布"。每当这时，我眼底总是闪过一丝狡黠的光，毫无悬念地赢了。我在一旁偷笑时，那兄弟俩总是一脸憨厚的笑……我家楼上还有个小妹妹，那时我和她还在门口一起跳广场舞呢，耳边仿佛还回荡着："你是我的小呀小苹果……"

传达室爷爷总会变戏法似的从口袋里掏出一把糖果；双胞胎其实早就看出我的小伎俩，却从不拆穿；广场舞给我们带来无限快乐……

三号楼的人、事，充斥着人间至纯至美的爱。三号楼虽不在了，但那份邻里情永远环绕在我的心头。

第四篇：

妈妈，手机不是您的女儿

妈妈，有一件事一直埋藏在我的心里，像一根鱼刺卡在我的喉咙口，让我寝食难安。

我知道，您每天都要辛辛苦苦地上班，而在休息时间里，您总是抱着手机在"埋头苦干"。不管在我写作业时，还是在全家一起共度美好的休闲时光时，甚至在吃饭、睡觉时，您总是把手机捧在手心里，就像"掌上明珠"一样。

记得有一次，我在家里写作业。有一道难题，我思考了好久也没有思路，就跑去问您，您毫不理睬。在我再三请求下，您皱着眉头，放下手机，对我说："明天去问老师！"接着，您又一次拿起手机玩了起来。顿时，我的眼泪不停地在眼眶里打转。第一次，忍！还有一次，那是期中考试，我考了一百分。"1"后面的两个圆圈也在向我微笑。我兴高采烈地将试卷拿给您看，可是您却头也不抬地说了一声"嗯"，随后，又继续玩起了手机。试卷上的两个"圆圈"渐渐地也失去了色彩，失去了光泽，失去了笑容。第二次，忍！

一天晚上，我激动地想和您分享今天在学校里发生的趣事。谁知，却被您冷冰冰地拒绝了。您说："不分享了，明天还要上学，早点睡吧！"您看似在关心我，可眼睛仍然离不开手机。我实在忍不住了，两行泪水顺着脸颊流了下来，我独自一人躲在被窝里泪流满面。夜里，我辗转反侧，怎么都睡不着。此时，只有无情的雨水与我相伴。雨水拍打着屋檐，仿佛也在无声地哭泣，使我心如刀绞。我心中的五味瓶被打翻了，各种滋味一起涌上了心头……

妈妈，请您放下手机，挤出一点时间来陪陪我，好不好？

妈妈，手机不是您的女儿，也不是您的掌上明珠，我才是！请您多陪陪我吧！

第五篇：

电池的漂泊

我在大海中漂泊已经五年了，但我体内的毒素却还剩不少。

作为一粒纽扣电池，我被扔进海里后，不知毒杀了多少生灵。第一个吃掉我的是一只海龟，它的胃酸融化了我的表皮，毒素扩散，很快便杀死了它。它的尸体又被一只鲨鱼吃了下去，结果也可想而知……

五年了，我从太平洋漂到大西洋，北冰洋，印度洋……走遍了海洋的每一个角落。而每一只吞下我的动物肚里都有着无数的螺母、弹簧、瓶盖……我不禁感叹：海洋垃圾之多，令我发指。同时，又想到一个令人胆寒的问题：被海洋垃圾害死的动物，到底有多少呢？

我不敢再想下去。还记得上一条金枪鱼，在将我排出后，便死在了近海，尸体被两条石斑鱼分食。我亲眼看见金枪鱼肚子里的塑料、铁丝飞散开来……

还有一段可怕的回忆：

一年前，我被一条深海马鲛排出，在黑暗的海底游荡，我两天都没有被吃掉，然后……

我看见了马鲛的尸体。

一块一尺长的铁片划破了它的肚皮，不知多少已经腐烂的塑料从它体内流出，异常恶心。它的眼睛失去了光芒，但仍然能看到其中的恐惧与痛苦。许多细菌游了过来，吞食着它的尸体。

五年的漂泊，我的外皮已不见了，只有一块芯片还存在。每天，毒素都会流进海水里，每天都有小鱼在我经过的地方结束了生命，每天我对一切接近我的生物大喊："不要过来！不要过来！会死的！"可回应我的只有一具具浮尸。

一条石斑鱼将我吞下，随后便被网上了船。

透过鱼腮，我见到了令我抓狂的一幕：有一根水管将废料源源不断地排入海中。"不要！"我怒吼着。可是没有人听到我的声音，我绝望了。

我向全世界发出呼吁，不要乱扔电池，请让我回到自己的"家"！

第六篇：

拔牙

提到拔牙，我至今仍觉得满嘴血腥。

大班时，我开始掉牙了，偏偏我的一颗大门牙不肯顺顺利利地下岗。于是，我爸我妈决定——带我去拔牙！

那天，天气不怎么样，阴沉沉的，乌云遮住了太阳，但并没下雨，闷得人透不过气。我正在玩儿，我爸我妈突然过来了，一左一右架着我走向了车子……我才知道，他俩要带我去拔牙！我哭着喊着不肯上车，奈何我太小，胳膊拧不过大腿，被"拖"进了车里……

到了医院，眼看着我就要被拉进门了，我灵机一动使出"哭"计，鬼哭狼嚎着死死扒住门框不肯进门，哭得那叫一个天昏地暗，吃奶的劲儿都使了出来。虽然我苦苦挣扎着，却没能挣脱，还是被无情地拉了进去。突然，我想到了又一个好办法："妈，我想上厕所。"我躲在卫生间里，心中打着如意算盘：只要我不出去，他们能奈我何？我竖起耳朵听着，一旦有声音，我就"哎哟——哎哟——"地叫唤，努力表现痛苦的声音。可惜，我的如意算盘打空了，"小伎俩"被我妈识破了，又被拉了出去。

我眼泪鼻涕糊了满脸，躺在拔牙椅上，想象着医生拿了个老虎钳向我走来的样子，内心充满绝望和恐惧，而我爸我妈却一左一右按住我，让我动弹不得，我只好不住地在心中安慰自己：没事儿，打针不疼，我很坚强的……可是，在看到拔牙钳子的那一刻，我的大脑一片空白，"哇——"地又哭了出来。等我哭完，牙也拔完了，血腥味在我口中弥漫开来，咸咸的……直到医生说了一句"好了"，我才觉得松了一口气……

至今，拔牙对我而言，依然是过不去的坎。提到这里，我又回想起了当时的疼痛……

第七篇：

那片田地给我带来快乐

我的卧室墙上有张照片，照片中是一个乐呵呵的娃娃，身边有一位慈眉善目的爷爷，他们身后是一片广阔的田地。每每看到这张照片，爷爷和那片田地便会浮现在我眼前。

那年，我还在上幼儿园，每次回到家中，便能看到爷爷在地里忙碌着。记得有一天，我放学回来，爷爷在拔萝卜，我便跑过去帮忙。我抓住叶子，双脚分开，身子向后仰，闭紧眼睛，咬紧牙关，用尽力气往后拔。我突然感觉手一松，身体不由自主地往后退了好几步。"出来了？"我惊喜地睁开眼："咦？怎么只有叶子，萝卜呢？"我看了看在一旁哈哈大笑的爷爷，又看了看地上，恍然大悟，原来萝卜还在土里呢。我努力思考怎么把萝卜给拔出来，爷爷在一旁一副看戏的样子，我突然想到一个好办法，双手开始刨萝卜边上的土，以为这样就可以把萝卜挖出来。爷爷走到我身边说："孙子，你这样拔到晚上也拔不出来的，你再想想办法。"我猛然惊醒，一拍脑袋，对啊，我立刻跑回家里拿了个铁锹过来。手起锹落，土是出来了不少，可萝卜也"多了一个"。我还没意识到，一股脑地铲了几十下，这下萝卜变成萝卜泥了，爷爷看着我的"表演"一语不发，就是乐呵呵的。回想起当时的情景，我又情不自禁地笑了，想想自己当时真的好天真。

关于那块乐土的记忆数不胜数。田里的玉米长得很高，我喜欢在那里和爷爷玩捉迷藏。我一回到家，书包都来不及放下，就冲进了玉米地里躲起来。每当这时，爷爷便会笑着跟我一起跑田里去，他不止一次从我面前走过。我躲在角落里，看着爷爷四处找我，乐得差点发出声。有时我会故意制造一点儿小动静，爷爷便会转过身来东看西看，可还是找不到我，我当时还很得意地想："我可真擅长捉迷藏！"现在才明白，那是爷爷在逗我玩呢！

那片乐土给我带来快乐，我会永远储存在记忆里。

第八篇：

难收的快递

我让爸爸在网上帮我买书，原以为三两天就能手捧心爱的书阅读了，可没想到居然十多天才到手。你一定惊讶，这是怎么回事？让我慢慢告诉你。

我买的是《白话资治通鉴》，一套共六本，体积稍微大了点儿。下单后的第三天，爸爸就收到取货的电话了。我开心地在一旁问："是书到了吧？"爸爸接完电话，失望地告诉我，快递包裹破了，不能签收，快递员只是来电话告知一下。我失望极了。

又过了三天，终于到货了。这次包裹完完整整，可谓是"五官端正"了。我心想：这下终于可以阅读心爱的书了。我小心地拆开包裹，咦？怎么只有五本书？我又重新数了数，还是五本，另一本呢？爸爸急忙联系商家询问，最后得到的答复就是：仓库发货失误，请拍照后选择退货。唉！

又过了三天，第三次到货。我想，这次不会再出什么新情况了吧？包裹完好！六本齐全！这次终于没问题了！我兴奋地打开书，赫然发现，卖家竟然发了两本一模一样的。爸爸再次联系商家，商家深感抱歉，抓紧补货。俗话说得好："事不过三。"这都是第三次了！我深感无奈。

又过了一段时间，书终于完完整整、一本不少、一本不错地送到了。唉，这份快递真是难收！

第九篇：

上课让我着迷

我是一位老师，从教30余年，仍然对上课情有独钟。

那天早晨，天气骤冷，我刚到学校，胃病又发作了。我坐在办公室里，胃内翻腾，四肢无力，头冒冷汗，只好趴在桌上。"幸亏第一节没课。"我暗自庆幸。

上课铃响了，两分钟以后，班长急匆匆地跑进办公室，气喘吁吁地说："简老师，王老师这节课有紧急任务，问您能否去替换？""啊？"我抬起头，"好，马上到。"我收拾书本，走向班级。也真奇怪，胃为什么突然不那么疼了？"上课！"学生全部起立，40多双眼睛一起投向我，像40多只小太阳迅速将我温暖。"今天我们继续学习《竹节人》。"

"老师，我来给大家演示一下竹节人的制作方法。"小邦自告奋勇，我内心窃喜，和学生一起倾听。

又有一个学生提议："老师，我给大家读读这个短语和拟声词。"刚说完他就开始读了，其他学生在他的感染下一起诵读起来，我也忍不住跟读"咚锵咚锵咚咚锵！"教室里一片欢腾，每张脸上都散发着兴奋，每双眼睛都绽放着光彩。那一刻，学生、课本和我融合成一个无法分割的整体，我们一起忘记了时间，忘记了地点，一起感受竹节人的故事。

"啊，都下课啦？"听到铃声，学生似乎猛然惊醒。是的，这是我听到的世界上最美妙的声音。那个瞬间，我，犹如刚刚享受过一顿美食，又如刚看过一部国际大片，满足、沉醉、幸福充溢在我的每一个细胞里。

走出教室，仍有学生跟着追问"为什么……"。我用心解答着，内心如同春暖花开。

上完了课，我回到办公室，胃又疼了，浑身瘫软，哈欠连天。

上课让我如此着迷，甚至让我短暂忘记了胃痛。

（此篇为教师范文）

259

后　记

　　"习作"是"思政"最好的载体，"育文"即"育人"。这是本书写作过程中笔者最深的感悟。透过一个个案例和一篇篇习作，我们看到的不仅仅是文字，而且是文字背后的生命。

　　习作理应具有助力学生成长的作用。本书从"序列、情致、通感"三个维度讲述了小学生习作成长的路径与策略，但笔者的初心不在于为了应试而枯燥地传授写作技巧。习作教学不该被涂抹上浓厚的功利色彩，而是要突出习作润泽生命的人文价值，让习作成为学生诉说心路历程、阐述生命境遇、锻铸品质的精神支撑。

　　2020年印发的《深化新时代教育评价改革总体方案》中指出："完善综合素质评价体系，切实引导学生坚定理想信念、厚植爱国主义情怀、加强品德修养、增长知识见识、培养奋斗精神、增强综合素质。"这六个方面除了"增长知识见识、增强综合素质"两项外，其余四项皆属于思政教育范畴，可见"立德树人"的重要性。同时，《义务教育语文课程标准》（2022）提出了更为具体的要求："引导学生在学习语言文字运用的过程中，逐步树立正确的世界观、人生观、价值观，体认和传承中华优秀传统文化、革命文化、社会主义先进文化，积淀深厚的文化底蕴，增强文化自信。"政策的落地，需要教育者去扎根。而习作教学则是促进"立德树人"的重要抓手。当下的小学习作课堂，呈现出两种样态——"工具性"和"人文性"，且人为割裂、不能融合。有的教师在习作指导的过程中，要么只关注技巧的传递，忽略对写作内涵的传授；要么只关注表层的形式，忽略深层的思考；要么只关注语言的华美，忽略习作的本质。对"工具性"的追求，逐渐使写作教学丧失了初衷，自然无法完成习作教学所承担的育人重任，这也是目前小学语文教师深感困惑的问题。另一方面，也有的教师过度生硬地"灌输"习作教学的"人文性"，每一篇的训练都强调要表达一定的思想，这种外力强加的"人文性"并非学生自然地有感而发，而是表面化、模式化、口号化的，自然不能对学生的思想感情起到熏陶、感染的作用，很难实现习作教学与思政教育同向而行、同频共振，通过能力培养和价值引领的有机统一，达到写作与育人的双赢。

事实上，习作教学与思政教育并不是背道而驰、区隔明显的两种教育行为，而是完全可以同向同行、融会贯通的教育活动。融合语文学科，是落实思政教育的一条有效通道，也是培养学生核心素养，实现跨学科育人的重要途径。比如，将小学习作教学和道德与法治课程进行融通，就有天然的优势。就内容而言，两者有诸多相似之处，可以聚焦学生真实的学习与生活，提升育人效度；就方法而言，以最能开阔学生思维的方法进行融通能凸显育人信度；就目标而言，两科均引领学生向真、向善、向美，形成协同效应，可以最低成本演绎跨学科融合的精彩。当然，思政教育的内涵丰富，涉及家国情怀、人文情怀、法治意识、责任意识、科学精神等方方面面。综上，把习作教学和思政教育有机结合，营造风清气正的小学语文学科思政教育新生态，才能在提升学生语文学科核心素养的同时增强其文化自觉和文化自信。至于在习作教学中"无痕渗透"思政教育的实施策略，笔者就习作教学的实践体会，在此提出三点建议。

第一，思政教育的"多元渗透"。首先，教师要以阅读教学为推手，将能体现社会主义核心价值观的内容，化为语文教学的"血肉"，让语文所包含的语言教育、情感教育、审美教育等内容和价值观教育融为一体，并自然地体现在课堂教学、作业设计、活动方案等方面。部编版教材中，能体现中华优秀传统文化、革命文化和社会主义先进文化的教育内容占比为60%~70%，这样的编排体系本就遵循了育人的导向。

其次，教师要以习作实践为抓手。离开了实践，教育就成了失去灵魂的空壳，实践是课程思政与习作"牵手"的重要媒介。习作是学生与世界的思想邂逅，丰富的人文内涵，对学生精神世界的影响是广泛而深刻的，语文教师将思政教育寓于习作教学中的观察、选材、练笔、修改等具体的训练之中，可以培养学生积极、健康的情感态度和正确的价值观，使德育目标、智育目标、美育目标得到综合体现，实现思政教育与习作教学实践的有机融合、相促相长。陈涵平老师在《中小学写作教学中的课程思政建设》中指出：写作的输出性能够完善语文课程思政的深度落实机制；写作的实践性可凸显语文课程思政的全面育人功能；写作的精神表达性则能更好地发挥语文课程思政的育人价值。

第二，思政教育的"全程渗透"。关注生活中的思政元素，并非把"思政"挂在嘴上，而是要落实在课前观察、指导选材、交流碰撞、习作评价、重建修改等具体的习作教学中，每个环节都是教师与学生心灵沟通的机会，每一篇习作都是学生内心世界的呈现。比如，教师应指导学生选择三观正确的素材，允许学生多元发掘习作材料，给学生"试错"的机会，因为学生是发展中的人，当发现习作中出现消极或极端的思想走向，教师可以借助评讲环节，实现正三观、立四德的目标。教师在教学过程中抓住思政契机，借助评讲熏陶扎根，对小学生的道德品质、行为表现、认知能力能起到潜移默化的影响。

课程存在思政，思政影响课程，存在客观必然性。习作教学担负着对学生价值观、世界观形成的导向责任。叶圣陶先生在他的《作文论》中指出，我们不能只思索作文的法度、技术问题，而不去管文字的原料、思想、情感等问题。叶先生强调，教师要帮助学生训练思想与培养感情，把育人训练贯穿到作文教学全过程。

综上，在习作过程中注意做好全程渗透，尤其需要抓住评讲环节，这个过程是实施语文学科教学与思政教育双线并行的有力抓手，可以增添习作教学的丰富性、趣味性，可以构建全员、全程有高度、有深度、有温度的育人格局，让思政教育的形式更多样、更活跃、更灵动，更充满生机，促使小学语文教学与思政课融合共生，形成协同效应。

第三，思政教育的"无痕渗透"。习作教学中要摒弃思政教育"灌输式""说教式""口号式"的呈现形式，融"思政点"于具体的教学内容中，让学生潜移默化地受到熏陶感染，真正帮助学生逐步树立正确的思想观念和高尚的道德情操，最终使社会主义核心价值观内化为学生的精神追求，外化为自觉行为。

写作过程也是学生自我教育、自我提升的过程，只要能触及学生的情感兴奋点和生活感悟点，习作教学并不需要过多"指导"。笔者在"第三重境界：通感化"中曾讲述以"一份礼物的故事"为题的习作教学过程，就是既无痕地育了"文"，也育了"人"，鼓励学生在生活中去感受爱、发现爱，学会感恩，真实、可感的习作素材就会源源不断，感恩的种子也会在学生心中生根。写作是指向精神的建构和心灵的淬炼，人类对语言的传承和运用，实际上是精神的传承和建构。

对于习作教学而言，思政教育使其走出语文的世界，丰富了习作的现实意义；对于思政教育而言，习作教学为其开辟了一条更容易为学生所接受的实用路径，可以搭建习作和思政一体化的桥梁。在具体的实践过程中，能培养学生的社会责任感，将社会正能量和正确的价值理念传递给学生，从真正意义上落实"立德树人"的根本目标。